Josef Duss-von Werdt
Gisela Mähler
Hans-Georg Mähler
(Hrsg.)

Mediation: Die andere Scheidung

Ein interdisziplinärer Überblick

Klett-Cotta

Klett-Cotta

Printed in Germany
Schutzumschlag: Klett-Cotta-Design
Gesetzt aus der Bodoni von
Steffen Hahn GmbH, Kornwestheim
Auf holzfreiem und säurefreiem Werkdruckpapier gedruckt und
in Fadenheftung gebunden von Auer, Donauwörth
Einbandstoff: Garant-Leinen

Die Deutsche Bibliothek – CIP-Einheitsaufnahme

Mediation: die andere Scheidund ; ein interdisziplinärer Überblick /
Josef Duss-von Werdt ... (Hrsg.). –
Stuttgart : Klett-Cotta, 1995
ISBN 3-608-91737-3
NE: Duss-von Werdt, Joseph [Hrsg.]

Inhalt

Vorwort 9

Herkunft und Entwicklung der Mediation 11

Zur Geburt einer neuen Streitkultur bei Trennung und Scheidung
Hans-Georg und Gisela Mähler 13

Anmerkungen zum sozial- und rechtsgeschichtlichen Ort von Mediation
Josef Duss-von Werdt 24

Institutionalisierung und Recht 33

Zur Institutionalisierung von Mediation
Hans-Georg und Gisela Mähler 35

Zur Rolle des Rechts und der Rechtsanwälte
Hans-Georg und Gisela Mähler 53

Legalität von Mediation im deutschen Rechtsraum
Bernhard Haffke 65

Professionalisierung und Vernetzung
Hans-Georg und Gisela Mähler 113

Richtlinien für Mediation in Familienkonflikten
Bundes-Arbeitsgemeinschaft für Familien-Mediation (BAFM) 118

Praxis und Forschung 127

Mediation in der Praxis
Hans-Georg und Gisela Mähler 129

Praxiserfahrungen mit Vermittlung (Mediation) in streitigen Sorge- und Umgangsrechtsverfahren
Roland Proksch 144

„Mediation im Vorfeld familiengerichtlicher Entscheidungen zu Umgangs- und Sorgerechtsregelungen"
Werkstattbericht aus dem Modellprojekt für Mediation des Hessischen Ministeriums der Justiz in der Stadt Frankfurt
Dagmar Schramm-Grüber, Roland Breinlinger 166

Bedeutung, Evaluation, Indikation und Rahmenbedingungen von Scheidungsmediation. Eine Übersicht
Reiner Bastine, Gabriele Link, Bernd Lörch 186

Unaufhaltsamer Aufstieg oder unüberwindbare Stagnation? Die Frage nach dem Schicksal der Familienmediation
Laura Cardia-Vonèche, Benoit Bastard 205

Das Erlernen des friedlichen Konfliktmanagements: Erziehung zur Mediation und Mediation in der Erziehung. Ein Bericht aus den USA
Noa Zanolli Davenport 215

Nachdenken über Mediation 231

Bilder von Menschen und Beziehungen in der Mediation
Josef Duss-von Werdt 233

Literatur 252

Dokumentation 270

Adressen von Verbänden, Institutionen und Ausbildungsinstituten in Deutschland, Österreich und der Schweiz 270

Adressen der AutorInnen 279

Abkürzungen 281

Sachregister 283

Vorwort

Zwei Ereignisse gaben den Anstoß zu diesem Buch: Eine Tagung über „Mediation in Familiensachen“ in Bad Boll im Januar 1992 und ein Themenheft der Zeitschrift „Familiendynamik“ über „Familien-Mediation“ im Oktober des gleichen Jahres, das ob seines Erfolges seither mehrmals nachgedruckt werden mußte. Einige Vorträge der Tagung und Beiträge des Heftes wurden für dieses Buch auf den aktuellen Stand gebracht, neue kamen hinzu. Denn inzwischen hat sich viel getan. Die Mediation hat in Deutschland und anderswo einen anerkannten Rahmen gefunden. Im Vorfeld der erwähnten Tagung in Bad Boll entstand die Deutsche Bundes-Arbeitsgemeinschaft für Familien-Mediation (BAFM). Landauf, landab bildeten sich Arbeitskreise. Im nämlichen Jahr wurde der Schweizerische Verein für Familienmediation gegründet. Ausbildungsgänge mehrten sich und es entstanden in Anlehnung an die Europäische Charta für Familienmediation mit Sitz in Paris Ausbildungsrichtlinien. Einzel- und Gruppenpraxen von Anwältinnen und Anwälten sowie Angehörigen psychosozialer und therapeutischer Berufe entstanden und entstehen immer noch.

Nachdem Idee und Praxis der Mediation vorwiegend über Ratgeberliteratur, Praxisbücher, Zeitschriften und zum Teil auch Tagungen in die Öffentlichkeit getragen wurden, folgt hier nun ein weitgefächertes interdisziplinäres Fachbuch. Insoweit stellt dieses Buch eine Premiere dar. Es ist von VertreterInnen der an der Mediation beteiligten Fachbereiche geschrieben und richtet sich vorwiegend an PraktikerInnen und Theoretiker des Fachs.

Das Buch leistet dreierlei:

- Es faßt die bisherige Entwicklung vor allem in Deutschland zusammen, bettet Mediation in die herkömmliche Rechtskultur ein und stellt ihre Eigenständigkeit heraus. Die Entwicklung ist noch voll im Gange.
- Es nimmt eine Bestandsaufnahme der verschiedenen Werkstücke vor, welche gegenwärtig das Feld der Mediation ausmachen. Mediation ist von Haus aus in mehreren Fachbereichen angesie-

delt, woraus sich Fragen der Vernetzung der einbezogenen Disziplinen, der Kooperation verschiedener Berufe und ihrer Berufspolitik, der Abgrenzung, Institutionalisierung und Ausbildung ergeben. Darüber hinaus, oder vielleicht besser dahinter, kommen Fragen grundsätzlicher Natur auf, die in die Bereiche des Verfassungsrechts, der philosophischen und kommunikationstheoretischen Menschen- und Beziehungsbilder, sowie der sozial- und geistesgeschichtlichen Einordnung von Mediation hineinreichen.
- Es ortet jene Weichenstellungen, die für die künftige Entwicklung des Feldes in all seinen Dimensionen von Bedeutung sind.

Die Idee der Mediation liegt nicht nur für „Familiensachen“ „in der Luft“, sondern findet in vielen andern Bereichen Eingang und Anwendung, z. B. in der Völkerverständigung, bei Friedensverhandlungen, bei Auseinandersetzungen der Sozialpartner, im Wirtschaftsrecht, im Mietwesen, bei Nachbarschaftsstreitigkeiten, im Strafvollzug und so weiter. Nur als ein Beispiel wurde die Schulmediation in den Vereinigten Staaten hier aufgenommen, und zwar nicht ohne Bedacht. Denn Erziehung vermittelt und verändert Haltungen und Mentalitäten und kann deshalb auch vorbeugend einen wichtigen Beitrag dazu leisten, eine Konfliktkultur zu entfalten, welche weniger gewaltbesetzt und zivilisierter ist als jene, die unsere Zivilisation sich angeeignet hat und bis in die Gegenwart hinein mit fragwürdigem „Erfolg“ praktiziert. Mediation ist nicht in erster Linie nur Praxis oder gar „Technik“, sondern eine Haltung und Gesittung, aus der ein ihr angemessenes Handeln folgt.

Den Herausgebern liegt daran, dem Buch auch einen dokumentarischen Wert zu geben, indem die repräsentative Literatur erfaßt, sowie Adressen von Fachorganisationen und Ausbildungsinstituten vermittelt werden. Ein Sachregister soll schließlich helfen, sich leicht über einzelne Sachbereiche orientieren zu können.

Die Herausgeber

Herkunft und Entwicklung der Mediation

Mediation als Idee und Praxis ist in der westlichen Zivilisation zwar erst in den letzten zwei Jahrzehnten in Erscheinung getreten. Daß dies jedoch möglich wurde, liegt, sozial- und ideengeschichtlich betrachtet, weiter zurück. Die folgenden beiden Abschnitte werden einigen Spuren nachgehen.

Im ersten Kapitel wird die jüngste Entwicklung in Deutschland nachgezeichnet und in den Zusammenhang der neueren Rechtsentwicklung gestellt. Das zweite Kapitel zieht Linien nach rückwärts in die Gesellschaftsgeschichte seit dem Aufkommen der Demokratien im ausgehenden 18. Jahrhundert.

Zur Geburt einer neuen Streitkultur bei Trennung und Scheidung

Hans-Georg und Gisela Mähler

Wesensmerkmale

Mediation[1] ist ein außergerichtlicher Weg der Konfliktbearbeitung, in dem die Betroffenen von einem Mediator darin unterstützt werden, eine faire, rechtsverbindliche Vereinbarung über die Folgen von Trennung und Scheidung zu entwickeln.

Mediation stärkt die Selbstverantwortung der Konfliktpartner: Sie fördert ihre Dialog-, Kooperations- und Gestaltungsfähigkeit, so daß sie in die Lage versetzt werden, tragfähige Verständigungslösungen zu entwickeln.

Die Selbstverantwortung ist Basis und Weg der Mediation. Ihr Merkmal ist die Freiwilligkeit. Mediation kann nur beginnen, wenn beide Konfliktpartner sich darüber einig sind. Sie dauert so lange wie der langsamere braucht, um Entscheidungen zu treffen. Sie endet, wenn die angestrebte Vereinbarung getroffen worden ist oder wenn einer nicht mehr weitermachen will. Wenngleich die Regelungsinhalte bei Trennung und Scheidung typischerweise vorgegeben sind (Kinder, die laufende finanzielle Absicherung, das „Zuhause", die Teilung des Vermögens und der Anwartschaften für die Altersvorsorge usw.), bestimmen die Konfliktpartner, was sie mediieren wollen.

Zur Selbstverantwortung gehört ferner, daß beide Konfliktpartner für sich selbst einstehen und sich nicht durch Anwälte vertreten lassen. Sie verantworten die Entscheidung persönlich und delegieren sie nicht an den Richter. Sie suchen sich ihren eigenen Gerechtigkeitsmaßstab und unterwerfen sich nicht automatisch den Gesetzen. Grundlegend für den Prozeß ist die Akzeptanz unterschiedlicher Sichtweisen und Interessen. Das klingt so einfach und ist in der Praxis meist der heikelste Schritt. Soll er gelingen, braucht es eine innere Schwerpunktverlagerung, nämlich von einer vergangenheitsbezogenen feindseligen Vorwurfshaltung hin zur Besinnung auf die eigene zukunftsbezogene Lebensperspektive. Diese Schwerpunktverlagerung schafft Distanz, entläßt aus der Not verschlungener Nahkampfhaltung und gibt Raum, die eigenen Interessen auszuloten und sich selbst sowie den anderen besser verstehen zu lernen. Ist dies erreicht, kann die Ebene gegnerischer Auseinandersetzungen verlassen werden, in der es um ein positionelles Entweder/Oder, um Sieg oder Niederlage, um die Durchsetzung der eigenen Interessen ohne Rücksicht auf den anderen geht. Die beiden Konfliktpartner können nun, zusammen mit dem Mediator, auf die Suche nach kreativen Vereinbarungen gehen, in denen beider Interessen soweit als möglich berücksichtigt werden. So öffnet sich die Tür zur Erweiterung des Entscheidungsraumes und zu synergetischen Lösungen.

Der Mediator/die Mediatorin hat dabei die Aufgabe, den Prozeß zu strukturieren und all sein Erfahrungswissen einzubringen. Gerade weil er keine inhaltliche Entscheidungsbefugnis hat und in der Anforderung steht, die Dissonanz des Konfliktes in sich auszuhalten, kann er die Brücke zur Verständigung zwischen den Konfliktpartnern bilden. Das braucht psychische Kraft, weil die Energien der Scheidungswilligen, jedenfalls häufig zu Beginn, durch Verletzungen, Kränkungen und Angst gegeneinander gerichtet sind und sich in Vorwürfen, Aggression, Rachegefühlen und dem Willen zur Macht über den anderen äußern. Es dauert seine Zeit, bis sich jeder auf sich selbst besinnen kann und von daher seine Interessen zu formulieren imstande ist. Der Mediator/die Mediatorin braucht in sich den „Raum der Toleranz“[2], um ihn beiden Partnern zur vermitteln, so daß diese letztlich fähig werden, wechselbezügliche und ausgewogene Vereinbarungen abzuschließen.

Mediation verbreitet sich gegenwärtig nicht nur als außergerichtliche Konfliktbearbeitung der Trennungs- und Scheidungsfolgen. Sie gewinnt namentlich überall da an Boden, wo Menschen auch später miteinander auskommen müssen und wo die bisherigen Konfliktregelungsmechanismen als defizitär im Verhältnis zur gesellschaftlichen Entwicklung erlebt werden: So bei anderweitigen Familienkonflikten (z. B. Eltern-Kind-Beziehung, Verhältnis der Eltern zu Pflegefamilien oder die Beziehungen zwischen Fortsetzungsfamilien), bei Nachbarschaftsstreitigkeiten, in der Schule[3], im Arbeitsleben, in der Politik, im Verwaltungsbereich[4] (hier besonders bei der Normsetzung, in Genehmigungsverfahren, im Umweltschutzrecht, bei umstrittenen Standortentscheidungen von Großprojekten). Ein Schwerpunkt findet sich im Wirtschaftsleben (z. B. bei der Gründung und Auseinandersetzung von Gesellschaften, der Errichtung von Unternehmertestamenten). Ihre Grundgedanken finden sich sogar im Strafrecht wieder (Täter-Opfer-Ausgleich)[5] .

Mediation im Grundverständnis und als Element von Demokratie und Rechtsstaat

Mediation ist alt und neu zugleich.[6] *Alt* ist sie als eine geradezu archetypische Konfliktlösungsform, indem ein hinzutretender Dritter nicht – wie der Richter – den Konflikt inhaltlich entscheidet, sondern die Konfliktpartner auf dem Weg zu einer einverständlichen Lösung unterstützt. Mediation setzt – so verstanden – Ebenbürtigkeit voraus, tritt dann also nicht im hierarchischen Machtgefälle auf. Institutionalisiert findet man sie deshalb dort, wo Konflikte unter Gleichen zu regeln sind. So ist Mediation – als „Anerbieten guter Dienste" – beispielsweise ein altes Institut des Völkerrechtes bei Konflikten unter Staaten.

Vielfach wird als Mediation auch die Vermittlung durch einen Dritten bei Konflikten bezeichnet, der als „moralischer Leiter" die Kontrahenten zu Traditionen, Sitte und Gebrauch zurückführt. Hierher gehören z. B. vielfach die chinesischen oder japanischen Streitschlichtungsmodelle. Auch diese Formen haben eine lange Tradition, decken sich aber nicht mit unserem neuen Verständnis von Mediation.

Neu an Mediation, wie sie namentlich heute bei Trennung und Scheidung praktiziert wird, ist die Betonung *eigenständiger* Entscheidungen, die zur Voraussetzung haben, daß ein verantworteter Freiraum für Entscheidungen existiert und dieser in der Gesellschaftsordnung geschützt und gefördert wird. Mediation in diesem Sinne verstanden hat ein *demokratisches und rechtsstaatliches Grundgerüst*:

Sie trifft sich mit dem *demokratischen Vorverständnis* einer, wie Ernst-Wolfgang Böckenförde dies nennt, „Emanzipationsstruktur der Gesellschaft"[7]. Was Böckenförde in diesem Sinne für die Demokratie beschreibt, gilt gleichermaßen für Mediation, denn eigenständige, individuelle, die Freiheit des einzelnen meinende Lösungen sind nicht denkbar, „...wo die Gesellschaft durch eine patriarchalische Stammes- oder Sippenstruktur bestimmt ist, in die der einzelne statusmäßig, d. h. mit seiner Person und als solche, eingebunden ist. Gleiches gilt bei einer festgefügten herrschaftlich geformten ständischen Ordnung, wie sie in Europa vor der französischen Revolution bestand, oder bei einer Kastengliederung der Gesellschaft, wie (noch) im heutigen Indien."[8]

Demokratische Freiheit und Mitwirkung kann ebenfalls nicht gedeihen, wenn die Gesellschaft durch eine theokratische Religionsform bestimmt wird, „die einen universalen Geltungsanspruch auch im Hinblick auf das Verhalten im politischen Bereich erhebt“, in der das Zusammenleben als Familie nach festen Maßstäben oder auch die Scheidung, wenn überhaupt, nach strengen vorgegebenen Ritualen zu vollziehen ist und in der das Eigeninteresse des einzelnen als Grundlage für Mediation gerade nicht als richtungsweisendes Element zum Tragen käme.

Die unser demokratisches Verständnis konstituierende selbstbestimmende Freiheit des einzelnen wird durch unsere *Rechtsstaatlichkeit* geschützt. Rechtsstaatlichkeit meint ihrer Struktur nach nicht eine Verabsolutierung des Lebens durch das Recht – das wäre rechtsstaatsfeindlich –, sondern weist sich aus durch rechtliche Steuerung, die nach Eberhard Schmidt-Aßmann mit den Begriffen der Distanz und Differenz umschrieben werden kann[9]. So können Grundrechte als „Distanzschutz“ gegenüber jedweder Bemächtigung verstanden werden. Die rechtsstaatliche Differenz „nimmt den einzelnen so, wie sie ihn vorfindet – in seiner Individualität. Sie macht die Menschenwürde aus. Sie gilt es als Vorgegebenes zu achten und zu schützen“.[10]

Freilich kann der Einzelne im Konfliktfall sein Recht suchen. Deshalb gehört zum Rechtsstaat die Pflicht staatlicher Justizgewährung. Dies ist die Kehrseite des Verbotes, sich eigenmächtig und handgreiflich Recht zu verschaffen. Mediation, die es sich verbieten würde, rechtliche Hilfe in Anspruch zu nehmen, wäre also rechtsstaatsfeindlich.

Darüber hinaus: Das Gerichtsverfahren hat bestimmte gesetzlich geprägte Rollenvorgaben: Der Richter hat nach Recht und Gesetz zu entscheiden; die Anwälte haben die Interessen ihrer Parteien zu vertreten; die Sozialarbeiter haben bei Entscheidungen zum Sorgerecht und Umgangsrecht im gerichtlichen Verfahren mitzuwirken; die Sachverständigen haben das Gericht bei der Entscheidungsfindung zu unterstützen. Diese rechtsstaatlich vorgegebenen Rollen und Verantwortlichkeiten dürfen durch Mediation nicht in Frage gestellt oder geschwächt werden, so daß Mediation gegenüber dem traditionellen Verfahren in ihrer Aufgabenstellung und ihrer institutionellen Ausformung sorgfältig abgegrenzt werden muß.

Justizgewährung soll vor allen Dingen den Schwächeren schützen. Im Angesicht des Gesetzes soll jeder die gleiche Chance erhalten. Mediation bezieht sich hierauf, geht aber einen Schritt weiter. Sie nützt die Freiheit, sich von der blinden Unterwerfung unter das Gesetz zu lösen. Sie nimmt die Disponibilität des Gesetzes als Angebot wahr, setzt sich mit ihm in Beziehung und findet so – unter Heranziehung auch anderer Entscheidungsmaßstäbe – die konkrete, persönliche, vertragsgerechte Lösung.

Ist demzufolge das justizielle Verfahren in Art. 3 Grundgesetz – der Gleichheit vor dem Gesetz – beheimatet, fußt Mediation als Vertragsgestaltung auf Art. 2 Grundgesetz. Sie ist Ausdruck der hierdurch gewährleisteten Vertragsfreiheit in ihrer Form als Vertragsabschlußfreiheit und Vertragsinhaltsfreiheit. Sie gründet im Prinzip der Privatautonomie. Sie ist nicht ungerichtete Freiheit an sich, sondern verwirklicht sich – paradoxerweise – durch Bindung im Vertrag[11] . Hieraus schöpft sie sowohl ihre psychische als auch ihre rechtliche Verbindlichkeit.

Entwicklungslinien in der BRD

In der Bundesrepublik wurde – soweit ersichtlich – erstmals zu Beginn der achtziger Jahre von Mediation bei Trennung und Scheidung Notiz genommen[12] . Sie traf auf wenig Resonanz. Eine Analyse der Mängel des traditionellen Verfahrens lag zwar im weiten Umfang vor[13], Konsequenzen daraus konnten aber noch nicht gezogen werden. Signalwirkung hatte ein Vortrag von Roland Proksch in der Evangelischen Akademie Arnoldshain (1988), in dem außergerichtliche Modelle zur Lösung von Konflikten bei Trennung und Scheidung vorgestellt wurden[14] . Im Anschluß hieran bildeten sich in der Bundesrepublik verschiedene „Arbeitskreise Mediation", die miteinander in Kontakt standen[15]. Seminare mit amerikanischen Trainern[16] fanden ab 1989 in größerem Umfang statt. Den ersten Kongreß richtete die Deutsche Arbeitsgemeinschaft für Jugend- und Eheberatung (DAJEB) im Mai 1991 in Bonn aus[17]. Der Deutsche Familiengerichtstag bot im Oktober 1991 eine Arbeitsgruppe zur Mediation an[18]. Im Hinblick auf die bei dieser Veranstaltung auftauchenden Zweifelsfragen zu den Rahmenbedingungen der Mediation lud die Evangelische Akademie Bad Boll in Zusammenarbeit mit dem Eidos Projekt Mediation[19] im Januar 1992 zu einer interdisziplinären Konsultation ein. Bei dieser Gelegenheit wurde namentlich der Versuch unternommen, zu beschreiben, wie Mediation in unserer Landschaft der Hilfen zur Konfliktregelung bei Trennung und Scheidung ihren Platz finden kann, welche rechtlichen Grenzen zu beachten und welche Formen der Zusammenarbeit mit Anwälten notwendig sind[20]. Der Kerngehalt der Beiträge ist in diesem Buch verarbeitet.

Im November 1992 veranstaltete die Evangelische Akademie Arnoldshain wieder eine Tagung, in der Mediation mit der gesetzlichen Entwicklung des Kindschaftsrechtes verbunden wurde[21]. Im Dezember 1993 berief die Bundeskonferenz für Erziehungsberatung (BfKE) ihren Mediationskongreß in Kassel ein[22]. Eine weitere Fachkonferenz veranstaltete die BfKE im März 1995. 1989 wurde die erste Pilotstudie zur Erforschung von Mediation in Jugendämtern vom Bundesjustiz- und Bundesfamilienministerium finanziert. Das Forschungsvorhaben wurde von Roland Proksch geleitet[23], der nunmehr eine Hauptstudie im Vergleich zwischen Jugendämtern in den alten und neuen Bundesländern durchführt. Weitere Forschungsvorhaben laufen seit 1988 in der Psychologischen Forschungsstelle der Universität Heidelberg unter Leitung von Reiner Bastine. Seit 1993 finanziert das Hessische Justizministerium ein Praxisprojekt in Frankfurt, das von Dagmar Schramm-Grüber und Roland Breinlinger verantwortet wird[24]. Inzwischen sind eine Vielzahl von Arbeitskreisen und Initiativen entstanden, die sich mit Mediation beschäftigen[25]. Seit 1992 wird in der BRD Ausbildung in Mediation angeboten, durchweg interdisziplinär für Anwälte und Angehörige psychosozialer Berufsgruppen mit entsprechenden Vorerfahrungen[26].

Dem professionellen Angebot entspricht der spürbar zunehmende Wunsch der Betroffenen, Mediation in Anspruch zu nehmen. Er steht in Korrelation mit Sendungen und Berichten durch die Medien, die das Thema seit Herbst 1992 vielfältig aufgegriffen haben.

Im Vorfeld der Tagung in Bad Boll im Januar 1992 wurde die Bundesarbeitsgemeinschaft für Familienmediation (BAFM) gegründet[27]. Die Zeit war reif, die verschiedenen regionalen Initiativen überregional zu bündeln. Auf ihre Bedeutung soll im Kapitel „Institutionalisierung und Recht“ eingegangen werden[28].

Einige Einflußfaktoren für die Aktualisierung von Mediation

Wir konnten in der Bundesrepublik bei der Entwicklung von Mediation vor allem auf Erfahrungen aus den USA zurückgreifen, wo die ersten Ansätze von Mediation bei Trennung und Scheidung auf den Anfang der 70iger Jahre zu datieren sind.

Woran lag es, daß die Idee der Mediation bei uns erst 15 bis 20 Jahre später zündete?

Zunächst gewiß an den gesetzlichen Rahmenbestimmungen. Auch in den USA mußte erst das Schuldprinzip durch das Zerrüttungsprinzip abgelöst, die Scheidungsfolgen von den Scheidungsvoraussetzungen abgekoppelt werden, bevor die Bahn frei wurde, eigenständige Lösungen institutionell zu installieren. Denn bis dahin waren über das Schuldprinzip manche Folgesachen nicht disponibel. Beispielsweise hing vom Schuldspruch ab, wem die „elterliche Gewalt" zugeteilt wurde, oder ob die Ehefrau einen Anspruch auf Unterhalt hatte. Nach der Scheidungsreform in der Bundesrepublik im Jahre 1977 mußten sich die Dienste erst einmal mit der neuen Situation vertraut machen, das neue Verfahren erproben – und seine Grenzen kennenlernen.

Die Entscheidung des Bundesverfassungsgerichtes vom 3. November 1982 zum gemeinsamen Sorgerecht[29] öffnete unser Bewußtsein dafür, daß es bei der Entscheidung zum Sorgerecht nicht darauf ankommt, wem das *Recht auf* die Kinder zusteht, sondern wie die Eltern ihrer nach wie vor bestehenden *Verantwortung* nachkommen können, trotz Scheidung als Vater *und* Mutter *für* die Kinder zu sorgen. Im Zusammenhang hiermit stand die Erkenntnis, daß durch die juristische Scheidung die Familie nicht beendet wurde, sondern daß es im Interesse der Kinder um eine Neudefinition der Beziehungen geht und insofern um eine Reorganisation der Familie[30]. Das wird durch Mediation unterstützt.

Vor diesem Hintergrund entwickelten sich in vielen Städten der Bundesrepublik Trennungsberatungsstellen[31], die durchweg mit dem Ziel angetreten sind, die Elternschaft trotz Trennung als Paar besser zu ermöglichen und einzuüben[32]. Eine Triebkraft zur Weiterentwicklung von Mediation ist gerade auch von diesem Personenkreis ausgegangen, weil offensichtlich wurde, daß Mediation meist eine besser geeignete Methode zur Bewältigung der anstehenden Probleme bei der Sorge um die Kinder ermöglicht als das justizielle Verfahren.

Eingebettet ist diese Entwicklung in größere Zusammenhänge, die zugleich aus der Sicht der Betroffenen das Bedürfnis nach Mediation verständlich machen. Die Einführung des Zerrüttungsprinzips ist ja nicht nur eine Änderung der Rechtsordnung, sondern folgt Wertewandlungen, die alle Bereiche des gesellschaftlichen Zusammenlebens durchdringt. Dies dokumentiert sich in einem neuen Verständnis von Familie und des Familienbegriffs[33]. Namentlich das Verhältnis von Frau und Mann und hat sich grundlegend gewandelt. Patriarchale Strukturen werden zunehmend von einem partnerschaftlichen Verständnis der Ehe abgelöst. Damit ist Mediation bei Trennung und Scheidung möglich geworden: weil Mediation Partner voraussetzt, die sich bei aller Verschiedenheit als ebenbürtig gegenübertreten.

In der Postmoderne wird das Familienleben zunehmend weniger von allgemeingültigen sozio-kulturellen Normen geprägt, sondern vielmehr als private Angelegenheit angesehen[34]. Das bezieht sich nicht nur auf die Partnerwahl, das Ob, Wann und die Zahl der Kinder, die Aufteilung der Rollen für Beruf, Familie und Haushalt, sondern auch auf die Scheidung und damit konsequenter Weise auf die Scheidungsfolgen.

Dem entspricht ein neues Berufsverständnis bei den beteiligten Diensten[35]: Dieses dokumentiert sich z. B. für die Mitarbeiter des Jugendamtes in dem seit dem 01. 01. 1991 geltenden KJHG, das bewußt Abstand nimmt von kontrollierenden Maßnahmen und zum ersten Mal unterstützende Maßnahmen für Familien bei Trennung und Scheidung durch das Jugendamt, die Erziehungsberatungsstellen und ähnliche Beratungsstellen und Einrichtungen in den Vordergrund stellt[36].

Eine Fortentwicklung im Berufsverständnis zeigt sich beispielsweise auch bei den Anwälten, von deren Mitarbeit es im wesentlichen abhängt, ob sich Mediation bei Trennung und Scheidung letztendlich durchsetzt. So fordert Rainer Wasilewski in seiner empirischen Untersuchung über den Umfang, die Struktur und die Bedingungen außergerichtlicher Streitbeilegung zivilrechtlicher Streitigkeiten durch Anwälte fundierte Kenntnisse der psychosozialen Gesetzmäßigkeit menschlichen Verhaltens als Individuum, in der Gruppe und Gemeinschaft, Fähigkeiten zur Analyse von Bedürfnis- und Handlungsstrukturen von Menschen. Wörtlich[37]: „Fertigkeiten in Gesprächsführung und Verhandlungssteuerung markieren deswegen die zusätzlichen Schwerpunkte, die in der Juristenausbildung und im Konzept einer lebenslangen Weiterbildung der Berufsangehörigen verankert werden müßten, um dem Rechtsanwalt der Zukunft jene Qualifikationen zu vermitteln, deren er als unabhängiges Organ der Rechtspflege zur Wahrung seiner Funktion als Mittler zwischen Mandant und Recht und als Berater in allen rechtlichen Lebensfragen notwendig bedarf“[38].

Diese familiären und professionellen Entwicklungen stehen auf der Makroebene in Parallelität mit dem Wandel des Staatsverständnisses der Westeuropäischen Staaten von Befehlsstaaten zu kooperativen Staaten[39]. Im Bewußtsein der Menschen dokumentiert sich das in einem veränderten Verständnis von Recht. Recht wird zunehmend nicht mehr als Unterwerfungsanordnung begriffen. Vielmehr tritt dessen Disponibilität ins Bewußtsein. Das fördert Mediation. Der Gesetzgeber hat mit der Eherechtsreform 1977 ausdrücklich davon Abstand genommen, ein Leitbild für die Ehe vorzuschreiben, auch aus der Erkenntnis heraus, daß sich Intimbeziehungen rechtlich nicht konstruieren lassen. Der Pluralismus der Leitbilder und die damit einhergehende Abkehr von der Unauflöslichkeit der Ehe spiegelt sich in der Reform des Scheidungsrechts, wonach die Ehe über das Zerrüttungsprinzip, jedenfalls prinzipiell nach Ablauf einer gewissen Zeit, auf Wunsch auch nur *eines* Partners auflösbar ist. Das wirkt sich unmittelbar auf das Scheidungsfolgenrecht aus, weil die gesetzlichen Gerechtigkeitsmaßstäbe als unzureichend empfunden werden und die gesetzlichen Regelungen in ihrer notwendigen Komplexitätsreduzierung keine zureichende Antwort auf die zu lösenden Probleme geben. Gefragt sind individuelle Gestaltungsformen, in denen vor allem die Kinder Schutz finden. Das Familienrecht, das in unserer Rechtsordnung falltypisch die Einverdienerehe vor Augen hat, reicht damit in dem Angebot seiner Alternativen häufig nicht aus und ist auch bei abweichenden falltypischen Gestaltungen, etwa der Zuverdiener- oder Doppelverdienerehe, unzureichend in der Regelung der rechtlichen Konsequenzen[40]. Es kann deshalb mehr als Angebot angesehen und muß bei unpassender Regelung geradezu als Aufruf zu einer angemessenen Vertragsgestaltung begriffen werden[41]. Damit tritt die „Vertragsgerechtigkeit“ im Verhältnis zur „Gesetzesgerechtigkeit“ in den Vordergrund. Mediation ist in ihrer Stärkung der Dialog-, Kooperations- und Gestaltungsfähigkeit der Partner auf der Suche nach einer beide zufriedenstellenden fairen Lösung ein geeigneter, angemessener und insofern „verfahrensgerechter“ Weg zur Erreichung dieses Zieles.

Mit der Veränderung der rechtlichen Rahmenbedingungen[41] und Gerechtigkeitsmaßstäbe ist auch eine Änderung des rechtstheoretischen Verständnisses verknüpft. Recht regelt nach den Worten des Rechtssoziologen Klaus F. Röhl im kooperativen Staat nicht mehr inhaltlich unmittelbar soziale Prozesse und Zustände, sondern wird zunehmend erlebt als eine „indirekte, gleichsam mediatisierte Einflußnahme“.

Röhl wörtlich: *„Das Recht stellt vielfach nur Verfahren bereit, in denen letztlich die Entscheidungen erarbeitet werden müssen. Dabei ist weniger an Gerichtsverfahren zu denken, als vielmehr an die Schaffung von Organisationen und die Verteilung von Kompetenzen, in deren Rahmen die Nächstbeteiligten ihre Konflikte austragen und ihre Angelegenheiten selbst regulieren sollen.“*[42]

Mediation wird damit ein unmittelbarer Ausdruck des kooperativen Staates auf vielen Ebenen: im öffentlichen Recht, im Arbeitsrecht, im Wirtschaftsrecht und auch bei Trennung und Scheidung. Unter diesen Aspekten ist Mediation der Prototyp eines „reflexiven Rechtes“, wie es der Rechtssoziologe Gunther Teubner genannt hat: „*Reflexives Recht zielt auf regulierte Autonomie. Die Rolle des reflexiven Rechtes besteht ... darin, integrative Mechanismen für Verfahren und Organisationen innerhalb der betroffenen Teilsysteme selbst bereitzustellen, ihnen eine Sozialverfassung zu geben, die ihre Eigendynamik respektiert, ihnen aber zugleich jene gesellschaftlichen Restriktionen auferlegt, die aus den Bedingungen des Zusammenspiels aller Teile als Kontextregeln für jedes einzelne Teil folgen.*“[43]

Unabhängig davon, ob man die Thesen Teubners für zutreffend hält oder nicht, ist an uns interdisziplinär die Anforderung gestellt, Mediation zu definieren, ihre Erlaubnisgrenzen und institutionellen Bedingungen aufzuzeigen, die „Kollisionsnormen“ mit anderen Verfahren und Einrichtungen zu beschreiben, um so zu einem gesellschaftlich und rechtlich fruchtbaren Zusammenspiel zu kommen. Hierzu verweisen wir auf die weiteren nachfolgenden Beiträge.

Anmerkungen

1 Auf folgende deutschsprachige Literatur ist besonders hinzuweisen: Familiendynamik 1992, Heft 4: Familien-Mediation; Evangelische Akademie Bad Boll (Hrsg.) (1993); Haynes, Bastine Link, Mecke (1993); Hoefnagels (1994); Schweizerischer Beobachter (Hrsg.).(1994); Mähler, Mähler, Duss-von Werdt (1994); Bundeskonferenz für Erziehungsberatung (1995); Märtin (1995). Wichtige Hinweise befinden sich beispielsweise auch in den Büchern von Krabbe (1991) und Amthor, Proksch, Sievering (1993). Die Literatur ist im Anhang des Buches zusammengefaßt.

2 Bauriedl (1992), S. 158.

3 Vgl. dazu Teil *Praxis und Forschung* S.215 ff.

4 Besonders aufschlußreich, weil angekoppelt an den Wandel des Staats- und Gesellschaftsverständnisses: Hoffmann-Riem, Schmidt-Aßmann (Hrsg.) (1990) sowie die Veröffentlichungen der Evangelischen Akademie Loccum, Loccumer Protokolle 12/89, 7/93, 73/93.

5 Stellvertretend Hering, Rössner (Hrsg.) (1993).

6 Zum folgenden Mähler H.-G. (1993b), S. 6 ff.

7 Böckenförde (1987), S. 927; s. zum folgenden Mähler H.-G. (1993 b), S. 5 ff.

8 Böckenförde (1987), S. 927 f.

9 Schmidt-Aßmann (1987), S. 1001.

10 Schmidt-Aßmann (1987), S. 1024.

11 Langenfeld (1991), S. 69.

12 Glasmachers (1982), S. 104 ff.; Schutter (1982), S. 199 ff. sowie Röhl (1983), S. 209 ff.; s. zum folgenden Mähler, Mähler (1995) S. 39 ff.

13 Z. B. Blankenburg, Gottwald, Strempel (Hrsg.) (1982).

14 Amthor, Sievering (Hrsg.) (1982), S. 56 ff.

15 Evangelische Akademie Bad Boll (Hrsg.) (1993), Protokolldienst 30/93, S. 175 ff.

16 Gary Friedman, Jack Himmelstein, John Haynes, Florence Kaslow, Stanley Cohen.

17 DAJEB Informationsschreiben Nr. 184/185 mit Beiträgen namentlich von Haffke S. 8 ff. (1992) und den Verfassern (1992a) S. 25 ff.
18 Deutscher Familiengerichtstag (Hrsg.) (1992), S. 105. Inhaltlich wurde die Veranstaltung von den Verfassern gestaltet.
19 Das Eidos Projekt Mediation wird von den Verfassern geleitet.
20 Evangelische Akademie Bad Boll (Hrsg.) (1993): Protokolldienst 30/93 mit Vorträgen der Verfasser, S. 4 ff.; Mähler Hans-Georg (1993b), S. 37 ff.; Haffke (1993), S. 53 ff. und Proksch (1995), S. 95 ff.
21 Amthor, Proksch, Sievering (1993).
22 Bundeskonferenz für Erziehungsberatung (Hrsg.) (1995).
23 Familiendynamik 1992, S. 395 ff; Evangelische Akademie Bad Boll (Hrsg.) (1993), Protokolldienst 30/93 S. 95 ff.
24 S. Werkstattbericht, S. 166 ff.
25 S. Dokumentation S. 270 ff. in diesem Band.
26 Die erste curriculare Ausbildung (in deutscher Sprache) wurde 1992 von den Verfassern angeboten. Verzeichnis der Ausbildungsinstitute s. Teil *Dokumentation*.
27 Kontaktadresse zur Zeit: RAuN Ingolf Schulz, Rathausplatz 25, 22926 Ahrensburg.
28 Zur BAFM näher s. S. 113 ff.
29 FamRZ 1982, S. 1179 ff.
30 Z. B. Napp-Peters (1992), S. 15; Fthenakis, Kunze (1992), S. 49 ff.
31 Amthor, Sievering (Hrsg.) (1989).
32 Kruse, Mähler, Moeser-Jantke, Schall (Hrsg.) (1988).
33 S. z. B. Lüscher in Lüscher, Schultheis, Wehrspann (Hrsg) (1990), S. 19.
34 Dies ist dokumentiert in vielen familiensoziologischen Beiträgen, s. z. B. Bertram (Hrsg.) (1991); Nave-Herz, Markefka (1989); Lüscher, Schultheis, Wehrspann (Hrsg.) (1990); Vester (1993); Beck, Beck-Gernsheim (1990).
35 Literaturhinweise für alle Berufsgruppen also Richter, Sachverständige, Jugendamtsmitarbeiter, Berater, Anwälte, s. Mähler, Mähler (1994), S. 61, A 29.
36 Wiesner (1991), S. 5 f.
37 Wasilewski (1990), S. 95.
38 Daß der Kern anwaltschaftlicher Tätigkeit zukünftig nicht im forensischen Bereich, sondern im Beratungsfeld liegt, ist jüngst z. B. auch vom Präsidenten des Deutschen Anwaltsvereins Felix Busse, Anwaltsblatt 1994, S. 483 betont worden. Wörtlich: „Der Anwalt 2000 darf allenfalls auch, nicht jedoch in erster Linie Prozeßanwalt, er muß vielmehr der rechtliche Berater des rechtssuchenden Publikums in allen Lebenslagen sein". S. ferner Schulz Ingolf (1994), Anwbl. 94, S. 273 ff; Galli-Widmer (1994), S. 37 ff; Fröhlich (1993), S. 323 ff.
39 Schuppert (1990), S. 37; Hesse (1990), S. 97ff; Röhl (1987), S. 56 ff.
40 Langenfeld (1991), S. 173 ff.
41 Langenfeld (1991), S. 64 ff.
42 Röhl (1987), S. 559; dies hat konsequenter Weise zur Strukturanalyse der Rechtspflege (SAR) geführt, die sehr engagiert von Prof. Dieter Strempel als Leiter der Rechtstatsachenforschung im Bundesjustizministerium gefördert wird, s. zuletzt Strempel, Rennig, in ZRP 1994, S. 144 ff; einschlägig Blankenburg, Simsa, Stock, Wolf (1990): Zum Familienrecht Bd. I, S. 2 ff, 99 ff, 151 ff; Bd. II, Anhang D III; zur Mediation: D III, S. 20 ff, 60/61.
43 Zitat bei Röhl (1987), S. 564; s. Teubner (1989), S. 81 ff.

Anmerkungen zum sozial- und rechtsgeschichtlichen Ort von Mediation

Josef Duss-von Werdt

„Wir müssen uns darüber klar sein, daß unsere Methoden zur Lösung größerer Auseinandersetzungen und Konflikte bis jetzt grob und primitiv, unzulänglich und kostspielig, gefährlich und destruktiv gewesen sind ... Ein grundlegender Wandel in unserem Denken ist erforderlich, was Konfliktlösungen anbelangt..." (De Bono 1987, S.7)

Was bis jetzt war, könne nicht mehr so bleiben, sagt Edward De Bono. Ist die Zeit für einen grundlegenden Wandel gekommen oder wird ein solcher angesichts der aktuellen Situation aus purer Verzweiflung und Sorge herbeigefordert?

Oder kann gleichsam ein innerer Gang der Geschichte nachgezeichnet werden, welcher einsichtig macht, daß die Zeit für Mediation reif geworden ist?

Dieser Frage gehen die Anmerkungen zum sozial- und rechtsgeschichtlichen Ort von Mediation bei Trennung und Scheidung nach.

Will man diesen Ort einkreisen, muß man einen Blick in die Geschichte der ehelichen, partnerschaftlichen und familiären Beziehungen sowie des Ehe-, Scheidungs- und Familienrechts tun.

Mediation bei Trennung und Scheidung gibt die Lösung der anstehenden Folgeprobleme in die Eigenverantwortung der scheidenden Partner. Selbstbestimmung steht gegen Fremdbestimmung. Im vorherigen Beitrag und in einigen späteren kehren Ausdrücke wie „Privatautonomie", „Eigenberechtigung", „Disponibilität des Rechts" wieder. Sich selber zu etwas zu ermächtigen, was zur Befugnis des Staates und seiner Rechtsprechung gehört, solange noch Scheidungsgerichte bestehen, greift grundlegend in das Verhältnis von privat und öffentlich zugunsten des Privaten ein. Die Kernfrage dieser Anmerkungen könnte diese sein: Läßt es sich in der jüngeren Sozialgeschichte ausmachen, daß die Entwicklung in den Bereichen von Ehe und Familie in diese Richtung einer „Privatisierung" der partnerschaftlichen und familiären Beziehungen geht?

Schon seit einiger Zeit weisen die Sozialwissenschaften auf eine Privatisierung der traditionellen Lebensformen von Ehe und Familie, bzw. auf den Bedeutungsschwund ihrer Institutionalisierung hin (z. B. Kaufmann 1990, Beck, Beck-Gernsheim 1990). Es ist die Rede von sich beschleunigenden „Individualisierungsschüben" und der „Gesellschaft von Einzelgängern" (Hoffmann-Nowotny 1991) als Folge einer Entwicklung, deren Wurzeln die Historiker im Ideenboden der Aufklärung finden. Die Leitidee der Aufklärung des 17. und 18. Jahrhundert ist das freie, gleiche (und „brüderliche") Individuum, der Bürger, der nunmehr mit den andern Bürgern den „Souverän" bildet. Der Einzelne ist ab jetzt gleichsam sein eigener Unternehmer, Schmied seines Glücks und Unglücks. Die auf diesem Selbstverständnis des Menschen gründenden demokratischen und bürgerlichen Gesellschaften gaben zwar, und tun es immer noch, in ihren Verfassungen und Zivilgesetzen den Gesellungsformen von Ehe und Familie eine privilegierte Stellung. Sie sind sozusagen „gesetzlich geschützt". Das liegt durchaus in der Logik der Eheschließung- und Scheidungsfreiheit, wie sie in den Bürgerlichen Gesetzen seit der Französischen Revolution festgehalten wurde. Sie gehören zu den bürgerlichen Freiheiten. Eheverbote aus standesmäßigen, religiös-konfessionellen Gründen sind aufgehoben. Das *generelle* Scheidungsverbot, wie es in der bekannten Kulturgeschichte einzig die katholische Kirche kannte und noch kennt (wenn man von ihrer problematischen Annulierungspraxis absieht, in der man so etwas wie eine getarnte Scheidungsmöglichkeit erblicken könnte), wurde außer Geltung gesetzt.

Damit bekam das Individuum die Gestaltung seiner Beziehungen in die eigene Hand. Grundsätzlich mindestens, wenn auch keineswegs so „liberal", wie es im Klassischen Rom seinerzeit der Fall war (Levy 1925).[1] Die Aufklärung bekam in Europa durch die Französische Revolution ihre erste politische Gestalt. Es ist bemerkenswert, daß diese als eine ihrer ersten gesetzgeberischen Akte ein neues Ehe- und Scheidungsrecht schuf[2], wodurch sowohl die Eheschließung wie die Scheidung zur „bürgerlichen Freiheit" für jedermann erklärt wurden.

Die Geschichte verlief auch von da ab keineswegs linear, wie z. B. die Einschränkung der 1791 eingeführten Scheidung durch den Code Napoléon (1804) und dann ihr erneutes Verbot ab 1816 bis 1884 in Frankreich zeigt.

Das aufgeklärte Ehe- und Scheidungsrecht fiel nicht vom Himmel. Rechtsphilosophisch und rechtshistorisch überlappen sich seit dem Mittelalter und der Renaissance zwei Eheauffassungen: *Die Ehe ist eine Institution; die Ehe ist ein Vertrag.* In den philosophischen Diskursen im Vorfeld der Revolutionen des 18. und 19. Jahrhundert finden sich in kontroversen Naturrechtslehren diese beiden Tendenzen, z. B. bei Samuel Pufendorf (1632–1694), Christian Thomasius (1655–1728) und Christian Wolff (1679–1754). Als *Institution* ist die Ehe „von oben", sei es von Gottes oder Staates Gnaden. Sie ist „eingesetzt" und entzieht sich somit der Verfügbarkeit durch die Partner. Als *Vertrag* hingegen gehört sie den Vertragspartnern, ist also grundsätzlich *ihre* Sache. Die Ehe wird „disponibel", was zurückverbindet auf das Consensus-Verständnis im klassischen Rom[3]. Praktisch alle neueren Zivilgesetze unserer demokratischen Gesellschaften stellen Kompromisse zwischen beiden Auffassungen dar. Im „Allgemeinen Landrecht für die Preußischen Staaten" von 1794 heißt es zum Beispiel: „Der Hauptzweck der Ehe ist die Erzeugung und Erziehung der Kinder. Auch zur wechselseitigen Unterstützung kann eine gültige Ehe geschlossen werden" (Blasius 1987).

Die Bestimmung, daß rechtsgültige Ehen und Scheidungen („Im Namen des Volkes") nur durch staatliche Intervention möglich sind, liegt im institutionellen Charakter begründet. Die mehr oder weniger weit bzw. eng gefaßte Scheidungsmöglichkeit für Mann *und* Frau wurzelt in der Vertragsidee. Es ist schließlich die Vertragsidee, welche sich immer mehr durchgesetzt hat. In der französischen Revolutionsverfassung von 1791 heißt es im Artikel 7 lakonisch: „La loi ne considère le mariage que comme un contrat civil" (Das Gesetz betrachtet [im Vorentwurf hieß es noch „anerkennt"] die Ehe bloß als einen zivilen Vertrag.)

Das Paradox der Liebesheirat

Im Paar und seiner Ehe eine private Angelegenheit zu sehen prägte vor ihrer Laisierung zunehmend die Mentalitäten, und gestaltete die Gesellschaftsmoral oder Sitte. Damit ist eine neue Dimension ins Bewußtsein gekommen, nämlich die Differenzierung von Institution/Vertrag auf der einen, und Paar/Beziehung auf der andern Seite. Seit ungefähr 1730 wurde die aufklärerische Idee, Freiheit und Liebe seien die einzig akzeptablen und sittlich verantwortbaren Grundlagen der Ehe zum beherrschenden Thema des Theaters und des Romans (Burguière 1989). So wurde die Ehe allen „Zwecken" entzogen, denen sie durch Forderungen der „Standesgemäßheit", wirtschaftlicher und politischer Absichten, familiärer Traditionen, theologischer Vorstellungen und anderm mehr unterworfen war. Liebe und Freiheit werden zur Grundlage der Ehe, und ihr unterstellt. Die daraus entstehende Idee der Liebesheirat als gesellschaftlich verpflichtendes Leitbild stellt nicht mehr die Einrichtung Ehe in den Vordergrund, sondern das, was später die „Zweierbeziehung" genannt wird. Und diese gibt es auch ohne Trauschein in gehäuftem Maß, was wiederum nur folgerichtige Aufklärung ist.

Wird die Liebe zum entscheidenden Motiv der Paarbildung und -beziehung, kann ihr der Vertrag nur noch einen äußeren Rahmen geben, aber sie nicht zum Inhalt haben. Liebe, das Privateste und Intimste, das sich einstellt, ohne daß man weiß, wie einem geschieht, es ereignet sich einfach, wird der Ehe übergeordnet. Vertraglich abgesicherte und bei ihrem Verlust einklagbare Liebe wäre das Unding einer erzwingbaren Spontaneität oder das Paradox eines jederzeit inszenier- und reproduzierbaren Ereignisses.

Wenn es zur Scheidung kommt, ereignet sich in aller Regel die Liebe nicht mehr – und das ist der eigentliche, rechtlich überhaupt nicht relevante Scheidungsgrund. Der „Liebesheirat" (mariage d'amour) entspricht denn auch ganz logisch die „Entheirat", weil die Liebe mangelt (démariage par manque d'amour). Es hat jedoch, wie angedeutet, rechtlich keine Bedeutung, ob zwei sich lieben oder nicht. Die Beziehung ist nicht Thema des Rechts, sondern die Institution und der Vertrag. Auf der Beziehungsebene können deshalb Recht und Rechtsprechung nichts ausrichten, wenn auch oft viel anrichten, das der Beziehung keineswegs zugute kommt. Es trifft zu, was Montesquieu in den Lettres Persanes schreibt: „Was im Gesetz steht, ist nicht wichtig und was wichtig ist, steht nicht im Gesetz." Das könnte durchaus im Sinne seines Verfassers ein Satz ins Stammbuch von Richtern, Anwälten und Mediatoren beiderlei Geschlechts sein.

Selbstredend wurde die Liebesehe nicht zum demokratisch einstimmig angenommenen Modell, sondern erfuhr immer wieder, bis in unsere Tage, Widerspruch. Die Kirchen stehen nach wie vor eher auf der Seite der Institution: „Ehen werden im Himmel geschlossen". Aber nicht nur die Kirchen, sondern auch die laizistischen Staaten, die wie schon angedeutet wurde, sich ein „obrigkeitliches" Recht bewahren, über Sein oder Nichtsein einer Ehe immer noch ein entscheidendes Wort zu sprechen. Die innenpolitischen Auseinandersetzungen der Weimarer Republik in Deutschland etwa waren mit Kontroversen darüber eng verknüpft. Deren Nachklänge sind noch nicht verhallt (Blasius 1987). Auch die Volksabstimmung über das neue Eherecht in der Schweiz, welches sich zur Vertragsseite hin neigt, fand 1985 nur mit knapp 55 % Ja-Stimmen die „Gnade des Souveräns". Abgesehen von ihren nicht verhehlten wirtschaftlichen Interessen gingen die „bürgerlichen" Gegner mit dem Argument in den Abstimmungskampf, das neue Gesetz unterhöhle das „Wesen" der Ehe, dem sich Ehegatten, weil von ihnen unabhängig, unterzuordnen hätten, weil es zeitlos Geltung habe. Die darin enthaltene Idee der Unauflösbarkeit der Ehe wird von (nicht nur katholischen) Teilen der Bevölkerung nach wie vor vertreten, auch wenn viele ihrer eigenen Ehen selber „unsicher" geworden sind.

Auch in der belletristischen Literatur findet durch die vergangenen Jahrhunderte bis heute eine Auseinandersetzung mit dem Thema statt. Als Beispiele genannt seien Effi Briest von Theodor Fontane oder die Frau Marnet in Anna Seeghers „Das siebte Kreuz": Frau Marnet „hatte ihren Mann überhaupt nie leiden können. Darüber war sie freilich noch keinen Augenblick ihrer Ehe unglücklich gewesen. Unglücklich, hatte sie ihre Tochter vor der Hochzeit belehrt, kann man ja überhaupt nur werden, wenn man jemanden leiden kann." Frau Marnets Eheglück ohne Liebesleid bestand darin, ihren Mann *nicht* zu lieben. Ehe war für sie trotzdem eine Evidenz, eine Selbstverständlichkeit, ihre Funktionalität auch.

Auflösliche Ehe – unauflösliche Familie

Wenn auch nicht unbedingt ideologisch vom Modell der lebenslangen Ehe abrückend, so gehen die demokratischen Gesellschaften doch faktisch davon aus, daß Ehen widerrufbar und auflösbar sind.

Wie ist das mit der Familie in der neueren Gesetzgebung und ihrer Entwicklung? Daß Kindesrechte unter der Leitidee des Kindeswohl entstanden sind, deutet auf eine Verlagerung oder mindestens Erweiterung des Blicks von den Erwachsenen auf die Kinder. Beim Gang durch die neuere Geschichte der Scheidung fällt zwar immer wieder auf, wie wenig bis in die jüngste Vergangenheit die Kinder mitbedacht wurden, wenn sie von der Scheidung ihrer Eltern betroffen sind. Das mag seine familiensoziologischen Gründe darin haben, daß die Kernfamilien und damit die Kinder auch zu Zeiten beginnender Demokratisierung noch vernetzter in größere verwandtschaftliche und nachbarschaftliche Systeme einbezogen waren.

Die wachsende Loslösung der Kernfamilien aus größeren Verbänden und die Mutterzentriertheit der Familie, bzw. die zunehmende Familien- und Mutterzentrierung des Kindes, in der jüngeren Geschichte haben die Situation dahingehend verändert, daß die Versorgung der Kinder nicht privat, etwa mit Hilfe der erweiterten Familie und Sippe geregelt werden kann. In ihrer rechtssoziologischen Studie „Le démariage. Vie privée et justice" fragt Irène Théry (1993), ob das nicht zu einem neuen Paternalismus des Staates führe. Für Frankreich zeigt sie auf, wie in der neueren Gesetzgebung Kind und Familie immer mehr ins Zentrum rücken. Das ist zwar nicht nur in Frankreich so, obwohl dort die Entwicklung in dieser Richtung am weitesten vorangekommen zu sein scheint. Das gemeinsame Sorgerecht ist der Regelfall.[4] Grundlage dafür ist die unveräußerbare *gemeinsame Verantwortung* von Mutter und Vater für das Kind im sogenannten Prinzip der „Mitelternschaft" (co-parentalité).

Der Staat macht sich die Ideen der immerwährenden Elternschaft und der „unauflöslichen Familie" zu eigen. Die Praktikabilität dieser Position wird allerdings durch die Familienwirklichkeit zunehmend erschwert. Wenn die sog. „Fortsetzungsfamilien" sich häufen und immer mehr Kinder vor dem Erwachsensein mehrere Eltern erleben, verdünnt sich die Erlebbarkeit unauflösbarer und konstanter Familienbande.

Die Generationen fangen dann an, sich in der gleichen Generation zu häufen. Soziologen, Kulturhistoriker und Kulturkritiker haben für diese Erscheinungen die Einstufung in die sogenannte „Postmoderne" parat. Nichts scheint mehr „letztverbindlich" zu sein. „...erstens liegt das daran, daß es Letztverbindlichkeit anders als erpreßt und zwanghaft eben überhaupt nicht geben kann, und zweitens ist solch relative Verbindlichkeit *menschgemäße* Verbindlichkeit, nicht Unverbindlichkeit oder Beliebigkeit." (Welsch 1992, S.46) Ist das etwas anderes als zu Ende gedachte und gelebte Aufklärung? Ob es das Ende der Aufklärung selber ist, ist nicht entscheidbar.

In Frankreich hat das Kind in allen Verfahren, die es betreffen, seinen rechtlich gesicherten Platz.[5] Damit wird es den Eltern als Verhandlungsgegenstand entzogen und als Subjekt in das Verfahren eingeführt. Es entspricht denn auch durchaus dem Trend dieser Entwicklung, wenn MediatorInnen sich fragen, inwieweit sie die Kinder in ihr Verfahren miteinbeziehen sollen.

Das Koordinatennetz der Mediation

Zum Schluß dieser Anmerkungen zum sozial- und rechtsgeschichtlichen Ort von Mediation seien einige Koordinaten dieses Ortes zusammengefaßt:

1. Mediation geht vom Menschenbild demokratischer Gesellschaften aufgeklärten Zuschnitts aus, welches Individualität, Autonomie und Selbstbestimmung vor Abhängigkeit, Kommunität und Fremdbestimmung setzt.
2. Mediation entspricht dem Zug zur Privatisierung der partnerschaftlichen und familiären Verhältnisse der letzten zweieinhalb Jahrhunderte.
3. Mediation als Familienmediation vertritt die Idee gemeinsamer elterlicher Verantwortung für die Kinder, weshalb ihr die Rechtsfigur des gemeinsamen Sorgerechts näher liegt, als die des einseitigen.
4. Als vor- und außergerichtliches Verfahren stellt Mediation bei Trennung und Scheidung möglicherweise eine Vorstufe zu staatlichen Verfahren dar, die ihren Ort überhaupt nicht mehr am Gericht, sondern bei den Zivilstandes- und Sozialämtern haben. Unsere Generation wird kaum noch beobachten können, ob die Entwicklung sogar noch weiter geht, nämlich dorthin zurück, wo das französische Scheidungsgesetz von 1792 schon einmal war[6]. Es wollte nämlich das „Familiengericht" im wörtlichen Sinn, nicht als eine Einrichtung des Staates, sondern der Familie selber. Fami-

lienangelegenheiten sollten Angelegenheiten der Familie sein – ein Projekt, das damals kurzen Atem hatte. Wenn auch die Mediation die innerfamiliäre Regelung der „Familiensachen“ anstrebt, kommt sie vorderhand nicht um die Intervention des Staates herum. Eine „Scheidung ohne Richter“ gibt es zwar als Buch (Krabbe 1991), aber (noch?) nicht als Rechtswirklichkeit.

Anmerkungen

1 Dem rechtlich formlosen „matrimonium liberum“ entsprach das „divortium liberum“. Allerdings war deshalb Scheidung nicht einfach der Laune und dem Belieben überlassen. Die Beziehungen wurden mehr durch die Sitte, als durch das Recht geordnet. Zu scheiden „schickte sich nicht“.

2 Es ist eine Eigentümlichkeit der Revolutionen, dies zu tun. So war es in Rußland und später in China. In Ehe und Familie werden offensichtlich entscheidende Träger ihrer Grundideen gesehen.

3 Im kanonischen Recht der katholischen Kirche ist der consensus konstitutiv für die Ehe, eine Konsensualscheidung scheidet jedoch trotzdem grundsätzlich aus.

4 Art. 287 im Zivilgesetz vom 8. Januar 1993 lautet: „Die elterliche Autorität wird von beiden Eltern gemeinsam ausgeübt. Fehlt das diesbezügliche Einvernehmen, oder falls dieses für den Richter dem Kindeswohl zuwiderläuft, bestimmt der Richter jenen Elternteil, bei welchem die Kinder ständig wohnen sollen.“ (ÜdV). Die gemeinsame Ausübung des Sorgerechts wird in Art. 372 auch ausdrücklich für die verheirateten und unverheirateten Eltern festgehalten, für letztere, sofern sie zusammenleben.

5 Die Anhörung des Kindes ist im Code civil von 1993 in Kapitel 5 („Die Anhörung des Kindes vor Gericht und die Verteidigung seiner Interessen“) geregelt. In Art. 388.1 heißt es: „In jedem Verfahren kann jedes davon betroffene und der Urteilskraft fähige, minderjährige Kind (...) vom Richter oder einer von ihm dazu bestimmten Person angehört werden. Verlangt das Kind selber die Anhörung, kann sie nicht verweigert werden, es sei denn durch eine besonders begründete Entscheidung. Es kann dann allein, zusammen mit einem Anwalt oder einer Person seiner Wahl, angehört werden.(...) Die Anhörung des Minderjährigen verleiht diesem nicht den Status einer Partei im Verfahren.“

6 Art. 4 § 1 handelt von der einverständlichen Scheidung: „Vor mindestens drei Familienangehörigen jeder Seite müssen die Eheleute ihre internen Eheschwierigkeiten ausbreiten und über die Möglichkeiten einer Aussöhnung verhandeln.“ Bei einseitigem Scheidungswillen „muß außer den sechs Familienangehörigen noch ein städtischer Beamter an mindestens drei der vorgesehenen Schlichtungsverhandlungen teilnehmen.“

Institutionalisierung und Recht

Solange es Heirat gibt, Ehe und Familie durch ein Gesetz geregelt werden, sind Trennung und Scheidung rechtsrelevante Vorgänge. Anders gesagt: Trennungs- und Scheidungsmediation hat mit Recht zu tun, und zwar unter ganz verschiedenen Aspekten. Es stellen sich Fragen grundsätzlicher Art: In welchem Verhältnis stehen Recht und Mediation? Welche rechtliche Bedeutung hat Mediation? Ist sie überhaupt „legal"? Wie liegen die Dinge berufsrechtlich? Wer darf Mediation praktizieren? Welches ist die Rolle der AnwältInnen bei Mediation? Um diese Fragen geht es im folgenden Teil.

Zur Institutionalisierung von Mediation

Hans-Georg und Gisela Mähler

Gesetzliche Rahmenbedingungen

Das Gesetz unterscheidet streng zwischen der Scheidung als solcher und der Regelung der Folgesachen. Die Scheidung kann zwingend nur durch den Richter ausgesprochen werden. Die Folgesachen (§ 621 ZPO) betreffen alle Umstände, die infolge der Scheidung regelungsbedürftig werden: Das Sorge- und Umgangsrecht, der Kindes- und Ehegattenunterhalt, die Vermögensauseinandersetzung meist in Form des Zugewinnausgleichs, die Zuteilung der Ehewohnung und des Hausrates sowie die Altersvorsorge. Über die Scheidung soll der Richter nicht befinden, bis die Folgesachen, jedenfalls soweit beantragt, geregelt sind (Verbundverfahren, § 623 ZPO). Die Unterscheidung beider Bereiche ist deshalb von besonderer Bedeutung, weil Folgesachen von den Parteien außergerichtlich selbst geregelt werden können. Das hat die Scheidungsreform im Jahre 1977, die nun auch prozessual die „Einverständliche Scheidung" eingeführt hat (§ 630 ZPO), sehr erleichtert. Werden keine Anträge bei Gericht gestellt, bleibt dieses untätig. Eine Ausnahme hierfür gilt lediglich für das Sorgerecht und den Versorgungsausgleich. Hierüber entscheidet das Gericht auch ohne Antrag (§ 623 III ZPO). Das hindert die Parteien freilich nicht, insoweit ebenfalls Vereinbarungen zu treffen: Dann – und nur dann – steht dem Gericht ein Kontrollrecht zu. Im Falle des hier besonders interessierenden Sorgerechtes ist dieses Kontrollrecht aber eingeschränkt. Das Gericht darf in seiner staatlichen Richterfunktion von einem übereinstimmenden Vorschlag der Eltern nur abweichen, „wenn dies zum Wohle des Kindes erforderlich ist" (§ 1671 III BGB). Hierbei ist das Gericht auf das Jugendamt angewiesen. Dieses hat – in hoheitlicher Aufgabenfunktion (§ 2 III 6 KJHG) – im Sorgerechtsverfahren vor dem Familiengericht „mitzuwirken" (§ 50 I KJHG) in Korrespondenz zur Verpflichtung des Gerichts, das Jugendamt „anzuhören" (§ 49 a FGG). Im Streitfall soll das Gericht befähigt werden, eine möglichst kindeswohlorientierte

Entscheidung zu finden. Dies gilt in gleicher Weise für psychologische Sachverständige, die vom Gericht bestellt werden können, wenn Zweifel bleiben.

Das Jugendamt hat mit Inkrafttreten des Kinder- und Jugendhilfegesetzes (KJHG) am 01.01.1991 eine neue Aufgabe erhalten, die zunächst fakultativ ausgestattet war und ab 01.01.1995 verpflichtend ist: Die Eltern sollen im Falle von Trennung oder Scheidung „bei der Entwicklung eines einvernehmlichen Konzeptes für die Wahrnehmung der elterlichen Sorge unterstützt werden" (§ 17 II KJHG). Dies ist eine Aufgabe, die zu den freiwilligen Leistungen des Jugendamtes gehört und scharf von der hoheitlichen Befugnis zur „Mitwirkung" zu trennen ist, weil Beratung und gerichtliches Verfahren völlig unterschiedlichen Strukturprinzipien folgen. Deshalb empfiehlt beispielsweise das Bayerische Staatsministerium für Arbeit, Soziales und Familie im Benehmen mit dem Bayerischen Justizministerium, daß Jugendamtsvertreter wechseln, wenn die Beratung nicht zu einer Vereinbarung geführt hat und der Fall „streitig" geblieben ist[1]. Bedauerlicherweise wird diese Praxis nicht überall so gehandhabt. Manche Jugendämter lehnen eine hoheitliche Mitwirkung gänzlich ab, sie sehen die Mitwirkung in der Beratung erschöpft. Andere wirken hoheitlich dann mit, wenn die Beratung nicht zu einem gemeinsamen Konzept geführt hat und nun eine richterliche Entscheidung über den Sorgerechtsstreit notwendig wird[2].

Wir halten es für sinnvoll, wenn das Jugendamt die Beratung der Mitwirkung vorzieht. Das entspricht der Einsicht des Bundesverfassungsgerichtes in seiner Entscheidung zum gemeinsamen Sorgerecht, die den Eltern auch bei Trennung als Paar Priorität bei der Bestimmung, wie sie zukünftig ihrer Verantwortung nachkommen wollen, eingeräumt hat. § 17 KJHG unterstützt die Eltern, in der schwierigen Trennungssituation einen Konsens zu finden. Die Beratung kann aber scheitern. Dann ist das Gericht zur Entscheidung berufen. Und bedarf, um das Kindeswohl beurteilen zu können, eben der „Mitwirkung" des Jugendamtes.

Um nun den Vertrauensraum innerhalb der Beratung zu schützen und um zu verhindern, daß er im Kampf um das Recht unter Ausnutzung gegenseitiger Schwächen mißbraucht wird, ist unserer Auffassung nach eine strikte Trennung der beiden Bereiche – auch personell – geboten. Wir erachten die organisatorische Trennung auch aus verfassungsrechtlichen Erwägungen für notwendig. Die Datenschutzbestimmungen des KJHG (§§ 62 ff.) haben ihren Grund in der internen Gewaltenteilung von Leistungsverwaltung einerseits und Eingriffsverwaltung andererseits. Wird keine Trennung vorgenommen, besteht die Gefahr, daß das vom Bundesverfassungsgericht entwickelte Grundrecht auf informationelle Selbstbestimmung ausgehöhlt wird. Daher ist die Trennung selbst dann zu vollziehen, wenn die Eltern im Falle des Scheiterns der Beratung damit einverstanden wären, daß der gleiche Jugendamtsvertreter für die Mitwirkung im Sinne von § 50 KJHG zuständig bliebe.

Für Mediation hat dies Bedeutung, weil sie ihrem Wesen nach eine Form freiwilliger Beratung ist, also (wenn sie denn angewandt wird) in § 17 KJHG, aber nicht im § 50 KJHG beheimatet ist. In § 50 können, ja sollten, freilich „mediative Elemente" mitverwandt werden; insoweit verweisen wir auf Seite 60 ff.

Institutionell von besonderer Bedeutung ist § 28 KJHG. Hiernach sind Erziehungsberatungsstellen und ähnliche Einrichtungen aufgerufen, Kinder, Jugendliche und Eltern bei Trennung und Scheidung zu unterstützen. Die Erziehungsberatungsstellen haben erkannt, daß Mediation für sie ein außerordentlich wichtiges Werkzeug ist. Nach einer kürzlich veröffentlichten Umfrage zum Leistungsspektrum[3] der Stellen boten auf Bundesebene 22,3 % „dezidiert Mediation" an. Wenngleich wir unsicher sind, was hier alles unter „Mediation" verstanden wird, zeigt die Zahl den Trend der zukünftigen Entwicklung an.

Im Hinblick darauf, daß die hoheitlichen Aufgaben gem. § 76 KJHG auch an Beratungsstellen übertragen werden können, die nach dem Subsidiaritätsprinzip vor dem Jugendamt nach § 17 KJHG zur Beratung berufen sind, werden sich diese sehr genau zu überlegen haben, wie sie gegebenenfalls eine Trennung der beiden Bereiche garantieren wollen. Gelingt dies nicht, ist die mühsam errungene Identifikation von Beratung und Vertrauensschutz gefährdet.

Eine besondere Rolle im Scheidungsverfahren spielen die Anwälte wegen des in der Bundesrepublik herrschenden Anwaltszwanges (§ 78 ZPO). Den Anwälten kommt eine Schlüsselrolle zu: In ihrer Hand liegt zentral die Beratung dahin, ob und welche Anträge bei Gericht gestellt und welche Fragen außergerichtlich geklärt werden sollen und wie.

Zusammenfassend:

- Die Folgesachen sind schon bisher ganz überwiegend im Vereinbarungsweg einer Lösung zugeführt worden, sei es durch Vergleichsverhandlungen vor Gericht, sei es vor allem durch außergerichtliche Verhandlungen der Parteien mit ihren oder über ihre Anwälte. Mediation ist eine weitere Form, außergerichtlich Vereinbarungen zu erarbeiten.
- Das Gericht, die die Parteien vor Gericht vertretenden Anwälte, das Jugendamt in seiner Mitwirkungspflicht nach § 50 KJHG sowie

gegebenenfalls psychologische Sachverständige sind dem justiziellen Verfahren zuzuordnen. Davon scharf zu trennen sind Beratungsformen einschließlich der Beratung nach § 17 KJHG. Mediation versteht sich als außergerichtliche Konfliktlösungsform und legt Wert auf strikten Vertrauensschutz.

– Im übrigen sind wir der Meinung, daß es auch de lege ferenda entgegen manch anderer Auffassung für die Scheidung aus Gründen der Rechtssicherheit bei einem juristischen Verfahren bleiben sollte. Mediation braucht als freiwilliges Verfahren ein sicherndes rechtliches Netz, weil sonst die Gefahr bestünde, daß sich die Willkür des Stärkeren durchsetzte. Der Schwächere braucht im Grenzfall den Schutz des Rechts.

Mediation als neue Form der Konfliktlösung bei Trennung und Scheidung

Bisher ist es üblich, daß alle mit Trennung und Scheidung zusammenhängenden Probleme auf der sachlichen Ebene juristisch – mit Hilfe von Anwälten und Gericht – geregelt werden. Psychische Unterstützung erfahren die Betroffenen in der Beratung und Therapie. In den letzten 15 Jahren hat sich die besondere Form der Trennungs- und Scheidungsberatung entwickelt, die ihre Aufmerksamkeit vor allem auf die Ambivalenzberatung (kann die anstehende Veränderung in die Beziehung integriert werden oder ist Trennung unabänderlich?), die mit der Trennung verbundene Trauerarbeit und die Erarbeitung von Elternverträgen richtet[4]. Mediation zielt auf eine sachliche Vereinbarung ab. Sie folgt dabei aber nicht notwendig den Gesetzen, sondern sucht eine persönliche Lösung von innen heraus. Sie steht damit – als eigenständiges Verfahren – zwischen den justiziellen Formen und der Beratung bzw. Therapie. Unterschieden nach Ziel und Thema ergibt sich die Übersicht[5] über Konfliktlösungswege auf S. 39.

Beratung Therapie	**Mediation**	**Justiz**	
Intra- und interpsychische Aufarbeitung von Problemen mit Hilfe eines Beraters/Therapeuten	Verhandlungen der Konfliktpartner mit Unterstützung eines Mediators	Anwaltliche außergerichtliche Verhandlungen (Vierergespräche der Eheleute mit ihren Anwälten)	Gerichtliche Verhandlungen. Anwaltszwang. Mitwirkung des Jugendamtes (§ 50 KJHG). Ggf. Sachverständigengutachten
Thema, Ziel: Beziehungsklärung, z. B. Trennung oder Scheidung: Ja oder Nein. Aufarbeitung der „psychischen“ Scheidung. Trauerarbeit. Persönliche Entwicklung, Einübung der verwandelten Rollen als Mutter und Vater nach der Trennung als Paar. Elternverträge.	*Thema, Ziel:* Wie handeln wir eigenverantwortlich mit Hilfe eines Mediators eine auf unsere Verhältnisse und die jeweiligen Lebensperspektiven zugeschnittene faire Vereinbarung aus.	*Thema, Ziel:* Wie regle ich meine Trennung/Scheidung mit Hilfe meines mich vertretenden Anwaltes durch außergerichtliche Vereinbarung, i.d.R. im Interpretationsrahmen der geltenden Gesetze.	*Thema, Ziel:* Regelung der Scheidung, Sorgerecht, Altersversorgung und was sonst beantragt wurde durch Urteil oder Vergleich auf der Grundlage der geltenden Gesetze.

Konfliktlösungswege

Die prozedurale Kompetenz von Mediation[6]

Mediation im Unterschied zum Gerichtsverfahren

Die Struktur des Scheidungsverfahrens als System wird durch eine *archetypische Konfliktfigur* geprägt: der *Richter entscheidet anhand gesetzlicher Normen*. Die *Anwälte* kämpfen um die vom Richter zu erlassende Entscheidung und steuern die zugrundeliegende Dynamik des Verfahrens. Ihr Handwerkszeug ist die Subsumption der Wirklichkeit unter das Gesetz, mit der zwingenden Folge, daß alle der eigenen Partei günstigen und alle der „gegnerischen" Partei ungünstigen Merkmale hervorgehoben werden. Diese Argumentationstechnik kann um so verletzenderen Charakter tragen, je persönlicher die gesetzlichen Merkmale sind. So z. B., wenn darum gerungen wird, welcher Elternteil besser für die Kinder sorgen kann, womit gleichzeitig implizit „bewiesen" werden soll, wer der „bessere" Mensch ist. Die Strukturprinzipien – *der Form nach* Entscheidungsfindung durch den Richter, *dem Inhalt nach* auf der Grundlage einer durch Gesetze bestimmten Position, *der Methode nach* Kampf um das Recht, bergen verschiedene Implikationen in sich[7]:

- Die Ambivalenzen in jeder Partei werden vernachlässigt zugunsten einer sich verfestigenden Dualität.
- Es geht um Sieg und Niederlage, die das Selbstwertgefühl berührt, was zu existentiellen Krisen führen kann.
- Die Entscheidung bedingt ein Entweder/Oder.
- Unterschiede werden damit eliminiert.
- Das Raster der Entweder/Oder-Entscheidungen verringert die Vielzahl möglicher, auf freier Selbstbestimmung beruhender Lösungsmöglichkeiten.
- Es treten eine Reihe von Fragmentierungen ein, insbesondere können die Folgesachen nicht in einer aufeinander bezogenen Lösung miteinander verknüpft werden, die Entscheidungen stehen vielmehr ohne bewußte Verkettung nebeneinander.

Dadurch wird der Rechtsstreit zwar zu Ende gebracht. Die Parteien sind aber häufig weder mit dem Ergebnis noch mit dem Weg, wie es zustande gekommen ist, zufrieden, sondern nicht selten verbittert. Das wirkt sich insbesondere zu Lasten der Kinder aus, die um so mehr leiden, je weniger die Eltern ihrer Verantwortung als bleibende Mutter oder bleibender Vater kooperativ nachkommen können. In der *Mediation* delegieren die Konfliktpartner die Entscheidungen nicht, weder an das Recht (als Entscheidungsmaßstab), noch an Anwälte (als Fürsprecher und Vertreter), noch an Richter (als entscheidende Instanz), sondern bleiben *selbst in der Verantwortung*, geben den Konflikt nicht aus der Hand. Es geht auch nicht um rechtliche *Beurteilung*, *sondern um Verhandlung* mit dem Ziel einer Konsensfindung. Demzufolge stehen im Mittelpunkt ihrer Orientierung je nach Situation beispielsweise praktische und ökonomische Bedürfnisse, frühere Abmachungen, Elemente aus der Beziehungsgeschichte oder einfach der Wunsch, trotz Trennung als Paar gemeinsam Verantwortung für die Kinder weiter zu tragen. Die Rechtsnormen können als Wegweiser dienen, wie unten genauer zu zeigen ist, es geht aber nicht um den Kampf ums Recht, sondern letztlich darum, durch Kooperation auf der Interessenebene zu einer zukunftsorientierten Lösung zu kommen: *Statt einer Entweder/Oder-Entscheidung wird nach Und-Lösungen gesucht, statt Sieg oder Niederlage wird doppelter Gewinn oder zumindest kein Verlust und ein fairer Ausgleich angestrebt.* Die Unterschiede werden nicht eliminiert, *die Sichtweisen der Parteien, ihre persönliche Wahrheit, ist Grundlage ihrer Interessen, die nach Möglichkeit in vollem Umfang zu wahren sind.* Die Fragmentierungen werden nicht zementiert, sondern weitgehend aufgehoben, insbesondere können die Folgesachen ganzheitlich einer Lösung zugeführt werden. Der Blick ist *nicht* in die *Vergangenheit*, sondern in die *Zukunft* gerichtet. Es geht um *Verständigung* und manchmal um *Versöhnung*.

Mediation im Unterschied zu außergerichtlichen Verhandlungen

Man mag fragen, ob diese Vorteile nicht längst durch *außergerichtliche Verhandlungen*[8], die ja auch ein Verhandlungsergebnis anstreben, erreicht werden. Die Antwort: nur zum Teil.

Der *Unterschied* prägt sich schon im Setting aus. In der Mediation treten sich die Parteien unmittelbar gegenüber, sie werden nicht durch Anwälte vertreten, sondern vertreten sich selbst. In der anwaltschaftlichen Verhandlung fehlt der vermittelnde und beide gleichermaßen unterstützende Dritte. Die Positionen der Parteien werden durch ihre Anwälte verstärkt, die innere Ambivalenz der Auffassungen polarisiert. Die Gefahr, in dualen Positionen zu erstarren, ist größer. Die Anwälte sind Juristen, ihre Argumentation ist von ihrer Sozialisation und ihrem Berufsverständnis her spezifisch juristisch, andere Entscheidungskriterien treten demgegenüber mehr zurück. Die Juridifizierung wird vor allen Dingen dadurch gefördert, daß

Anwälte in ihrer Argumentation die zu Gunsten ihrer Partei sprechenden Rechtsansprüche und -positionen nicht aus den Augen verlieren dürfen und durch andere Orientierungskriterien, etwa auf der Beziehungsebene, nicht aufgeweicht sehen möchten. Sie müssen sich *rechtspositionsfähig halten*, weil sie ja jederzeit damit rechnen müssen, doch auf eine richterliche Entscheidung angewiesen zu sein. Im Mediationsverfahren ist die Möglichkeit, auf die für jede Partei im Tieferen liegenden *persönlichen Interessen* zurückzugreifen, erweitert. Die Interessen sind am Anfang den Parteien meist selbst nicht in vollem Umfang bewußt. Mediation ist darauf angelegt, sich *selbst* zunehmend besser zu verstehen. Die Chance des *gegenseitigen* Verständnisses ist durch das Bemühen des Mediators, jede Partei in ihrer unterschiedlichen Wahrheit zu begreifen und in sich aufzunehmen, größer. In seiner Funktion als Katalysator, Brücke und Impulsgeber kann der Mediator eher dazu beitragen, daß die Parteien ihre anfangs fixierten Standorte verlassen und in Bewegung geraten. Sie können dann ihre als Durchgangszone wichtige Kampfstellung auf der Positionsebene verändern zu Gunsten einer das Gesamtfeld mehr wahrnehmenden Haltung, die ausgerichtet ist auf eine die beidseitigen Interessen soweit wie möglich ausschöpfende Lösung. In der Mediation können *Kommunikationsbarrieren* im emotionalen Bereich direkt angesprochen und damit lösbar werden. Das mögen Verletzungen sein, die das Paar sich gegenseitig zugefügt hat, oder nicht erfüllte Grundbedürfnisse, z. B. keine Anerkennung gefunden zu haben für die für die Familie geleistete Arbeit, u. a. m.

Auch die psychische Scheidung in ihren verschiedenen *Trauerphasen*[9] ist in der Dynamik der Mediation eher aufgehoben als in Anwaltsverhandlungen oder gar im gerichtlichen Verfahren. Der Trauerprozeß nimmt häufig dann eine Wende, wenn die Betroffenen fähig werden, ihren Anteil am Sterben der doch einmal als lebenslang eingegangenen Beziehung anzunehmen. Ist dieser Punkt erreicht, muß dem Partner nicht mehr notwendig der Vorwurf am Scheitern der Beziehung gemacht werden. Die Verständigungsmöglichkeit untereinander wächst ebenso wie Energie frei wird zur Bewältigung der eigenen Zukunft. Nicht daß Mediation das Ziel hat, diesen Punkt explizit zu machen. Das kann, muß aber nicht geschehen. Wichtig ist, daß Mediation in ihrer Unmittelbarkeit und durch das Polarisierung vermeidende Setting eher darauf angelegt ist, äußere und innere Scheidung energetisch besser aufeinander zu beziehen und abzustimmen.

Mediation ist also insgesamt gegenüber den herkömmlichen Verhandlungsformen persönlicher, unmittelbarer, autonomer und ausgestattet mit einem breiteren Spektrum auf der Lösungsebene. Daß sich darin freilich lediglich Tendenzen spiegeln, die durch das Setting und die jeweilige Ausgangssituation bewirkt werden, dürfte deutlich sein. „Vierergespräche“ der Parteien mit ihren Anwälten können sich dem mediativen Verfahren um so mehr annähern, je gründlicher die Verhandlungen durch Mandantengespräche vorbereitet sind und um so mehr im gegenseitigen Verständnis und der Reflexion der Rollen gezielt auf der Interessenebene verhandelt wird. Infolge des Bedürfnisses nach Schutz gerade auch für den Fall, daß sich eine Partei von Haus aus schwächer oder unterlegener fühlt, des Bedürfnisses nach rechtlicher Sachkompetenz und nach Entlastung bei der Lösung besonders schwieriger oder formgebundener Sach- und Rechtsfragen wie etwa einer komplexen Vermögensaufteilung, werden die „Vierergespräche“ als Teil klassischer Anwaltstätigkeit immer ihren legitimen Platz im Spektrum der Streiterledigung bei Trennung Scheidung behalten.

Ähnliche Strukturen wie die außergerichtlichen Verhandlungen weisen die Vergleichsverhandlungen[10] vor Gericht auf. Die Polarisierung mag zwar eingedämmt sein. Der Richter muß sich jedoch in seiner Neutralität im Gegensatz zum Mediator abstinent verhalten und darf seine Entscheidungsfähigkeit nicht verlieren.

Mediation in der Abgrenzung zur Beratung und Therapie

Zunächst fällt auf, daß sich Mediation und Paarberatung/Therapie im Setting gleichen. Beide Dritte sitzen in der Mitte, ihre Neutralität ist nicht passiv und zurückhaltend wie die des Richters, sondern auf jede Partei hin teilnehmend ausgerichtet. Von dieser Grundhaltung her hat Mediation wichtige Impulse in den Interventionstechniken von der Familientherapie aufnehmen können: Normalisieren, zirkuläres Fragen, Reframing, z. B. Allerdings sind diese Techniken auf die andersartige Zielrichtung und Aufgabenstellung umzuformulieren. Das Blickfeld ist nicht primär auf Heilung, Wachstum, Auflösung von double binds, Aufarbeitung seelischer Konflikte und zwischenmenschlicher Belastungen, die Minimierung von Störungen, Krisen und Gefährdungen, die Entwicklung von Partnerschaft und Beziehungsfähigkeit oder ähnliches gerichtet, sondern auf das Aushandeln festumrissener, durch die Trennungs- und Scheidungsdynamik bedingter Umstände, also: Die Betreuung der Kinder, die finanzielle Unterstützung, die Auflösung etwaigen Vermögens, die Umschreibung des Mietvertrages, die Zuteilung des Hausrates, die Umverteilung der Pensionsansprüche und Lebensversicherungen, die Klärung der Krankenversicherungsfragen, die Sorge für die Tiere und

Pflanzen, die Verteilung der Schallplatten und Lieblingsbücher usw. Wenngleich nicht speziell auf Heilung ausgerichtet, hat Mediation (und die damit verbundene Klärung) häufig heilsame Wirkung.

Die Wahrnehmung des Mediators umfaßt auch die innere Befindlichkeit des Paares. *Gefühle haben Raum und Daseinsberechtigung.* Sie sind zwar nicht fokussiertes Thema, aber *Teil der Wirklichkeit*, die mit den *Interessen* der Betroffenen verbunden sind. Der Mediationsprozeß spielt sich im Kern auf der *Interessenebene* ab. Es geht um Geben und Nehmen. Eine zirkuläre Frage in diesem Zusammenhang ist beispielsweise: Was glaubst Du, braucht Dein Partner, damit er/sie akzeptieren kann, wie Du Deine Interessen wahrst? Beratung und Therapie unterscheiden sich von Mediation also durch eine andersartige Zielsetzung, Aufgabenstellung und darüber hinaus konsequenterweise durch eine andere Sach-, Personal- und Zeitstruktur. Mediation ist nach Innen und nach Außen gerichtet. Die Willensbildung und Entscheidungsfindung sind auf ein Ergebnis, einen Vertrag bezogen. Die Parteien sind damit aufgerufen, *rechtsschöpferisch* zu handeln, und zwar im Angesicht und in Beziehung zu bestehenden gesetzlichen Ansprüchen und herkömmlichen normativen Vertragstypen, gerichtet auf eine zukunftsorientierte, ökonomisch abgesicherte Lebensperspektive. Elternverträge, also die minutiöse Ausgestaltung der Betreuung der Kinder, haben in der Trennungs- und Scheidungsberatung bereits Tradition[11]. Auf diesem Feld sind eine Reihe von Mediationselementen bereits eingeübt. Andere in der Trennungs- und Scheidungsberatung häufig explizite Themen wie der Gang durch die Trauerphasen oder die Auflösung ehelicher Projektionssysteme[12] im psychischen Trennungsprozeß bleiben in der Mediation regelmäßig implizit.

Scheidungsmediation läßt die Entscheidung, ob die Partner in einer veränderten Beziehung einen neuen Anfang machen oder sich trennen wollen, außen vor, bewahrt aber auf dem Weg zur Lösung der Sachfragen den Bezug zur inneren Trennungsdynamik.

Mediation als Institution und als Methode (Verwendung mediativer Elemente)[13]

In der Praxis trifft man immer wieder auf die Aussage, sei es von Richtern, von Sozialarbeitern, von Beratern oder Therapeuten, daß sie doch schon immer Mediation ausgeübt hätten. Dies stimmt nicht, wenn sie Mediation als Institution verstehen; es stimmt, wenn sie damit die Anwendung einzelner mediativer Elemente meinen.

Wenn die angestrebte verbindliche Vereinbarung als Ausdruck der Autonomie der Parteien auf der Basis der beschriebenen Grundregeln erfolgt, also

- der Freiwilligkeit, bezogen auf den Beginn, die Beendigung und den Gegenstand der Mediation,
- der Informiertheit über die entscheidungserheblichen Umstände,
- der Obliegenheit zur Offenlegung dieser Umstände durch die Parteien,
- des grundsätzlichen Vertrauens- und Datenschutzes mit dem Ziel, die sonst nicht gewonnen Informationen im justiziellen Verfahren nicht gegeneinander auszunutzen,
- der teilnehmenden Neutralität des Mediators,
- und der hierin liegenden Konsequenzen, daß nämlich der Mediator in einem gerichtlichen Verfahren (der Parteien) nicht als Zeuge auftritt,
- und als Anwaltsmediator die Parteien anschließend nicht in einem gerichtlichen Verfahren, u. a. dem Scheidungsverfahren, vertritt,
- sowie sichergestellt ist, daß die Parteien zur Vermeidung der Nichtigkeit oder Anfechtbarkeit der Vereinbarung, zur gemeinsamen Vorteilsgewinnung, der Entscheidungsfindung, Fairneßkontrolle und Rechtsgestaltung durch beratende Anwälte in angemessener Weise begleitet werden,
- und dies alles in einem strukturierten Prozeß erfolgt, kann sinnvollerweise von Mediation als *Institution* gesprochen werden, in ähnlicher Weise wie beispielsweise das gerichtliche Verfahren als Institution bezeichnet werden kann.

Demgegenüber empfiehlt es sich, *Mediation als Methode* (Anwendung *mediativer Elemente*) abzugrenzen.

Auf der *inhaltlichen Ebene* sind hier etwa angesiedelt: das Verhandeln auf der Interessen- anstatt auf der Positionsebene, die Ausschöpfung der Optionen zum beiderseitigen Vorteil, die Verdeutlichung der Trennung als Paar und der bleibenden Elternschaft, die Besinnung auf die für die Parteien bedeutsamen Orientierungshilfen außerhalb rechtlicher Normen, wie die ökonomische Absicherung der Zukunft. Auf der *Prozeßebene* geht es z. B. darum: selbstverantwortete Lösungen zu entwickeln, für sich selbst einzustehen und die eigenen Interessen wahrzunehmen, Verständnis für die Interessen des Partners zu gewinnen, die Kommunikation zwischen den Parteien zu fördern und ihre Kooperationsfähigkeit zu stärken.

Diese Unterscheidung dient nicht nur der begrifflichen Klärung. Aus ihr wird zugleich deutlich, daß mediative Elemente mehr oder minder in allen Verfahrensformen bzw. von allen Berufssparten genutzt werden können und teilweise auch originärer Bestandteil ihrer Tätigkeit sind, wie aus dem nachfolgenden Schaubild hervorgeht.

Nutzung methodischer Elemente von Mediation innerhalb der herkömmlichen Strukturen

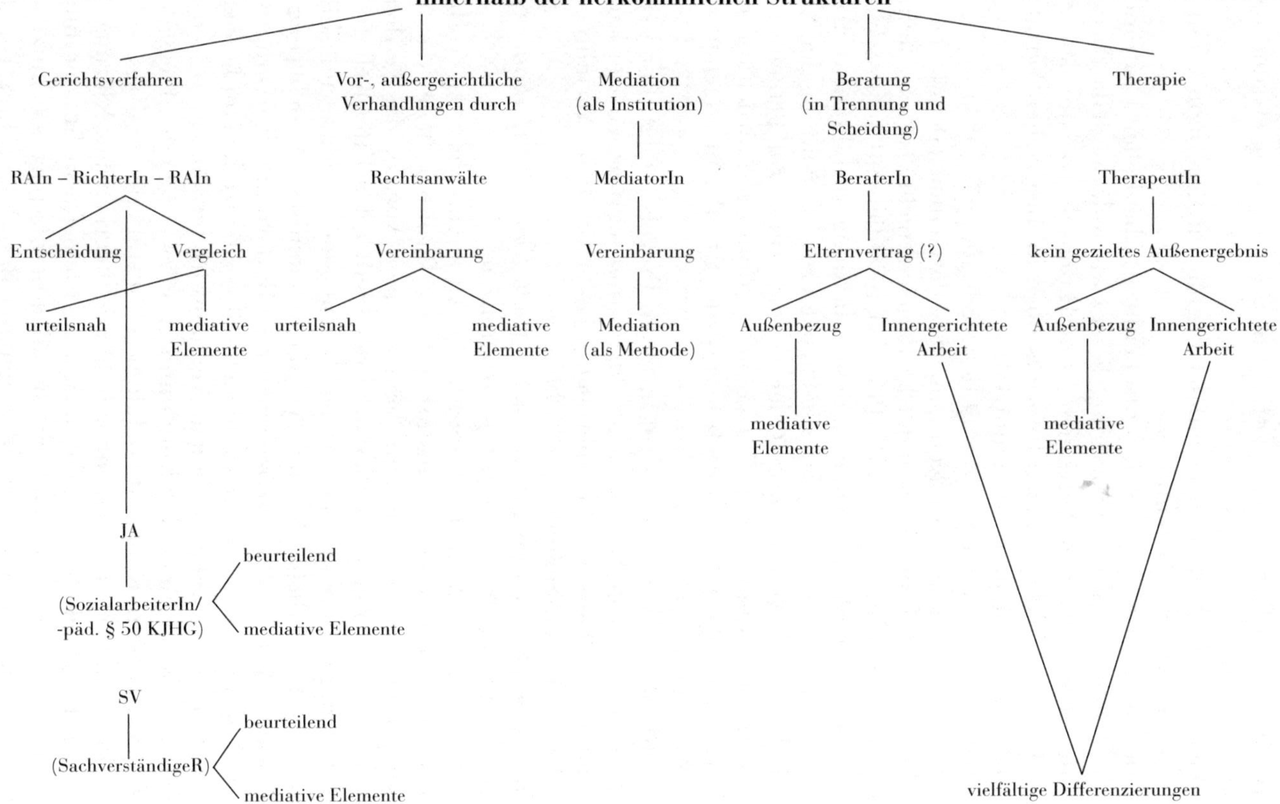

Die Erfahrung lehrt überdies, daß die bewußte Anwendung mediativer Elemente die Ausübung dieser Berufe sehr bereichern kann. Es darf aber nicht vergessen werden, daß deren Ziel und Aufgabenbestimmung in aller Regel andere Methoden bedingen, einzelne mediative Elemente hierin integriert werden können, aber selten in ihrer Gesamtheit dominant sein dürften, wie es beim Zusammentreffen von Institution und Methode der Mediation selbstverständlich ist.

Institutionalisierung von Mediation

Die Unterscheidung läßt letztlich die Rahmenbedingungen exakter beschreiben, innerhalb derer sich Mediation als Institution in ihren unterschiedlichen Ausprägungen entwickelt.

Es macht einen Unterschied, ob ein Anwalt Mediation anbietet oder der Mediator von seinem Ursprungsberuf etwa Familientherapeut ist, ob das Angebot gemacht wird in freier Berufspraxis, als Mitarbeiter einer Beratungsstelle oder als Angestellter bzw. Beamter einer staatlichen Behörde.

Einen Überblick über die Institutionalisierung von Mediation, bezogen auf die berufliche Ausgangssituation des Mediators und den Umfang der Mediation, gibt das Schaubild auf S. 48.

Es werden unterschiedliche Antworten auf die Fragen gefunden werden müssen

- wer für welchen Fall am besten geeignet ist,
- welche Aufgabenstellung etwa vom Träger vorgesehen ist und ob und wie Mediation in diesen Rahmen eingepaßt werden kann, z. B. die Teilmediation Sorgerecht im Jugendamt oder in Erziehungsberatungsstellen,
- inwieweit Dienst- und Fachaufsicht das Ethos von Mediation von ihrer Aufgabenstellung her berücksichtigen können, oder ob die jeweiligen Träger aus übergeordneten Gesichtspunkten nicht besser eine gezielt beschränkte Auswahl in der Anwendung mediativer Elemente treffen,
- welche Kosten anfallen und wie die Mediation finanziert wird,
- welche Erlaubnisgrenzen für die Rechtsberatung innerhalb der Mediationsprozesses bestehen (Verbot der Rechtsberatung durch Nicht-Anwälte infolge des Rechtsberatungsgesetzes),

Institutionalisierung von Mediation
unterschieden nach der beruflichen Ausgangssituation des Mediators
und dem Umfang der Mediation

Mediation in freier Praxis	Mediation in Beratungsstellen kirchlicher und freier Träger	Mediation in Beratungsstellen öffentlicher Träger (Gemeinden, Landratsämter)
Anwälte Angehörige psychosozialer Berufe	Ehe- und Familienberatungsstellen, Trennungs- und Scheidungsberatungsstellen u. a. Erziehungsberatungsstellen (§ 28 KJHG) Neu zu gründende Mediationsberatungsstellen	Erziehungsberatungsstellen (§ 28 KJHG) Beratungsstellen und -einrichtungen nach § 28 KJHG als Mediation ausgestaltete Beratung nach § 17 I 3 II KJHG Soweit die Stellen von Amts wegen wie Jugendämter oder aufgrund konkreter Übertragung nach § 76 KJHG auch „andere Aufgaben“ im Sinne von § 2 III KJHG wahrnehmen, insbesondere nach § 50 KJHG, muß Mediation demgegenüber datenschutzmäßig streng abgeschirmt sein, u. a. durch Personalwechsel für den Fall, daß keine Einigung zustande kommt
Umfassende Mediation aller „Folgesachen“ und anderer von den Parteien eingebrachter Problembereiche	Jedenfalls Sorge- und Umgangsrechtsmediation; je nach Zweckbestimmung durch Träger auch umfassende Mediation	Schwerpunkt wohl Sorge- und Umgangsrechtsmediation (Teilmediation) oder sonstige familiäre Bezüge

– in diesem Zusammenhang, welche unterschiedlichen Formen der Begleitung durch beratende Anwälte jeder einzelnen Partei notwendig sind.

Von seiten der Träger ist naturgemäß der Trend spürbar, das Angebot nach der finanziellen Förderung auszurichten, d. h. entsprechend der gegenwärtigen KJHG-Förderung zu begrenzen. Das hat seinen guten Sinn. Die Frage bleibt, wie vor allem die wirtschaftlich Schwächeren von der umfassenden Mediation nicht ausgeschlossen werden. Hier reichen die bisherigen Regelungen über die Beratungs- und Prozeßkostenhilfe auf Anwaltsseite nicht aus und es fehlt (noch) an einer durchdachten öffentlichen Finanzierung der Beratungsstellen für Mediation. Beides steht in Korrespondenz mit den Bedürfnissen der Betroffenen nach fachlich qualifizierten Angeboten und – vielleicht neu zu entwickelnden – Organisationsformen. Von dorther gewinnt die Professionalisierung und Vernetzung von Mediation auch eine gesellschaftspolitische Dimension.

Neue Formen interprofessioneller Zusammenarbeit

Das traditionelle Verfahren ist mehr von Feind- denn von Freundbildern der Professionen untereinander beherrscht. Das erklärt sich aus dem zugrundeliegenden methodischen Ansatz, dem „Kampf ums Recht“. Der andere ist der „Gegner“, der Kampf wird geprägt von Angriff und Verteidigung, es geht um Sieg oder Niederlage. Stellvertretend kämpfen so die Anwälte gegeneinander. Sie wenden sich über Rechtsmittel gegen den Richter, wenn ihnen das erstinstanzliche Urteil nicht paßt. Soweit das Jugendamt oder Sachverständige eine Beurteilung zur Erziehungsfähigkeit der Eltern abgeben, werden sie notwendig konfrontiert von der Partei, die sich benachteiligt sieht.

Mit der Mediation öffnen sich neue Räume für Zusammenarbeit. Die Konfliktpartner treten in erster Linie für sich ein, nicht gegen den anderen. Es geht um Kooperation. Gestritten wird um den Konsens.

Damit ziehen alle beteiligten Professionen gewissermaßen am selben Strang. In der Logik des Verfahrens sind sie darauf eingestimmt, die Selbstverantwortlichkeit der Konfliktpartner zur Entscheidungsfindung zu stärken.

In diesem Sinne beraten die Außenanwälte oder zugezogene Sachverständige. Das Kindeswohl hat den ihm gebührenden Platz: Wie die Eltern mit ihren Stärken und Schwächen am besten – als Paar getrennt – für die Kinder sorgen können. Die Kooperation als Gestaltungsgrundlage der Konfliktpartner untereinander kann so – neu – das Verhältnis von Anwälten und Jugendamt bestimmen.

Die Grenzen der Zusammenarbeit werden nun nicht mehr in erster Linie vom Vertrauensschutz, sondern von anderen Maximen bestimmt: Nämlich von der *Autonomie* der Parteien, der *Indikation* für den besten professionellen Beistand und den rechtlichen Rahmenbedingungen. Damit sind auch die entsprechenden Gefahren markiert: Zuviel Kooperation der Dienste, gerade im besten Sinne der Betroffenen, kann deren Autonomie eindämmen. Im extremen Fall werden sie von der Fürsorge überwältigt und – statt zur Entscheidung bemündigt -entmündigt. Der Wettbewerb um die je bessere Eignung unter Mediatoren – insbesondere aus verschiedenen Berufsgruppen – kann sich zu lähmender Konkurrenz auswachsen. Die Nichtbeachtung der rechtlichen Rahmenbedingungen macht die interprofessionelle Grenzzuarbeitung undurchsichtig, nimmt Handlungslegitimation und kann zur Haftpflicht führen.

In den Richtlinien der BAFM finden sich unseres Erachtens angemessene Wegweiser (Ziff. IV und V).

Von besonderem Interesse ist die Zusammenarbeit zwischen Mediatoren und Anwälten. Bevor hierauf näher eingegangen werden kann, bedarf es der genaueren Besinnung, welche Rolle das Recht in der Mediation überhaupt spielt. Die Zusammenarbeit wird deshalb im nächsten Kapitel näher ausformuliert.

Anmerkungen

1 Vollzug der §§ 17, 50 SGB VIII, Verlautbarung des Bayer. Staatsministeriums für Arbeit und Sozialordnung, Familie, Frauen und Gesundheit, im Benehmen mit dem Bayer. Staatsministerium der Justiz Az VI 1 7302/1/92 vom 19.02. 1993.
Wörtlich (S. 19): „Hat der Mitarbeiter des Jugendamtes die Beratung durchgeführt, so sollte in streitigen Fällen ein Personalwechsel herbeigeführt werden. Dieser Wechsel basiert zum einen auf dem diesen Empfehlungen zugrundeliegenden Verständnis von Mitwirkung, wonach das Jugendamt die Belange des Kindes oder Jugendlichen einbringen und vertreten solle. Das Jugendamt kann in streitigen Fällen seine Funktion als Anwalt des Kindes oder des Jugendlichen nicht angemessen erfüllen, wenn Eltern ein Mitsprache- und Vetorecht bei der Erstellung eines

Berichtes an das Familiengericht eingeräumt wird. Zum anderen sollen auch in den Jugendämtern Strukturen geschaffen werden, in denen Vertrauensschutz gewährleistet ist und der Familie eine Chance zur offenen Auseinandersetzung gegeben wird, wenn sie Beratung anbieten wollen".

2 Die unterschiedliche Praxis hat ihren Grund u. a. in einer unglückseligen Empfehlung des Deutschen Vereins für öffentliche und private Fürsorge vom Mai 1992 (DV 3/92 – F 10), die Mitwirkung und Beratung vermengt und von dort die – unseres Erachtens fehlsame – Empfehlung gibt, auch die „Mitwirkung" gem. § 76 KJHG an die Freien Träger zu übertragen, wenn diese gem. § 17 KJHG beraten. Soweit freie Träger dem nachkommen – möglicherweise unter dem Druck der Zuweisung öffentlicher Gelder – und keine personelle Trennung zwischen Beratung und Mitwirkung garantieren, durchlöchern sie den Schutzraum der Beratung. Die bayerischen Träger der Freien Jugendhilfe lehnen aus dem letztgenannten Gesichtspunkt konsequenterweise eine Übertragung der Aufgabe nach § 50 KJHG in bewußter Abkehr von der Empfehlung des Deutschen Vereins ab (s. die Kooperationsvorschläge des Bayer. Staatsministeriums für Soziales im Benehmen mit dem Bayer. Staatsministerium der Justiz, Aktenzeichen VI 1/7302/1/94, S. 7) und überlassen es den Eltern, die Ergebnisse (auch wenn eine Einigung erfolgt ist) dem Jugendamt mitzuteilen (S. 14 a.a.0.). In der Literatur wird dies kontrovers diskutiert, s. die Stellungnahmen bei Balloff, Walter (1993), S. 168. Coester, FamRZ, (1992), S. 623 und Suess (1995), S. 62. Auch Proksch (1995), S.80 verwischt die Grenzen zwischen Beratung und Mitwirkung („Insoweit konkretisieren die Inhalte der §§ 16–18 SGB VIII, vor allem aber § 17 Abs. 1,2 SGB VIII auch die Aufgabe der Jugendhilfe nach § 50 SGB VIII") und kommt so grenzüberschreitend dazu, Vermittlungsangebote als vorrangige Mitwirkungsleistungen zu charakterisieren (a.a.O., S.81ff).

3 Bundeskonferenz für Erziehungsberatung (Hrsg.) (1995), S. 60 ff.

4 Bernhard, Diez (1992), S. 378 f. Es gibt freilich auch breitgefächertere Programme, s. z. B. Holzheuer, Lederle, Roßberger (1990).

5 Mähler, Mähler, Duss-von Werdt (1994), S.25.

6 Zum folgenden Mähler, Mähler (1992b) S. 352 ff.

7 Deutsches Familienrechtsforum (Hrsg.) (1982), S. 232 ff; Falke, Gessner (1982) in: Blankenburg, Gottwald, Strempel (1982), S. 289 ff. Zwei heute noch sehr lesenswerte Bücher.

8 Die Forschungen zur Verhandlungsführung haben zwar auf die Entwicklung der Mediation einen maßgeblichen Einfluß gehabt, sind aber noch längst nicht Allgemeingut in anwaltschaftlichen außergerichtlichen Verhandlungen. Siehe hierzu den auch ins Deutsche übersetzten Klassiker von Fisher, Ury (1988). In der Nachfolge sind z. B. erschienen Fisher, Brown (1989); sowie Ury (1992). Als erste deutsche universitäre Einrichtung nahm das Tübinger Verhandlungsseminar diese Erkenntnisse auf, siehe Gottwald, Haft (Hrsg.) (1987). Für Vergleichsverhandlungen vor Gericht haben dieses Gedankengut Gottwald, Tröger (1991) übertragen. S. auch Bastine (1995), S. 14 ff.

9 Kast (1985).

10 S. außer der in Anm. 8 aufgeführten Literatur die skeptischen Ausführungen von Falke, Gessner (1982), S. 304 ff. sowie Eschweiler (1989), S. 55 ff., Wendl-Kempmann, Wendl (1986), S. 225 ff.

11 Statt vieler Duss-von Werdt (1989), S. 41 ff.; Textor (1991); Diez, Krabbe (1991b), S. 201 ff.

12 Bernhardt (1991), S. 192 ff.

13 Die von uns anläßlich der Tagung in Bad Boll (Januar 1992) eingeführte Unterscheidung (s. Evangelische Akademie Bad Boll, Protokolldienst 30/93, S. 41) zwischen Mediation und mediativen Elementen hat inzwischen in der Fachsprache einen festen Platz gewonnen.

Zur Rolle des Rechts und der Rechtsanwälte

Hans-Georg und Gisela Mähler

Zum Funktionswandel des materiellen Rechts in der Mediation und die Konsequenzen für die Haltung zum Gesetzesrecht

Mediation ist nicht eine Alternative zum Recht, sondern verkörpert mit ihrem Ziel einer verbindlichen Vertragsgestaltung vielmehr einen in das Recht eingebetteten rechtsschöpferischen Vorgang des Verhandelns und Gestaltens. Jedoch ist nicht das Gesetz, sondern der interessengeleitete Gestaltungswille der Parteien die richtungsweisende Leitlinie. Nicht das Urteil des Richters, sondern der selbstverantwortete Vertrag der Parteien führt zur Lösung.

Damit ist eine grundlegend andere, nämlich topische, auf die „Kunst des Findens“ und typologische, auf reale und normative Falltypen ausgerichtete Denkweise gefordert[1] . Das geschriebene Recht erhält eine andere Betonung und andersgeartete Funktionen als im justiziellen Verfahren[2]:

- Es dient zunächst dazu, die *Grenzen der Vertragsgestaltung* zu markieren. Der Vertrag darf nicht gegen zwingendes Recht oder die guten Sitten verstoßen. Sonst ist er nichtig, kann also sein Ziel nicht erreichen, rechtsverbindliche Kraft zu entfalten.
- Es dient als *Quelle zur Vorteilsgewinnung* und Ausschöpfung aller Möglichkeiten zugunsten beider Parteien; beispielsweise durch die Ausschöpfung steuerlicher Gestaltungsmöglichkeiten, etwa die Anwendung der Vorteile des Realsplittings bei Ehegattenunterhaltszahlungen oder durch die Inanspruchnahme öffentlicher Gelder, etwa Zahlungen des Arbeitsamtes für Umschulungen.
- Es dient der *Vertragsgestaltung*, da es Rechtsfiguren zur Verfügung stellt, z. B. die Übertragung von Wohnungseigentum, die Einräumung von Nießbrauchrechten, Indexklauseln usw., die das Gefäß abgeben, in das der Wille der Parteien einfließen kann. Das Recht wird also im Interesse beider Parteien instrumentell genutzt.

- Es dient der *Fairneßkontrolle*. Das ist besonders wichtig. Indem sich die Parteien nicht dem Gesetz als maßgeblichem Kriterium unterwerfen, sondern sich mit ihm reflexiv[3] in Beziehung setzen, geraten sie in den heilsamen Zwang, vor sich selbst zu begründen, weshalb sie etwa zu ihrem Nachteil in einer Einzelfrage hiervon abweichen.
  Sie gewinnen zugleich einen Maßstab, an dem sie ihre persönliche Gerechtigkeit, die sie ja über die gesetzliche Regelung stellen, überprüfen können. Im reflexiven Umgang mit dem Recht ist einerseits zu bedenken, daß es Wertvorstellungen unserer Gesellschaftsordnung ausdrückt, andererseits eine Reihe von Nachteilen mit sich bringt. Es bietet nur beschränkte Lösungsmöglichkeiten an; seine zugrundeliegenden Wertungen können im konkreten Fall unzutreffend sein, weil z. B. unser Familienrecht vom Realtypus einer Hausfrauenehe ausgeht und die Rechtsnormen hierauf und nicht z. B. auf eine Doppelverdienerehe zugeschnitten sind[4]; die Gesetze lassen den emotionalen Bereich, die Beziehungsgeschichte und die Perspektive zukünftiger Beziehungen unberücksichtigt, sind rückwärts gewandt. Sie erfassen den Entwurf der eigenen Lebensperspektive nur sehr unzureichend und sind zudem in ihrer Interpretation häufig vieldeutig.
  Einen Teil dieser Bedenken kann man ausräumen, wenn man zur Fairneßkontrolle typische Vertragsgestaltungen mitheranzieht, die in der Suche nach Ausgewogenheit in der Praxis, vor allem auch der Notare, entwickelt worden sind[5].
- Die Gesetze (und die ihnen zugrunde liegenden Prinzipien) können auch positiv inhaltlich als *Orientierungshilfe* bei der Entscheidungsfindung zu Rate gezogen werden.
- Die Berufung auf das Recht kann dem eher zur Anpassung neigenden Konfliktpartner den Rücken stärken, seine Interessen in der Verhandlungsführung besser wahrzunehmen und zu behaupten.

Durch unsere Sozialisation sind wir schnell geneigt, uns Gesetzen, auch wenn sie nicht zwingend sind, zu früh zu unterwerfen, ohne also das Interessenfeld in seinen Einzelheiten und in seinem Gesamtgefüge genügend auf andere Lösungsmöglichkeiten hin abgetastet zu haben.

Entsprechend unserer römisch-rechtlichen Tradition gewährt das Recht subjektive Ansprüche. Dies kann den Egoismus fördern und kontraindikatorisch auf die Entwicklung eines wechselbezüglichen Verständnisses unter den Parteien wirken. „Mir stehen DM 1.250,— Unterhalt zu. Wie Du sie beschaffst und wie Du mit Deinem Geld auskommst, ist mir egal." Mit dieser Haltung kann der Fluß des Gebens und Nehmens in der Einigungsphase ins Stocken geraten.

Hinzu kommt, daß die Parteien sich bei vorzeitiger Beendigung der Mediation nach dem Recht zu richten haben. Dieses Bewußtsein kann von einer Partei gezielt als Markierung der Ausstiegsgrenze aus den Verhandlungen genutzt werden, was aus ihrer Sicht gerechtfertigt erscheinen mag, aus der Sicht der anderen Partei aber als Drohung empfunden werden kann.

Der Umgang mit dem geschriebenen Recht in der Mediation ist also komplex. Von dort her ist es verständlich, wenn manche Mediatoren dem Recht gegenüber skeptisch eingestellt sind und es am liebsten gänzlich außen vor lassen wollen. Sie werten es ab. „Recht ist, wie der Richter geschlafen hat." Diese Auffassung weicht jedoch der Realität aus. Blindheit zahlt sich meist nicht aus. Was geschieht, wenn eine Partei ein halbes Jahr nach Abschluß der Vereinbarung erfährt, daß sie dem Gesetz nach auf DM 100.000,— verzichtet hat? Die Vereinbarung wird nur dann Bestand haben, wenn die Partei nachholt, was sie in der Mediation verabsäumt hat.

Die rechtzeitige Auseinandersetzung mit dem Recht fördert also die Absicherung der Vereinbarung und dient damit dem zukünftigen Rechtsfrieden. All diese Gesichtspunkte haben dazu geführt, daß die Richtlinien der BAFM (Ziff. IV, 1) die Kenntnis des Rechts zwingend vorschreiben.

Die Einführung des Rechts

Wie und wann das gesetzte Recht in die Mediation eingeführt wird, hängt von mehreren Komponenten ab:

- wann es am zweckmäßigsten vom Ablauf her angezeigt ist,
- wann die Medianten es wollen,
- wer es einbringt: Der Anwaltsmediator oder die Parteien nach Beratung durch ihre jeweiligen Anwälte.

Die Beantwortung der ersten Frage orientiert sich an der jeweiligen Funktion. Als reines Angebot (z. B. BAFÖG) kann es sehr frühzeitig bei Beginn der Konfliktbearbeitung aufleuchten, der Schwerpunkt wird beim Übergang von der Phase 3 zur Phase 4 liegen (vgl. dazu unten S. 134 ff.). Als Grenze disponiblen Rechts wird es in der Phase 3 und 4 von Bedeutung, als Gestaltungshilfe in den Phasen 4 und 5, als Fairneßkontrolle in der Phase 4, als möglicher Entscheidungsmaßstab in der Phase 3 oder 4, zur Rechtswahrung in der Phase 1.

Wann es nun wirklich eingeführt wird, hängt nach unserer Praxis insbesondere von den Beteiligten ab. Als Anwaltsmediatoren haben wir gute Erfahrungen damit gemacht, die Zeitreife einer gemeinsamen Bestimmung zu überlassen, wobei klar bleibt, daß das Recht jedenfalls vor Vertragsabschluß eingeführt wird.

Wer das Recht einführt, die Mediatoren oder die Parteien nach Beratung durch ihre Anwälte, hängt vom Verlauf des Gesamtprozesses ab und ist zu sehen im Zusammenhang mit den rechtlichen Schranken durch das Rechtsberatungsgesetz, wonach grundsätzlich nur Anwälten Rechtsberatung erlaubt ist.

Zur Rolle der Rechtsanwälte in der Mediation

Wir haben bereits eingangs erwähnt, daß das Berufsbild der Anwälte – wie übrigens auch das der Richter, der Sachverständigen, der Beratungsstellen und der Jugendämter – analog der gesellschaftlichen Entwicklung im Wandel begriffen ist.

Wenn sich denn der Gang der Geschichte weg von einem hierarchisch geordneten Obrigkeitsstaat hin zu einem partnerschaftlich geordneten Gemeinwesen orientiert, damit der Eigenlösung der Vorzug vor der Fremdlösung gegeben wird, sind die Anwälte gefordert, als freier Beruf in der Rechtspflege den vor- und außergerichtlichen eigenständigen Konfliktlösungswegen zusätzlich und noch mehr als bisher Raum und Bedeutung zu geben.

Dies steht im Einklang mit einem anwaltschaftlichen Selbstverständnis, das sich nicht primär abhängig und gerichtsbezogen, sondern eigenständig und rechtsbezogen versteht mit ausbaubaren Wegen zur berufsspezifisch selbständigen Rechtsfindung. Für ein solches Berufsverständnis bedeutet Mediation einen Zuwachs anwaltschaftlicher Kompetenz.

Im Rahmen der Mediation treten Anwälte in einer doppelten, wenn auch immer getrennten Rolle auf: Als Anwaltsmediatoren oder einseitig beratende Anwälte der Parteien. Wir wollen zunächst den letztgenannten Aspekt näher betrachten.

Einseitige anwaltschaftliche Begleitung[6]

Wir halten in Übereinstimmung mit den Richtlinien der BAFM (Ziff. V 1) mindestens eine überprüfende einseitige anwaltschaftliche Beratung der jeweiligen Parteien selbst dann für unerläßlich, wenn Mediation durch einen Anwalt angeboten wird, und dieser deshalb innerhalb des Mediationsverfahrens bereits ausführlich rechtlich beraten hat. Im Vertrauensraum der einseitigen anwaltschaftlichen Beratungen kann das eigene Interesse vor dem Hintergrund rechtlicher Normierung – vielleicht – besser ausgeleuchtet werden. Insbesondere muß auch in der Mediation das Niveau der Vereinbarungspraxis, also die Rechtsqualität, gewährleistet sein. Die anwaltliche Beratung leistet damit gleichzeitig einen Beitrag, das Kräftegleichgewicht zwischen den Parteien auszubalancieren.

Die Beratung weicht von der herkömmlichen Vorgehensweise insofern ab, als ihr Ziel primär nicht auf die Prognose des Rechtsstreits und die Vertretung vor Gericht oder gegenüber Dritten ausgerichtet ist, sondern auf eine zukunftsorientierte Verständnislösung innerhalb der Mediation. Sie folgt deshalb auch der Logik des Mediationsverfahrens. Ihre Fragen lauten beispielsweise:

- Welche Vor- und Nachteile hat das im Mediationsprozeß gewonnene Ergebnis im Verhältnis zum Auslegungsspektrum des materiellen Rechtes und eines alternativ anzustrengenden gerichtlichen Verfahrens?
- Inwieweit weicht die Regelung von gesetzestypischen Regelungen ab, und gibt es hierfür legitimierende Begründungen?
- Läßt sich ein ex- oder implizierter Rechtsverzicht im Hinblick auf anderweitige Vorteile rechtfertigen?
- An was ist – im Hinblick auf rechtliche Konsequenzen – bislang nicht gedacht worden? Sind insbesondere rechtswahrende Formen eingehalten worden?
- Inwieweit kann der Mandant das Gesetz und die dem zugrundeliegenden Rechtsprinzipien nutzen, um seine Interessen besser zu verdeutlichen?
- Sind alle Zukunftsperspektiven bedacht? Gibt es Alternativen zwischen einer „sicheren“ und „gerechteren“ Regelung[7]? Welches sind die jeweiligen rechtlichen Konsequenzen?
- Welche weiteren (besseren?) Möglichkeiten bietet das Recht, um den Interessen des Mandanten/der Mandantin rechtliche Gestalt zu geben? Sind alle vertragstypischen Gestaltungsalternativen bedacht?
- Sind alle rechtlichen Grenzen (§§ 134, 138 BGB) beachtet?

Soweit Angehörige psychosozialer Berufsgruppen Mediation anbieten, wird die Rechtsberatung durch einseitig beratende Anwälte in aller Regel früher notwendig sein als im Falle der Anwaltsmediation, weil die Parteien in der Einigungsphase die vollen Rechtskenntnisse brauchen, um vor diesem Hintergrund den ganzen Reichtum des Rechts, insbesondere auch von normativen Vertragstypen her, ausschöpfen zu können. Darüber hinaus sind die beiden beratenden Anwälte für die Rechtsgestaltung zuständig, wenn nämlich die von den Konfliktpartnern erzielte Einigung in das juristische Vertragswerk zu übersetzen ist. Zu Beginn der Mediation wird namentlich auf die Rechtswahrung zu achten sein. So können beispielsweise Unterhaltsansprüche für die Vergangenheit nur geltend gemacht werden, wenn die andere Partei angemahnt und in Verzug gesetzt worden ist. Das wird bedeutsam, wenn die Mediation nicht zu einer Vereinbarung geführt hat, und der Streit anschließend rechtlich ausgetragen werden muß.

Der Unterschied der anwaltschaftlichen Beteiligung im Falle der Anwaltsmediation und Mediation durch Angehörige eines psychosozialen Berufs ist aus der skizzenhaften Gegenüberstellung auf S. 59 ablesbar[8]:

Werden die Anwälte in dieser Form beteiligt, ist die Frage, ob Angehörige psychosozialer Berufe Mediation ausüben dürfen, oder ob dies nach dem Rechtsberatungsgesetz verboten ist, obsolet: Allein deshalb, weil die Regelungsinhalte der Mediation weitgehend auch gesetzlich geregelt sind, ist nicht alles Verhandeln der Standpunkte und Interessen Rechtsbesorgung. Die rechtliche Besorgung und Einbindung liegt vielmehr bei den Rechtsanwälten. Sichergestellt werden muß lediglich, daß Rechtsverbindlichkeit – auch bei Teilschritten – erst über die von den Anwälten formulierten Vereinbarungen eintritt. Für die zuvor erforderliche Rechtsberatung sind ebenfalls die Anwälte zuständig.

Damit ist einerseits das Rechtsberatungsniveau gewahrt, andererseits die Chance einer neuen, weitgehend in der Dimension noch unerkannten Interdisziplinarität gegeben: Im Sinne einer Gestaltungsbegleitung werden Stärkung der Gestaltungsfähigkeit und rechtliche Einbettung mediativ kumuliert[9]. Dabei werden – dem Wesen der Mediation entsprechend – innere und äußere Gestaltung synergetisch miteinander verbunden[10].

Eine weitere Form, das Recht bei Mediation durch psychosoziale Berufsangehörige einzuführen, kann darin bestehen, einen zur Rechtsberatung befugten Juristen, in der Regel also einen Anwalt,

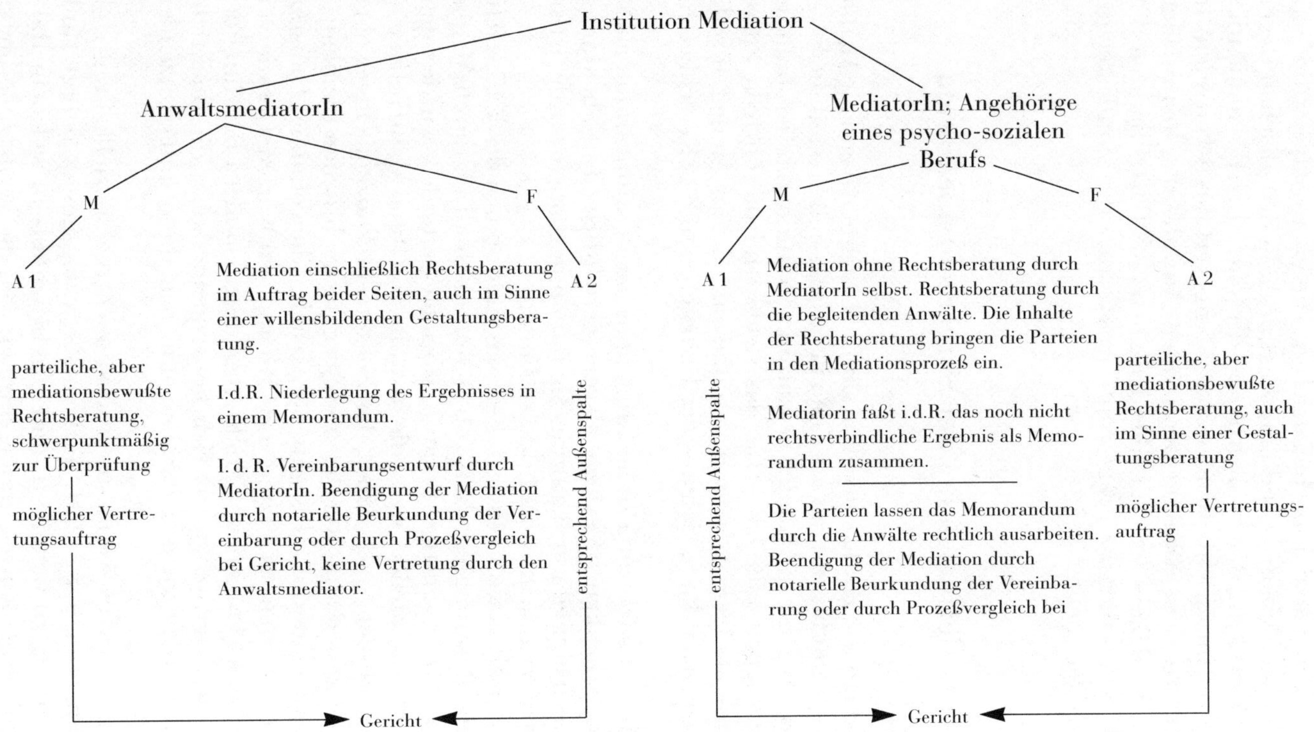

Ma = Mann; A 1 = Anwalt des Mannes; F = Frau; A 2 = Anwalt der Frau

unmittelbar zur Mediation beizuziehen. Dieser Anwalt hat die Stellung eines Co-Mediators und unterliegt deshalb den gleichen Regeln wie der Anwaltsmediator überhaupt. Er darf deshalb namentlich keine Partei im anschließenden Scheidungsverfahren vertreten. Im Gegensatz zu dem einseitig beratenden Anwalt, der hieran nicht gehindert ist. Dieser hat seit jeher lediglich eine Partei beraten. Für ihn stellt sich daher die Frage von Parteiverrat oder standesrechtlichen Verboten nicht.

Besonderheiten bei der Sorgerechtsmediation

Besonderheiten in der Kooperation sind zu beachten, wenn die Mediation sich – beim Jugendamt oder den Beratungsstellen – auf die Sorge und Betreuung für die Kinder beschränkt. Naturgemäß ist dann die Zusammenarbeit mit den – für das Recht und die übrigen Folgesachen zuständigen Anwälten – umfassender. Ein Modell für die Zusammenarbeit kann sich aus der Übersicht auf S. 61 erschließen.

Hierbei ist in Erinnerung zu behalten, daß der Beratungsraum anderen Strukturlogiken unterliegt als der gerichtliche Entscheidungsraum. Wenn einmal mit Beratung/Mediation begonnen wurde, ist sie konsequenterweise auch zu Ende zu führen.

Deshalb halten wir es für geboten, das im Rahmen des § 17 KJHG gewonnene Beratungsergebnis (ob es nun methodisch durch Mediation oder durch sonstige Beratungsformen gefunden wurde) dem Gericht *erst* mitzuteilen, wenn die Anwälte von ihren Mandanten eingeschaltet worden sind, damit das Sorgerechtskonzept eingewoben wird in die weiteren notwendigen versorgungsrechtlichen Elemente – sprich Kindesunterhalt, Ehegattenunterhalt, Ehewohnung, Hausrat, Vermögensauseinandersetzung usw. Mit anderen Worten: Gerade weil nicht die Mitwirkung dem Gericht gegenüber, sondern Beratung der Parteien angesagt ist, ändert sich konsequenterweise die Blickrichtung vom Gericht zu den Parteien und den diese unterstützenden Anwälten[11].

Folgt man dieser Auffassung, wird auch die spezielle Frage, ob Jugendämter nach § 3 Ziff. 1 Rechtsberatungsgesetz befugt sind, Rechtsberatung zu betreiben, und gegebenenfalls in welchem Rahmen[12], in ihrer Bedeutung untergeordnet, weil die Vernetzung hin zu den Anwälten gegeben ist.

Mediation bei Trennung und Scheidung
Teilbereich elterliche Sorge und Umgang

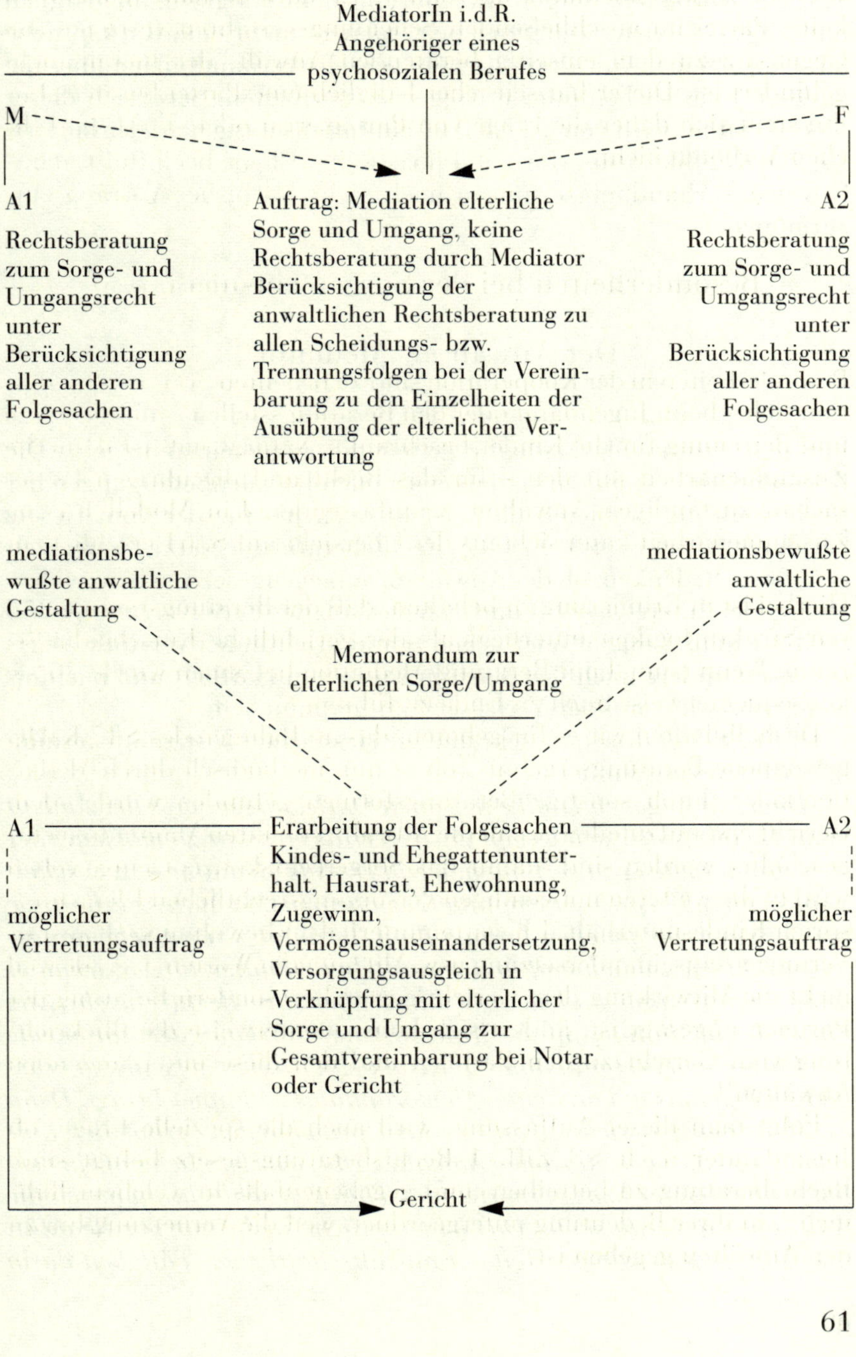

Die Anwälte ihrerseits werden aus den gleichen Gründen gut daran tun, ihren Mandanten anzuraten, das beim Jugendamt oder freien Trägern erarbeitete Sorgerechtskonzept nicht endgültig abzusegnen und an das Gericht weiterzugeben, solange nicht eine Rücksprache mit dem eigenen Anwalt und gegebenenfalls Verhandlungen über die anderen Folgesachen mit der Gegenseite erfolgten. Setzt sich dieses Modell durch, wird von § 17 KJHG ein Impuls ausgehen, der langfristig die Konfliktlösungsform auf juristischer Ebene beeinflußt: nämlich den Verhandlungslösungen noch mehr als bisher Vorrang einzuräumen.

Der Anwalt als Mediator[13]

Für den Anwalt als Mediator gelten die allgemeinen Regeln. Die Besonderheit besteht darin, daß er von den Rahmenbedingungen her Rechtsberatung anbieten darf; ist er doch hierfür der vom Gesetz berufene Berater (§ 3 Ziff. 2 Rechtsberatungsgesetz). Vereinzelt geäußerte Bedenken, ob der Anwalt im entgegengesetzten bzw. widerstreitenden Interesse berät und sich deshalb des Parteiverrates (§ 356 StGB) schuldig macht oder gegen Standesrichtlinien verstößt, dürften insbesondere nach den Ausführungen von Haffke[14] und nachfolgend Schmidt[15] und der Verfasser[16] ausgeräumt sein.

D. Ph. Schmidt, Staatssekretär im Hessischen Justizministerium, faßt treffend zusammen:

„Dagegen folge ich Haffke in seinen Darlegungen, daß der Anwalt nicht Gefahr läuft, sich wegen Parteiverrats strafbar zu machen oder sich standeswidrig zu verhalten, wenn er – als Mediator – zwei scheidungswillige Ehepartner empfängt, von beiden den Auftrag erhält, sie bei der einvernehmlichen Lösung ihrer Trennungs- und Scheidungsfolgeprobleme schlichtend und vermittelnd zu unterstützen, wenn er dann unparteiisch und neutral diese über ihre Rechte belehrt, im Sinne der Mediation auf die Wahrung und Stärkung der Autonomie der Parteien achtet und dann das von den Parteien gemeinsam erarbeitete Ergebnis in Form eines Memorandums zu Papier bringt. Denn es ist in der Tat richtig, daß es kein prinzipielles Verbot der Einschaltung eines gemeinsamen Anwaltes gibt, was letztlich auf ein Verbot schlichtender bzw. vermittelnder Tätigkeit schlechthin durch die Anwaltschaft hinausliefe. Das widerspräche nicht nur der Realität, die zeigt, daß der größte Teil der anwaltschaftlichen Tätigkeit darin

besteht, außerforensische Konfliktregelung zu betreiben. Das Berufsbild ist nicht nur auf die einseitige Durchsetzung der eigenen Interessen gegen andere fixiert, der Anwalt ist vielmehr auch unabhängiger Berater und unabhängiger Vertreter in allen Rechtsangelegenheiten, und d. h. auch zur Schlichtung, Vermittlung, Beratung und Gestaltung berufen".

Vom Ablauf her empfängt der Anwaltsmediator am sinnvollsten beide Mandanten gleichzeitig, weil der Auftrag ja gemeinschaftlich erteilt wird. Kommt zunächst lediglich ein Mandant und zeichnet sich zu Beginn ab, daß dieser Mediation in Anspruch nehmen möchte, vereinbart der Anwalt einen neuen Termin mit beiden Parteien. Hatte freilich die einseitige anwaltschaftliche Beratung bereits begonnen, ist es dem Anwalt verwehrt, anschließend als Anwaltsmediator tätig zu sein. In diesem Falle kann er jedoch beratender Anwalt einer Partei bleiben und ihr empfehlen, bei einem anderen Anwalt Mediation zusammen mit dem Partner aufzunehmen. Zu Beginn empfiehlt es sich, mit den Parteien rechtswahrende Aspekte abzusprechen und die Kosten zu klären. Die Scheidungsvereinbarung wird vielfach notariell beurkundet werden. Der Anwaltsmediator weist darauf hin, daß die Mediation von seiner Seite Rechtsberatung mit umfaßt, daß dies aber im Hinblick auf den beiderseitigen Beratungsauftrag keine parteiische Rechtsberatung sein könne. In diesem Zusammenhang weist er auf die zusätzliche Notwendigkeit zumindest einmaliger einseitiger anwaltschaftlicher Beratung jeder Partei hin.

Anmerkungen

1 Dies ist, von der Methodenlehre der Kauteraljurisprudenz (Vertragsrecht) her gesehen, fundamental. Grundlegend hierzu Langenfeld (1991), S. 1 ff.; s. a. Rehbinder (1993). Zum folgenden Mähler, Mähler (1992b). Siehe Richtlinien BAFM IV 1, S.122.

2 Ebenso für Mediation nun Balscheit (1994), S. 872.

3 Mediation bewegt sich damit zu auf ein „antwortendes Recht", s. Nonet, Selznik (1987).

4 z. B. Langenfeld (1991), S. 175.

5 Langenfeld (1991), S. 24 ff, 178 ff.

6 Radbruch (1952), S. 93 und 94.

7 Zum folgenden Mähler, Mähler (1994), S.55 ff., (1993). S. 37 ff.

8 Kanzleiter (1995), S. 907 f.

9 So auch Haffke, S.111, Fußnote 56. Zettner, FamRZ (1993), S. 621, läßt die Möglichkeit der interdisziplinären Zusammenarbeit im Sinne dieses Modells außer Acht und deduziert – den wesentlichen interdisziplinären Ansatz der Mediation überge-

hend – (letztlich fälschlich) ein scheinbares „Aus“ der Mediation durch Angehörige psychosozialer Berufe. Wie hier im Ergebnis Schmidt (1993), S. 135. Gegen die verengende Argumentation Zettners s. Schulte-Kellinghaus, FamRZ (1994), S.1320 ff.

10 Zu beachten ist, daß auch Anwaltsmediatoren bei Zuziehung psychologischer Hilfe diesen Synergieeffekt sehr verstärken können.

11 Diese Empfehlung (s. Mähler H.G., 1993a, S. 207) ist nun auch in den Vorschlägen zur Kooperation der am Trennungs- und Scheidungsverfahren Beteiligten des Bayerischen Staatsministeriums für Arbeit- und Sozialordnung AZ VI 1/7302/1/94 S. 13 verankert.

12 S. Haffke unten S.84 ff.; 91 ff.; Coester FamRZ (1992), 620 f. und einerseits Schmidt (1993), S. 134, 135, andererseits sehr weitgehend LG Memmingen, Beschluß vom 7.9.94 AZ 30 1733/93.

13 Zum folgenden Mähler, Mähler (1994), S.56 ff.

14 Haffke unten S.92 ff. in diesem Band.

15 Schmidt (1993), S. 136.

16 Mähler, Mähler (1995), S. 57 f.

Legalität von Mediation im deutschen Rechtsraum*

Bernhard Haffke

Bezogenheit von Mediation auf das Recht

Mediation wird gerne unter dem Stichwort „Alternativen zum Recht" diskutiert.[1] Das Stichwort ist irreführend; denn es ruft den Eindruck hervor, als vollzöge sich Mediation gewissermaßen in einem rechtsfreien, in einem recht-losen Raum. Die so durch die Verwendung des Wortes „Alternative" geweckte Assoziation ist plausibel nur unter der weiteren Annahme, daß Recht nur das genannt werden kann, was in justitiellen Konfliktlösungsverfahren herausprozessiert wird. In dieser Vor-Annahme, d. h. in dem darin steckenden Vor-Verständnis von Recht liegt aber genau das Problem; und die Redeweise von den „Alternativen zum Recht" zementiert deshalb – ungewollt – dieses falsche, jedenfalls doch problematische Verständnis von Recht. Dabei ist, wenn man sich die verschiedenen Mediationsmodelle vergegenwärtigt, die Bezogenheit auf das Recht evident. Ich greife in dieser kurzen Vorbemerkung zu meinem eigentlichen Thema nur drei Punkte auf:

– Mediation knüpft bekanntlich an das Konfliktmanagement des Verhandelns, also einer Methode der *unmittelbaren (bilateralen)* Konfliktaustragung unter den Beteiligten selbst, an. Vermitteln ist deshalb nach einer Formulierung von Falke und Gessner[2] im Grunde genommen „nichts anderes als die Aktivität einer dritten Partei, bilaterale Verhandlungen zu katalysieren, zu lenken und zu

* Der Beitrag gibt den geringfügig überarbeiteten Vortrag wieder, den ich im Januar 1992 in der Evangelischen Akademie Bad Boll im Rahmen einer interdisziplinären Konsultation zu dem Generalthema „Mediation in Familiensachen" gehalten habe (vgl. die Dokumentation dieser Tagung in: Protokolldienst 30/93 der Evangelischen Akademie Bad Boll 1993). Der ursprüngliche Vortragsstil ist zum Teil beibehalten; der Text ist lediglich um die Anmerkungen, die jedoch keinen vollständigen Literatur- und Rechtsprechungsnachweis beanspruchen, ergänzt worden. Die nach der Tagung erschienene Literatur konnte nur noch selektiv in den Fußnoten berücksichtigt werden.

fördern". Ganz in diesem Sinne wird z. B. bei Proksch[3] Vermittlung definiert als „ein freiwilliger, vom Gericht unabhängiger, vertraulicher Prozeß", „in dem die Beteiligten übereingekommen sind, unter der Beistandschaft eines neutralen und unparteiischen Vermittlers ihre gegensätzlichen Standpunkte auszutauschen, ihre Konflikte offenzulegen, zu strukturieren und zu systematisieren mit dem Ziel, im gemeinsamen Gespräch Alternativen und Optionen zu erarbeiten, um schließlich zu einem einvernehmlichen und eigenverantworteten Ergebnis zu kommen"; und kurz und bündig erblicken Mähler und Mähler[4] die Aufgabe der Mediation darin, „vor- und außergerichtlich die *Autonomie* der Parteien und ihre Fähigkeit, eigene Lösungen zu finden, zu stärken". Privatautonomie, deren sinnfälligster Ausdruck die Vertragsfreiheit ist, ist aber nicht nur, wie schon der Name sagt, selbst-gesetztes Recht der Parteien, sondern auch objektives Recht; denn sie wird von Verfassungs wegen garantiert; sie ist grundrechtlich gewährleistet. Deshalb formuliert das Bundesverfassungsgericht in seinem Beschluß vom 7.2.1990, auf den ich sogleich noch einmal zurückkommen werde, auch zurecht sehr prägnant:

„Auf der Grundlage der Privatautonomie, die Strukturelement einer freiheitlichen Gesellschaftsordnung ist, gestalten die Vertragspartner ihre Rechtsbeziehungen eigenverantwortlich. Sie bestimmen selbst, wie ihre gegenläufigen Interessen angemessen auszugleichen sind, und verfügen damit zugleich über ihre grundrechtlich geschützten Positionen ohne staatlichen Zwang. Der Staat hat die im Rahmen der Privatautonomie getroffenen Regelungen grundsätzlich zu respektieren." [5]

So lohnend es wäre, kann hier auf die damit angesprochenen verfassungsrechtlichen, vor allem grundrechtsdogmatischen Fragen, die die Mediation aufwirft, nicht näher eingegangen werden, doch sei mindestens noch auf einen Aspekt hingewiesen. Das, was einem bei Durchsicht der amerikanischen Literatur zur Mediation am stärksten auffällt, ist der explizite Bezug aller Erörterungen und Darlegungen zur Mediation auf staats- und rechtstheoretische Fragen. Zum Beispiel wird in dem Sammelband „Divorce Mediation" von Folberg und Milne (1988) Scheidungsmediation ausdrücklich mit dem Hinweis darauf befürwortet, daß sie die Politik minimaler staatlicher Intervention befördere [6]; oder Mnookin und Kornhauser leiten ihren einflußreichen Aufsatz über „Bargaining in the Shadow of Law" mit der Bemerkung ein, daß sie die primäre Funktion des gegenwärtigen Scheidungsrechts nicht in der Auferlegung einer Regelung von oben, sondern in der Bereitstellung eines Rahmens erblicken, innerhalb dessen die scheidungswilligen Ehepartner selbst ihre nachehelichen Rechte und Verantwortlichkeiten zu bestimmen haben[7]. Sie sprechen von einem Prozeß, bei dem die hoheitliche Verwaltung der Scheidungsfolgen allmählich durch „private ordering" der Ehepartner abgelöst wird. „Private ordering" läßt sich vielleicht mit *privater Rechtsschöpfung* übersetzen; und damit sind wir wieder beim Thema: nämlich dem sich offenkundig anbahnenden Wechsel im Verständnis von Recht. Dieser Paradigmawechsel – wie es scheint, eine Reaktion auf den zumeist skeptisch verfolgten Prozeß der „Refeudalisierung" des modernen Rechts – ist allerorten beobachtbar und wird in der Rechtssoziologie unter den Stichworten „Mediatisierung und Prozeduralisierung", „Abbau des Befehlsmodells des Rechts", „kooperativer Staat", „reflexives" und „autopoietisches" (= sich selbst herstellendes) Recht intensiv diskutiert[8].

– Es muß bei diesen Hinweisen auf die Bezogenheit des Verhandlungsmodells der Mediation auf das Recht belassen werden. Ich wende mich nunmehr einer zweiten Vorbemerkung zu, der Fairneßkontrolle bei der Mediation. Was Mediation, die wir meinen, von den manipulativen Techniken, die es ja auch gibt, nämlich der „labormediation" bzw. des „hard selling" [9], trennt, das ist ihre Verpflichtung auf ein *faires* Verhandeln und ein *faires* Ergebnis. Ich lasse dahingestellt, *wie* diese Fairneß sichergestellt wird (dafür gibt es verschiedene Modelle, z. B. den in Deutschland [§ 1671 Abs. 3 S. 1 BGB] geltenden Richtervorbehalt); worauf es hier nur ankommt, ist zu zeigen, daß Fairneß im Verhandeln wiederum ein eminent wichtiger juristischer topos ist. Das kann nicht besser demonstriert werden als dadurch, erneut aus der bereits erwähnten Entscheidung des Bundesverfassungsgerichts vom 7.2.1990 zu zitieren:

„Solche Schranken [d. h.: Schranken der Privatautonomie; der Verf.] sind unentbehrlich, weil Privatautonomie auf dem Prinzip der Selbstbestimmung beruht, also voraussetzt, daß auch die Bedingungen freier Selbstbestimmung tatsächlich gegeben sind. Hat einer der Vertragsteile ein so starkes Übergewicht, daß er vertragliche Regelungen faktisch einseitig setzen kann, bewirkt dies für den anderen Vertragsteil Fremdbestimmung. Wo es an einem annähernden Kräfteausgleichsgewicht der Beteiligten fehlt, ist mit den Mitteln des Vertragsrechts allein kein sachgerechter Ausgleich der Interessen zu gewährleisten. Wenn bei einer solchen Sachlage über grundrechtlich verbürgte Positionen verfügt wird, müssen staatliche Regelungen ausgleichend eingreifen, um den Grundrechtsschutz zu sichern".[10]

– Der dritte und letzte Aspekt, der im Rahmen dieser Vorbemerkungen anzusprechen ist, und der mit der eben erwähnten Fairneßkontrolle zusammenhängt, betrifft das Verhältnis von mediativer Interaktion auf der einen und justitieller Interaktion auf der anderen Seite. Beide Verfahren haben sicherlich je eine eigene Verfahrenslogik [11], die, wenn sie nicht in aller Klarheit und Rigorosität beachtet wird, unweigerlich zur Destruierung beider Verfahren, übrigens mit verheerenden Konsequenzen für alle Beteiligten, vor allem natürlich für die scheidungswilligen Ehepartner, führt. Andererseits: Das, was Ellscheid für das Verhältnis von Solidarität und Recht mustergültig herausgearbeitet hat – nämlich daß das „Recht als Alternative zugleich die Bedingung der Möglichkeit sittlicher Gemeinschaft“ [12] ist –, dies gilt auch mutatis mutandis für das Verhältnis von Mediation und Justiz. Wo das mediative Verfahren mißlingt, steht das justitielle Verfahren bereit. Obwohl – so darf ich in freier Anlehnung an Ellscheid formulieren – das mediative Verfahren in einer eindeutig negativen Beziehung zum justitiellen Verfahren zu stehen scheint, stellt sich bei näherer Betrachtung doch seine Verwiesenheit auf das justitielle Verfahren her: Gerade deshalb, weil sich im Mediationsverfahren nach dem Maßstab der Autonomie der Parteien eine zwangsfreie Interaktion vollziehen soll, ist die Möglichkeit, sich ihm zu entziehen, es aufzulösen, mitgedacht. Für mediative Interaktion kann nicht frei sein, wer nicht von ihr frei ist. Mediation vollzieht sich deshalb, wie es Mnookin und Kornhauser formuliert haben, notwendig „in the shadow of the law“[13]. Diese berühmte Formulierung „Schatten des Rechts“ ist zweifellos zwar sehr plastisch und plakativ, beschreibt aber die ungleich kompliziertere Dialektik von mediativem und justitiellem Verfahren doch nur sehr ungenau. Denn zum einen bringt diese Formulierung die Tatsache, daß die Verhandelnden autonom Recht schaffen, nicht zum Ausdruck und ist insofern noch dem überholten, gerade bekämpften Verständnis von Recht als hoheitlichem Befehl verpflichtet; und zum andern läßt sie das Recht im mediativen Verfahren in der Latenz: Das Recht wird sichtbar erst wieder *nach* dem Scheitern der Mediation. Das entspricht zwar weit verbreiteten Vorstellungen über Mediation, ist aber gleichwohl nicht richtig. Ich habe mich dazu an anderer Stelle ausführlich geäußert[14] und will mich deshalb hier kurzfassen: Das für die Mediation ausgegebene Gebot der *De*-Thematisierung, wie es Luhmann[15] und im Anschluß an ihn z. B. Gottwald[16] genannt haben, also das Gebot, das Recht im Zuge der Verhandlungen nicht zum Thema zu machen, beruht auf einer Verwechslung bzw. Vermengung von Verfahren und Inhalt. Die Verfahrenslogiken sind natürlich andere, sagen wir: kooperatives Verhandeln auf der einen und autoritative Fallentscheidung auf der anderen Seite. Aber Thema auch der Mediation ist natürlich ebenso wie im justitiellen Verfahren *das* Recht, nämlich primär das Recht, das die Parteien zwischen sich aushandeln und schaffen. Wer mir hier die Konfundierung verschiedener Begriffe von Recht vorhält, sei erinnert an das, was ich in den beiden ersten Vorbemerkungen zur rechtlichen, genauer gesagt: grundrechtlichen Fundierung der Privatautonomie auf der einen und den Schranken der Privatautonomie, der Fairneßkontrolle, auf der anderen Seite ausgeführt habe. Spätestens bei dem zuletzt genannten Gesichtspunkt wird die Relevanz, die notwendige, auch inhaltliche Bezogenheit aller Mediation auf das Recht überdeutlich. Nicht Thematisierung oder De-Thematisierung von Recht unterscheiden justitielle und mediative Verfahren, sondern die *Art* und *Weise*, wie darüber gesprochen, wie mit ihm umgegangen, wie und woraus es geschöpft wird, wodurch es sich legitimiert und worauf sich seine Akzeptanz gründet.

Legitimation und Legalität von Mediation

Die in diesen Vorbemerkungen angesprochenen Gesichtspunkte werden bei der nachfolgenden Besprechung der einzelnen Mediationsmodelle immer wieder auftauchen und relevant werden. Es besteht auch kein Zweifel, daß sie im juristischen Diskurs bei der Frage nach der „Legitimation von Mediation im deutschen Rechtsraum" eine zentrale Rolle spielen, und zwar sowohl, wenn wir, dem juristischen Legitimitätsbegriff folgend, das richtige, das wahre Recht zu ergründen suchen[17], als auch, wenn wir soziologisch unter Legitimität „die rein faktisch verbreitete Überzeugung von der Gültigkeit des Rechts, von der Verbindlichkeit bestimmter Normen und Prinzipien, an denen sie sich rechtfertigen"[18], und dementsprechend unter Legitimation den Prozeß verstehen, wie sich solcher Legitimitätsglaube, oder anders ausgedrückt wie sich Akzeptanz von Recht herstellen läßt.

Die Erwartungen der Veranstalter der Tagung von Bad Boll im Jahre 1992 waren aber noch andere: Sie wünschten eine Antwort auf die Frage, ob Mediation nach dem geltenden, nach dem positiven Recht in der Bundesrepublik Deutschland erlaubt sei. Sie fragten also nach der *Legalität* von Mediation. Da die Tagung bewußt in eine Kontinuität mit der vor zehn Jahren an gleicher Stelle unter dem Titel „Modelle alternativer Konfliktregelungen in der Familienkrise“[19] veranstalteten Tagung gestellt war, geht es nicht um die Legalität von Mediation schlechthin (wir finden sie ja auch im öffentlichen Recht, im Zivil- und im Wirtschaftsrecht, ja sogar im Strafrecht, dort unter dem Stichwort der Diversion[20] diskutiert), sondern vielmehr konkret um die Legalität von Trennungs- und Scheidungsmediation. Als letztes darf ich zur Präzisierung des Themas schließlich noch anmerken, daß ich den Begriff „deutscher Rechtsraum“ strikt im staatsrechtlichen Sinn verstehe; über die Rechtslage in der deutschsprachigen Schweiz und in Österreich werde ich also schon aus Gründen fehlender fachlicher Kompetenz nicht sprechen.

Da es also über die „Legalität von Trennungs- und Scheidungsmediation in der Bundesrepublik Deutschland“ geht, muß den LeserInnen notgedrungen ein sehr nüchterner, handwerklich-dogmatischer Beitrag zugemutet werden; der „Schatten des Rechts“ ist eben unentrinnbar.

Mediationsmodelle, inhaltlich analysiert

Weil wir wissen müssen, auf welche empirischen Modell-Annahmen sich die nachfolgende juristische Analyse bezieht, und weil die Analyse nicht von vornherein auf ein Modell begrenzt, sondern vielmehr auf ein möglichst breites Fundament gestellt werden soll, müssen zunächst die überhaupt in Betracht kommenden Mediationsmodelle kurz geschildert werden (S. 71 ff.). Welches dieser Modelle in concreto praktiziert wird bzw. Realisationschancen hat, bleibt hier außer Betracht. Insoweit verweise ich auf die Beiträge insbesondere von Mähler und Proksch[21]. Andererseits konzentriere ich mich auf idealtypische Modelle, lasse also Mischformen von Mediationsmodellen, wie sie sich in einer allmählich entwickelnden Praxis quasi experimentell sicherlich herausbilden werden, bewußt ganz außer acht oder erwähne sie nur am Rande.

Im Anschluß an die anhand von Schaubildern erläuterten Modelle (S. 73 ff.) werden diese unter folgenden vier inhaltlichen Gesichtspunkten analysiert:

– unzulässige Rechtsberatung durch den Mediator, der kein Rechtsanwalt ist (S. 83 ff.);

- Parteiverrat und Anschein des Parteiverrates durch den Rechtsanwalt (S. 92 ff.);
- Schweigepflicht und Datenschutz; Zeugnispflicht, Zeugnisverweigerungsrecht, und Zeugnisverweigerungspflicht (S. 102 ff.);
- Zwangsmediation (S. 106 ff.).

Nach Klärung dieser juristischen Probleme werden die diversen Aspekte resynthetisiert, d. h. die erarbeiteten Ergebnisse auf die einzelnen Mediationsmodelle zusammenfassend bezogen. Dann, so hoffe ich, werden die „problematischen Grauzonen“ des geltenden Rechts, in denen die Mediation nach der Diagnose z. B. der letzten beiden Deutschen Familiengerichtstage angesiedelt ist, aufgehellt und die Frage nach der Legalität von Mediation einigermaßen erschöpfend beantwortet sein. Obwohl zu unserem Thema gehörig, werde ich dagegen die (für die zukünftige Rechtsentwicklung sicherlich eminent wichtige) berufsrechtliche Frage der Zulässigkeit der Bildung von Sozietäten zwischen Familientherapeuten und Rechtsanwälten nicht behandeln[22]; ihre Erörterung, die sehr subtiler verfassungs-, berufs- und standesrechtlicher Analysen bedarf, würde uns von dem Kern unseres Themas zu weit wegführen.

Sechs Konstruktionsprinzipien der mediativ-justitiellen Verfahren

Es erscheint sinnvoll, vor der Schilderung der einzelnen Modelle die Prinzipien zu benennen, nach denen mediativ-justitielle Verfahren überhaupt konstruiert und strukturiert werden können.

Grundlegend ist zunächst als *erstes* die Differenzierung zwischen mediativen und justitiellen Verfahren.

Eine weitere wichtige Differenzierung ergibt sich *zweitens* daraus, ob die Mediation gelingt oder nicht gelingt. Als „Gelingen der Mediation“ definiere ich das Zustandekommen einer bestandskräftigen Mediationskonvention, die *Memorandum* genannt wird.

Drittens ist eine Differenzierung danach angebracht, wer als Mediator fungiert. Es kann dies sein:

- entweder eine Person, die *kein* Rechtsanwalt ist (z. B. ein in Mediation ausgebildeter Sozialpädagoge);
- oder eine Person, die *gleichzeitig* Rechtsanwalt ist, also die Rolle des Mediators und des Rechtsanwalts in sich vereinigt (sog. *Anwaltsmediator*);

- oder schließlich eine Person, die entweder freiberuflich oder im Rahmen der öffentlichen bzw. der freien Jugendhilfe tätig ist.

Werden *neben* dem Mediator ein oder mehrere Rechtsanwälte tätig, so ergeben sich drei weitere Konstruktionsprinzipien daraus,

- ob *viertens* der bzw. die Anwälte nur während des justitiellen Verfahrens tätig werden oder ob sie bereits auch während der Mediation eingeschaltet sind;
- ob *fünftens* nur ein Anwalt (*gemeinsam* für die beiden Parteien) oder *zwei* Anwälte (je für die einzelnen Parteien) tätig sind; und schließlich
- ob *sechstens* der bzw. die Anwälte in den Prozeß der Mediation einbezogen sind (sog. *Co-Mediation*) oder nicht.

Aus der Kombination dieser sechs Konstruktionsprinzipien leiten sich die nachfolgenden kurz zu erläuternden fünf Modelle ab. Es sind dies – das sei ausdrücklich noch einmal hervorgehoben – *Modellannahmen*, keine Beschreibungen der Wirklichkeit. Abgesehen davon, daß diese wohl erst noch einmal gründlich und umfassend erforscht und dokumentiert werden müßte, befinden wir uns, was die Trennungs- und Scheidungsberatung anbelangt, in einer Phase des Umbruchs und Neuanfangs.

Um den öffentlichen Jugendhilfeträgern ausreichend Zeit zu geben, Konzepte von Trennungs- und Scheidungsberatung zu entwickeln und verantwortliche Träger der öffentlichen oder freien Jugendhilfe für diese Aufgabe zu finden, war die einschlägige Norm des neuen KJHG (§ 17 Abs. 2) bekanntlich bis zum 31. Dezember 1994 als Kann-Vorschrift (und nicht als Soll-Vorschrift) ausgestaltet worden (Art. 10 Abs. 1 Nr. 1 KJHG).

Die Modelle werden es uns ermöglichen, die für die juristische Analyse relevanten Fragen präzis zu stellen [23].

Die fünf Modelle im einzelnen

1. *Modell 1* (Schaubild 1)
   1. Der Mediator (M) ist *kein* Rechtsanwalt.
   2. Während der Mediation erfolgt *keine* Rechtsanwaltsbeteiligung.
   3. Die Mediation *gelingt* (+), wenn eine bestandskräftige Mediationskonvention (Memorandum) zustandekommt. Ist dies nicht der Fall, ist die Mediation *mißlungen* (–).
   4. Ehepartner E_1 und E_2 werden im justitiellen Verfahren durch ihre Anwälte A_1 und A_2 vertreten.

1. Variante:

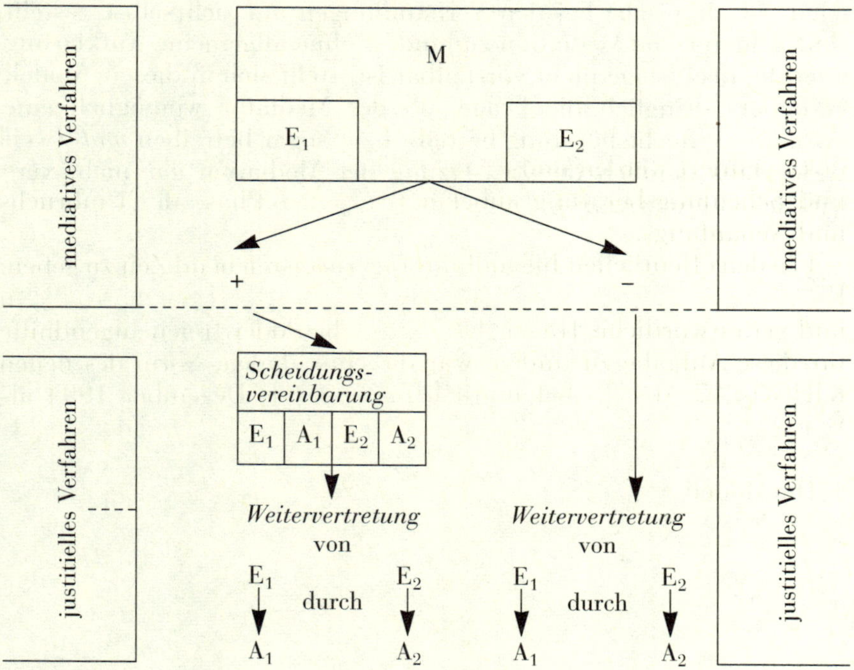

2. Variante: Rückverweisung aus dem justitiellen Verfahren in das mediative Verfahren.

Modell 1: Der Mediator ist kein Rechtsanwalt

Der Mediator ist hier *kein* Rechtsanwalt. Um das mediative Verfahren von „Störung“ durch anwaltliche Beratung bzw. Parteinahme möglichst freizuhalten, ist in der Mediationsphase die Beteiligung von Anwälten nicht vorgesehen. Diese treten erst nach Abschluß der Mediation im justitiellen Verfahren in Erscheinung. Denkbar ist, daß das von den Parteien erarbeitete Memorandum in der justitiellen Phase nicht hält und dann erneute Verhandlungen vor dem Mediator erfolgen (Rückverweisung aus dem juristischen Verfahren in das mediative Verfahren). Geschieht dies mehrmals, ist faktisch eine Annäherung dieses Modells an die nachfolgend zu besprechenden beiden Modelle 2 und 3 vollzogen. Da hier der Mediator und die Parteien (idealtypisch) bei den Verhandlungen auf sich selbst gestellt sind, andererseits Mediation zumindest ohne allgemeine Aufklärung über die Rechtslage nicht vorstellbar ist, stellt sich in diesem Modell besonders dringlich die Frage, ob der Mediator womöglich eine unzulässige Rechtsberatung betreibt bzw. sogar betreiben *muß* (weil andernfalls nämlich die Zielsetzung der Mediation gar nicht verwirklicht werden kann).

2. *Modell 2* (Schaubild 2)

1. Der Mediator (M) ist *kein* Rechtsanwalt.
2. Beide Ehepartner (E_1 und E_2) werden sowohl während des mediativen als auch während des justitiellen Verfahrens durch dieselben Rechtsanwälte (A_1 und A_2) beraten bzw. vertreten.
3. Die Mediation gelingt (+), wenn eine bestandskräftige Mediationskonvention (Memorandum) zustandekommt. Ist dies nicht der Fall, ist die Mediation *mißlungen* (–).

1. Variante: Die Rechtsanwälte bleiben *außerhalb* der Mediation.

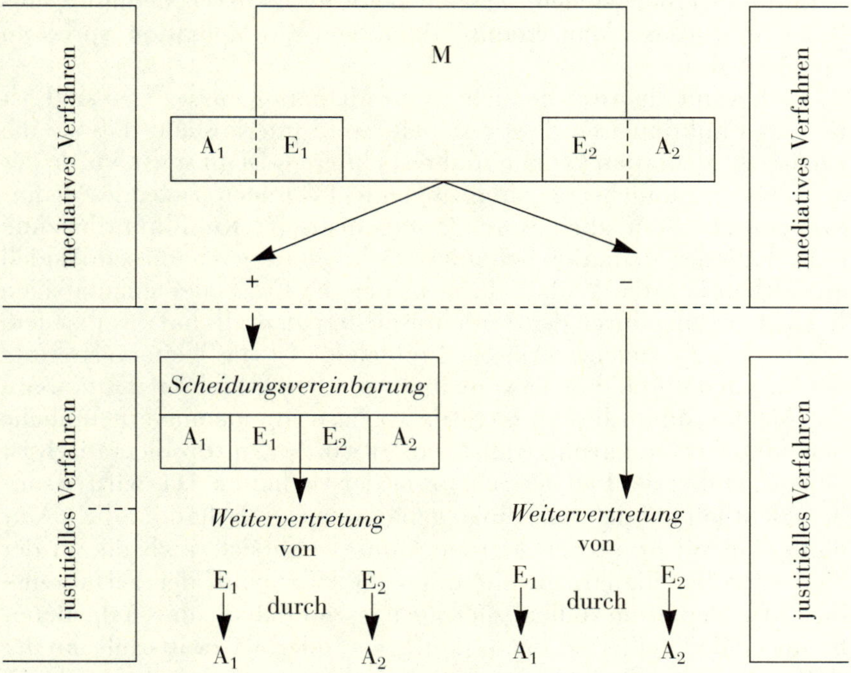

2. Variante: Die Rechtsanwälte werden in die Mediation *miteinbezogen* (Co-Mediation).

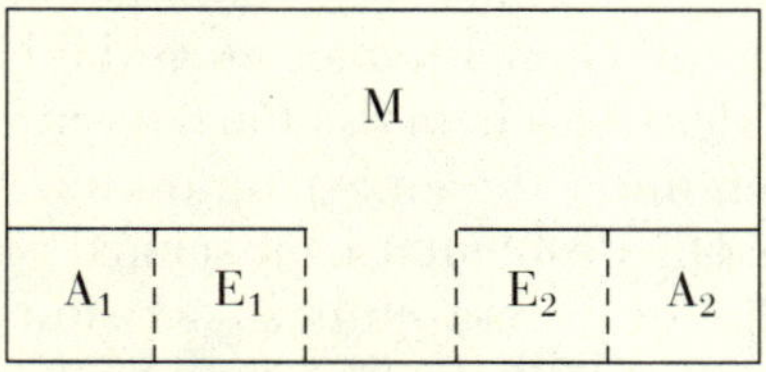

ansonsten wie in der 1. Variante.

Modell 2: Der Mediator ist kein Rechtsanwalt; Anwälte in und außerhalb der Mediation

Im Gegensatz zum Modell 1 steht hier der Rechtsanwalt auch während der Mediationsphase zur Verfügung. Beide Parteien sind durch (verschiedene) Anwälte beraten. Der Grad der Einbindung der Anwälte in die Mediation kann jedoch sehr unterschiedlich sein.

Sie können (in der *ersten* Variante) außerhalb der eigentlichen Verhandlungen, die durch einen Fachmann, der *kein* Rechtsanwalt ist, vermittelt werden, stehen; sie können aber auch in die Mediation einbezogen werden. Man könnte dann von Co-Mediation sprechen (zweite Variante).

Auch wenn die Anwälte nicht in die Mediation einbezogen sind, ist für das Funktionieren dieses Modells wohl unerläßlich, daß sie die Logik der Mediation kennen und respektieren. Denn sonst würde der auf einvernehmliche, gewinnbringende Lösungen zielende Mediationsprozeß womöglich durch antagonistische Konfliktaufheizung außerhalb der Mediation behindert. Da die Parteien in diesem Modell anwaltlich beraten sind, stellt sich hier die Frage der unzulässigen Rechtsberatung durch den Mediator nicht; jedenfalls hat das Problem erheblich an Gewicht verloren. Problemlos ist die Weitervertretung der Parteien durch ihre Anwälte im justitiellen Verfahren dann, wenn das Memorandum bestandskräftig ist, also in eine einvernehmliche Scheidungsvereinbarung transformiert worden ist. Problematisch ist demgegenüber der Fall des Scheiterns der Mediation. Das wird besonders deutlich bei der von mir so genannten Co-Mediation, die ja nur dann sinnvoll praktiziert werden kann, wenn sich auch die an der Mediation beteiligten Anwälte unter die Herrschaft der Verfahrenslogik der Mediation stellen. Zu fragen ist, ob sich die durch die Beteiligung an der Mediation zwangsläufig veränderte Anwaltsrolle mit der Rolle, die der Anwalt im anschließenden antagonistischen, förmlichen justitiellen Verfahren einnimmt bzw. einzunehmen hat, verträgt. Ein präziser juristischer topos steht für dieses Problem der *Rollenalternativität* oder *Rollenexklusivität* nicht zur Verfügung; die größte Berührung zu diesem Thema haben noch die Erwägungen, die zum Parteiverrat bzw. dem Anschein des Parteiverrates angestellt werden, weshalb dazu auch unter diesen Stichpunkten weiter zurückzukommen ist (S. 92 ff.). Die Problematik entschärft sich, wenn die Anwälte nicht in die Mediation direkt einbezogen sind *(erste* Variante). Da aber, wie dargelegt, anwaltliche Beratung auch außerhalb der Mediation auf die Logik des Mediationsverfahrens bezogen bleiben muß, ist sie eben nur entschärft, nicht aber beseitigt.

3. *Modell 3* (Schaubild 3)

   1. Der Mediator (M) ist *kein* Rechtsanwalt.
   2. Die rechtliche Beratung erfolgt während der Mediation nur durch einen Anwalt (A_0).
   3. *Problem:* Weiterberatung und -vertretung durch A_0 während des justitiellen Verfahrens.

---

1. Variante: A_0 bleibt *außerhalb* der Mediation.

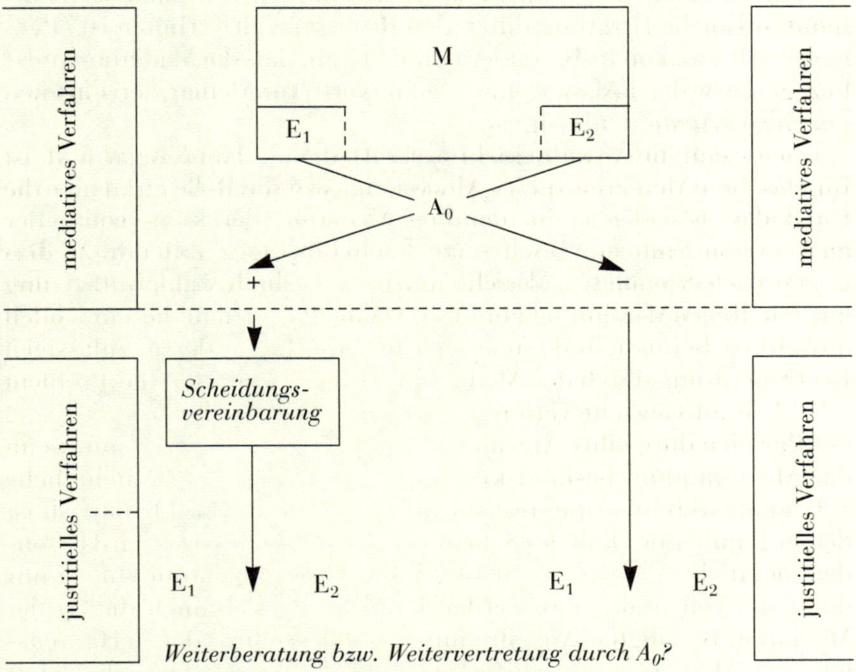

Weiterberatung bzw. Weitervertretung durch A_0?

---

2. Variante: A_0 wird in die Mediation *miteinbezogen* (Co-Mediation).

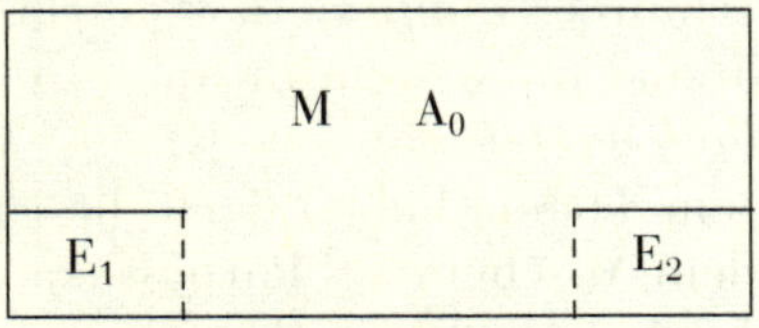

ansonsten wie in der 1. Variante.

Modell 3: Anwaltliche Beratung durch einen Anwalt innerhalb oder außerhalb der Mediation

Modell 3 unterscheidet sich von Modell 2 dadurch, daß hier die anwaltliche Beratung nur durch *einen* Anwalt außerhalb (*erste* Variante) oder innerhalb (*zweite* Variante) der Mediation wahrgenommen wird.

Hier wird zu klären sein, ob die in diesem Modell explizite gemeinsame rechtliche Beratung durch den Rechtsanwalt verboten ist (Parteiverrat?), und ob insbesondere für den Fall, daß die Mediation mißlingt, eine Weiterberatung bzw. Weitervertretung einer der Parteien durch den Anwalt zulässig ist.

Da es sich um einen gemeinsamen Anwalt handelt, nimmt er während der Mediationsphase gewissermaßen die Rolle eines neutralen Sachverständigen ein, der den Mediator, der kein rechtlicher Sachverständiger ist, durch seine Fachkompetenz unterstützt. Die zweite Variante dieses Modells verdient deshalb am ehesten den Namen „Co-Mediation“.

4. *Modell 4* (Schaubild 4)
   1. *Der Mediator ist Rechtsanwalt (Anwaltsmediator* = AM)
   2. *Problem:* Weiterberatung und -vertretung durch AM während des justitiellen Verfahrens

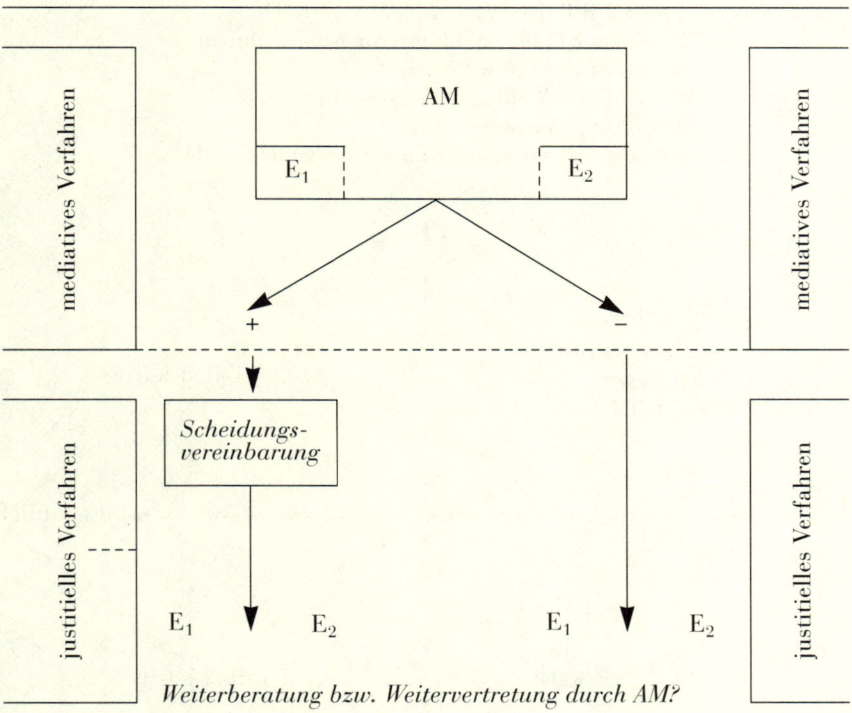

Modell 4: Der Anwaltsmediator

Was in der zweiten Variante des Modells 3 auf zwei Personen verteilt ist, ist bei Modell 4 gewissermaßen in einer Person vereinigt. Der Mediator ist Rechtsanwalt; ich nenne ihn Anwaltsmediator. Die Fragen, die Modell 3 aufwirft, gelten auch für Modell 4: Darf der Anwaltsmediator beide Parteien rechtlich beraten, und ist er nach Abschluß der Mediation an einer Weitervertretung bzw. -beratung der Parteien gehindert?

5. *Modell 5* (Schaubild 5)
   1. Mediation durch Jugendhilfe (JH)
   2. Die *Stichworte* sind der Begründung zum Regierungsentwurf des KJHG (BT-Drucksache 11/5948, S. 47 f.) entnommen.

Leistungen der JH (§ 2 II KJHG; z. B. §§ 17[1], 28[2] KJHG)
Stichworte: – individuelle Hilfe- und Förderungsmaßnahmen
– Grundsatz der Freiwilligkeit
– Wunsch- und Wahlrecht der Betroffenen
– Mitwirkung der Betroffenen
– autonomes Betätigungsrecht der Träger freier JH

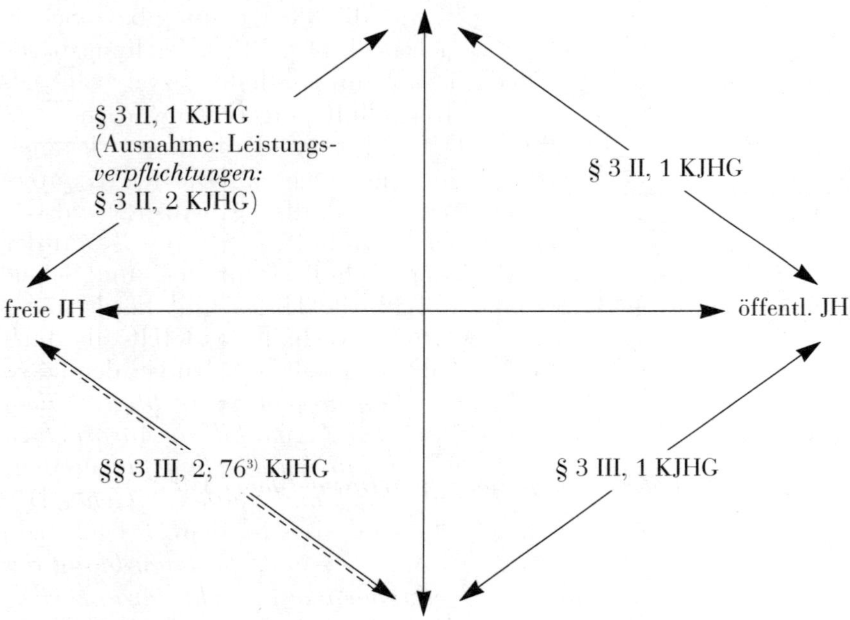

Andere Aufgaben der JH (§ 2 III KJHG, z. B. §§ 50[4], 52[5] KJHG)
Stichworte: – eingreifende staatliche Tätigkeit
– institutioneller Charakter
– staatliches Wächteramt
– nicht zur Disposition des einzelnen stehend

---

1) Beratung in Fragen der Partnerschaft, Trennung und Scheidung
2) Erziehungsberatung
3) Fakultatives Beteiligungs- bzw. Übertragungsrecht (deshalb gestrichelt)
4) Mitwirkung im Verfahren vor dem Vormundschafts- und den Familiengerichten
5) Mitwirkung im Verfahren nach dem Jugendgerichtsgesetz

Modell 5: Mediation durch Jugendhilfe

Der Grundgedanke der Mediation hat in dem neuen Kinder- und Jugendhilfegesetz (KJHG)[24] bekanntlich erstmals eine gesetzliche Anerkennung gefunden. § 17 Abs. 2 KJHG, der in das zweite Kapitel des Gesetzes „Leistungen der Jugendhilfe" eingestellt ist, lautet:

„Im Falle der Trennung oder Scheidung sollen Eltern bei der Entwicklung eines einvernehmlichen Konzepts für die Wahrnehmung der elterlichen Sorge unterstützt werden, das als Grundlage für die richterliche Entscheidung über das Sorgerecht nach der Trennung oder Scheidung dienen kann".

Darüber hinaus sind die Probleme, die die Trennung bzw. Scheidung für die Kinder aufwirft, auch noch in § 28 („Erziehungsberatung") angesprochen. Mediation kann deshalb bzw. soll (ab 1.1.1995) von den Trägern der Jugendhilfe angeboten werden.

Zum Verständnis des Jugendhilferechts und der in ihm wirksamen Spannungen ist eine kurze Erläuterung notwendig. Das KJHG unterscheidet zwischen Leistungen der Jugendhilfe (§ 2 Abs. 2) auf der einen und „anderen Aufgaben der Jugendhilfe" (§ 2 Abs. 3) auf der anderen Seite. Leistungen, zu denen auch die Trennungs- und Scheidungsberatung gehört, sind „individuelle Hilfe- und Förderungsmaßnahmen"; und dies ist der Grund, weshalb das KJHG als Buch VIII in das Sozialgesetzbuch (SGB) eingestellt worden ist; denn – so § 8 SGB I – *„junge Menschen und Personensorgeberechtigte haben ... ein Recht, Leistungen der öffentlichen Jugendhilfe in Anspruch zu nehmen. Sie [d. h. die Leistungen] sollen die Entwicklung junger Menschen fördern und die Erziehung der Familie unterstützen"*. Das KJHG normiert aber nicht nur Leistungsrechte; denn – ich zitiere wörtlich aus der Entwurfsbegründung – *„auch die Einordnung des Jugendhilferechts in das Sozialgesetzbuch kann nicht daran vorbeigehen, daß auch künftig ein Teilbereich der Aufgaben der Jugendhilfe generell institutionellen Charakter trägt. Dabei handelt es sich um Aufgaben, die im wesentlichen aufgrund des staatlichen Wächteramtes zu erfüllen sind und mithin nicht zur Disposition des einzelnen (Kind, Jugendlicher, Eltern) stehen.*

Eine Unterscheidung zwischen diesen beiden Aufgabenkomplexen, den Leistungen der Jugendhilfe und anderen Aufgaben, ist sowohl im Hinblick auf die Rechtsstellung von Eltern, Kindern und Jugendlichen, als auch im Hinblick auf die Rechtsstellung von Trägern der freien Jugendhilfe notwendig. So haben der Grundsatz der Freiwilligkeit sowie das Wunsch- und Wahlrecht der Betroffenen und ihre Mitwirkung bei der Inanspruchnahme Bedeutung nur für die Normen-

komplexe, die Sozialleistungen im eigentlichen Sinn sind. Auch das autonome Betätigungsrecht der Träger freier Jugendhilfe, das im engen Zusammenhang mit dem Wunsch- und Wahlrecht der Betroffenen steht, kommt nur für diesen Aufgabenbereich zur Geltung.“ [25]

„Andere Aufgaben“ der Jugendhilfe sind also, wie die Gesetzesbegründung deutlich macht, Aufgaben der hoheitlich-*eingreifenden* Verwaltungstätigkeit; und dazu zählt z.B. die in unserem Zusammenhang relevante Mitwirkung der Jugendämter in Verfahren vor den Vormundschafts-, Familien- und Jugendgerichten (§§ 50, 52 KJHG). Mit Rücksicht auf die Eingriffsqualität dieser hoheitlichen Tätigkeit bestimmt das Gesetz, daß die „anderen Aufgaben“ der Jugendhilfe prinzipiell nur durch Träger der *öffentlichen* Jugendhilfe (§ 3 Abs. 3 S. 1 KJHG) wahrgenommen werden dürfen. Träger der *freien* Jugendhilfe können an der Durchführung solcher Aufgaben bei Vorliegen entsprechender bilateraler Verträge zwar unter Umständen beteiligt werden; jedoch verbleibt selbst dann die Letztverantwortung für die Erfüllung dieser Aufgaben bei den Trägern der öffentlichen Jugendhilfe (§§ 3 Abs. 3 S. 2, 76 KJHG). Dagegen werden die Leistungen der Jugendhilfe von den Trägern der freien und der öffentlichen Jugendhilfe in je eigener Verantwortung *gemeinsam* erbracht; allerdings richten sich die Leistungs*verpflichtungen* nur an die Träger der öffentlichen Jugendhilfe (§ 3 Abs. 2 KJHG). Zwischen Leistungen auf der einen und „anderen Aufgaben“ auf der anderen Seite besteht ein Spannungsverhältnis, das sich leicht diagnostizieren läßt. Zum Beispiel gilt im Leistungsrecht der *Grundsatz der Partizipation und Freiwilligkeit*, der im Recht der „anderen Aufgaben“, das ja *Eingriffsrecht* ist, wie schon der Name sagt, gerade nicht gilt. Infolgedessen bedarf die Plazierung der Mediation im Gesamtgefüge der Aufgabenstellung der Jugendhilfe genauester Überlegungen, und zwar zum einen aus institutionellen Gründen (nur „Leistungen“ können, wie gesagt, durch Träger freier und öffentlicher Jugendhilfe erbracht werden) und zum andern aus rechtsstaatlichen Gründen: Die Freiheitsgarantien des förmlichen Verfahrens drohen nämlich ausgehöhlt zu werden, wenn das in der Mediation erlangte Wissen ungefiltert und unkontrolliert in das gerichtliche Verfahren transportiert werden darf; und umgekehrt ist Mediation als eine sich auf Vertrauen und Freiwilligkeit der Mitwirkenden gründende „Leistung“ von allem Anfang an zum Scheitern verurteilt, wenn sich die Verhandelnden nicht auf die Verschwiegenheit des Mediators verlassen können. Spätestens mit der epochemachenden Entscheidung des Bundesverfassungsgerichts aus dem Jahr 1983 zum Grundrecht auf informationelle Selbstbestimmung[26] ist das Bewußtsein für die Notwendigkeit geschärft worden, Verfahren, die nach unterschiedlichen Logiken arbeiten, durch Errichtung datenschutzrechtlicher Barrieren sorgfältig gegeneinander abzuschotten. Folglich werden wir die datenschutzrechtlichen Bestimmungen des KJHG, die übrigens erst auf Empfehlung des Bundesrates während der parlamentarischen Beratungen in das Gesetz eingefügt worden sind[27], genau zu analysieren haben (S. 102 ff.). Daraus werden sich bestimmte institutionelle Konsequenzen für die Etablierung von Mediation im Bereich der Jugendhilfe ergeben; mit dieser Frage eng verwandt ist auch das (rechtspolitische) Problem der *Zwangs*mediation, auf das ich dann abschließend noch kurz eingehen werde (S. 106 f.). Im übrigen ist aber auch für die Mediation durch Jugendhilfe die vorrangige, bereits bei Modell 1 angesprochene Frage zu klären, ob diese Mediation nicht unzulässige Rechtsberatung ist. Es wird zu prüfen sein, ob sich in Hinsicht auf die Bestimmungen des KJHG insoweit die Rechtslage anders als beim freiberuflich tätigen Mediator darstellt (S. 102 ff.).

Inhaltliche Analyse der fünf Modelle

Unzulässige Rechtsberatung durch den Mediator, der kein Rechtsanwalt ist?

Als erstes ist die Frage zu behandeln, ob der Mediator, der kein Rechtsanwalt ist, eine unzulässige Rechtsberatung vornimmt und damit gegen die Bestimmungen des Rechtsberatungsgesetzes (RBerG) vom 13. Dezember 1935[28] verstößt. Wir beziehen in unsere Überlegungen von vornherein auch die Frage der Mediation durch Jugendhilfe mit ein.

Bestimmungen des Rechtsberatungsgesetzes (RBerG)

Das Rechtsberatungsgesetz, das – so das Bundesverfassungsgericht – bezweckt, „zum Schutz der Rechtsuchenden und auch im Interesse einer reibungslosen Abwicklung des Rechtsverkehrs fachlich ungeeignete und unzuverlässige Personen von der geschäftsmäßigen Besorgung fremder Rechtsangelegenheiten fernzuhalten“ [29], begründet für die geschäftsmäßige Besorgung dieser Angelegenheiten, einschließlich der Rechtsberatung, eine Erlaubnispflicht (§ 1 Abs. 1

S. 1). Von der Erlaubnispflicht ausgenommen ist z. B. die Berufstätigkeit der Rechtsanwälte (§ 3 Nr. 2 RBerG), aber auch – wichtig in Hinsicht auf die Problemstellung „Mediation durch Jugendhilfe" (Modell 5) – „die Rechtsberatung und Rechtsbetreuung, die von Behörden ... im Rahmen ihrer Zuständigkeit ausgeübt wird" (§ 3 Nr. 1 RBerG). Bedeutungsvoll für unser Thema ist ferner noch die in § 5 Nr. 1 RBerG getroffene Regelung. Dort heißt es, daß die Vorschriften des RBerG dem nicht entgegenstehen, „daß kaufmännische und sonstige gewerbliche Unternehmer für ihre Kunden rechtliche Angelegenheiten erledigen, die mit einem Geschäft ihres Gewerbebetriebes in *unmittelbarem Zusammenhang* stehen". Systematisch stellt § 5 eine Ausnahmeregelung zu § 1 dar[30]); denn auch die Rechtsbesorgungstätigkeit, die als „notwendiges Hilfsgeschäft" der Ausübung einer außerhalb des Rahmens des RBerG gelegenen Berufstätigkeit dient, wird „geschäftsmäßig" betrieben und fällt damit an sich unter den Erlaubniszwang nach § 1 Abs. 1 RBerG. Bei Vorliegen persönlicher Zuverlässigkeit, Eignung und Sachkunde (§ 1 Abs. 2 RBerG) wird seit dem 27.8.1980 nur noch bestimmten, im Gesetz aufgezählten Berufsgruppen eine (Teil-)Erlaubnis für bestimmte Sachbereiche erteilt, z. B. Inkassounternehmen für die außergerichtliche Einziehung von Forderungen (§ 1 Abs. 1 S. 2 Nr. 5 RBerG). Unnötig zu sagen, daß unter diesen Berufsgruppen die Mediatoren, über die wir sprechen, nicht aufgeführt sind. Wer fremde Rechtsangelegenheiten geschäftsmäßig besorgt, ohne die erforderliche Erlaubnis zu besitzen, begeht eine Ordnungswidrigkeit, die mit einer Geldbuße bis zu 10.000,— DM geahndet werden kann (§ 8 RBerG). Bemerkenswert ist, daß nach überwiegender Meinung[31] auch der Rechtsanwalt, der sich an einer durch *Dritte* (z. B.: Mediatoren?) betriebenen unerlaubten Rechtsbesorgung beteiligt, eine Ordnungswidrigkeit begeht, obwohl er, hätte er die Rechtsbesorgung in *eigener* Person vorgenommen, zweifellos völlig legal gehandelt hätte.

Mediation – unzulässige Rechtsberatung?

Deshalb stellt sich de lege lata die Frage, ob Mediation unzulässige Rechtsberatung darstellt. Wenn wir das Problem der „Mediation durch Jugendhilfe" (Modell 5) zunächst einmal außer acht lassen, dann sind drei Punkte juristisch erörterungswürdig, nämlich

– *erstens* ob Mediation deshalb keine Rechtsbesorgung bzw. Rechtsberatung im Sinne des RBerG ist, weil sie sich auf Belehrungen *allgemeiner* Art über das Recht beschränkt;

- *zweitens* ob Mediation tatsächlich die Besorgung von *Rechts*angelegenheiten zum Gegenstand hat und nicht vielmehr die Besorgung „anderer" Angelegenheiten (sit venia verbo), beispielsweise die Weckung und Stärkung der Autonomie der Parteien, im Vordergrund steht; sowie
- *drittens* ob die erwähnte Ausnahmeregelung des § 5 RBerG analogiefähig ist.

Allgemeine Rechtsbelehrung und konkrete Rechtsbesorgung bzw. Rechtsberatung in der Mediation

Es ist unstreitig, daß erlaubnispflichtig nach § 1 RBerG nur die Besorgung einer konkreten Rechtsangelegenheit ist. Eine konkrete Rechtsangelegenheit sieht der Bundesgerichtshof dann als vorliegend an – ich zitiere – „wenn es sich um die Behandlung wirklicher sachverhaltsbezogener, nicht lediglich fingierter Rechtsfragen" handelt[32]. Deshalb sind – ich gebe die Beispiele aus Rechtsprechung und Literatur wieder – die im Rahmen der juristischen Prüfung gestellte Prüfungsaufgabe, die juristische Lehrtätigkeit, Vorträge – wie dieser – über allgemeine Rechtsthemen, selbst wenn sie vor einer Interessengemeinschaft gehalten werden, das Verfassen juristischer Aufsätze und Abhandlungen, allgemeine Rechtsbelehrungen über juristische Fragen in Zeitungen oder Zeitschriften keine Rechtsangelegenheiten i.S. des § 1 RBerG und unterfallen folglich nicht der dort normierten Erlaubnispflicht. Allgemeine Informationen über die Rechtslage sind also erlaubt. Sobald sich aber die Information verdichtet zu einer Aufklärung über die Rechtslage in einem konkreten Rechtsfall des praktischen Lebens, liegt jedoch eine erlaubnispflichtige Rechtsberatung vor, wobei noch zu beachten ist, daß die Form, in die der Rat gekleidet ist, juristisch selbstverständlich irrelevant ist. Um ein Beispiel zu wählen: Erlaubt ist die allgemeine Information darüber, daß es zur Bildung des Unterhalts eine Düsseldorfer Tabelle gibt; erlaubnispflichtig bzw. unerlaubt wäre dagegen eine Beratung dahingehend, wie nun in concreto der Unterhalt nach der Düsseldorfer Tabelle zu berechnen ist. An einer solchen konkreten rechtlichen Aufklärung, d. h. an einer rechtlichen Aufklärung über den bestimmten, ihn unmittelbar interessierenden Einzelfall wird aber dem Klienten in der Mediation in der Regel gerade gelegen sein. Jedwede andere Interpretation verfehlt den Verständnishorizont des Klienten. Da aber, wie Chemnitz meines Erachtens zutreffend ausführt[33], der Begriff der „Rechtsberatung" nicht vom Standpunkt des Belehrenden, sondern vom Standpunkt des Ratsuchenden aus zu beurteilen ist, scheitert daran die Verneinung des Merkmals der Rechtsberatung bzw. Rechtsbesorgung, und zwar selbst dann, wenn der Mediator seinerseits der Versuchung zu konkreter Rechtsanwendung bewußt widersteht und nur allgemeine Informationen liefert. Selbst wenn die feinsinnige Unterscheidung zwischen allgemeiner Information über die Rechtslage und konkreter Rechtsanwendung praktizierbar wäre (schließlich muß ja mit Blick auf den konkreten Fall eine Auswahl unter den Rechtsnormen vorgenommen, mit andern Worten die Rechtsanwendung gleichsam auf mittlerem Niveau über die Selektion der überhaupt einschlägigen Vorschriften vorbereitet werden): Daß der Klient die erteilte rechtliche Information auf sich und seinen Fall bezieht, ist unvermeidbar, erkennbar, im Grunde sogar gewollt. Es kommt ein weiteres hinzu: Besorgung fremder Rechtsangelegenheiten ist unstreitig nicht nur Rechts*verwirklichung*, sondern auch Rechts*gestaltung* [34]. Genau darum geht es aber in der Mediation, nämlich um die Neubegründung und die Neuformulierung der wechselseitigen Rechte und Verantwortlichkeiten für die nacheheliche Zukunft. Daß sich dies in verschiedenen Phasen und Verfahren vollzieht und das von den Parteien erarbeitete Memorandum gewissermaßen erst noch der Beglaubigung im nachfolgenden justitiellen Verfahren bedarf, ändert nichts daran, daß die eigentliche Rechtsschöpfung ihren Sitz im mediativen Verfahren hat und nach der Logik von Mediation auch haben soll. Wer, wie es hier geschehen ist, das darin implizierte Verständnis von Recht teilt, muß dann aber auch die Konsequenzen für die Rechtsberatung ziehen. Die Parteien bringen im mediativen Verfahren ihr autonomes Recht hervor; und so wie Vertragsberatung rechtsbesorgende Tätigkeit ist, ist es folglich auch die mediative Leistung des Mediators, der den Parteien zu ihrer Autonomie, zu ihrem selbst gesetzten Recht verhilft. Ich meine deshalb *zusammenfassend*, daß der Ausweg, das Tatbestandsmerkmal der Rechtsbesorgung bzw. Rechtsberatung zu verneinen, nicht zur Verfügung steht.

Besorgt Mediation überhaupt „Rechtsangelegenheiten“?

Mit diesen Ausführungen unvereinbar muß deshalb auch ein Lösungsweg erscheinen, der nicht an dem Begriffspaar *allgemeine* Rechtsinformation versus *konkrete* Rechtsberatung ansetzt, der vielmehr bereits grundsätzlicher das Vorliegen einer Rechtsangelegenheit in Abrede stellt. Und doch entspricht dieser Lösungsansatz, so paradox es nach den bisherigen Darlegungen auch anmuten mag, noch am ehesten der traditionellen Sicht der Dinge. Der Argumentationsgang ist folgender: Erlaubnispflichtig ist nach § 1 RBerG die Besorgung fremder *Rechts*angelegenheiten. Es gibt also offenbar auch „andere" Angelegenheiten, die nicht das Attribut „rechtlich" mit sich führen und die deshalb von der Erlaubnispflicht nach § 1 RBerG freigestellt sind. Das Beispiel, das sich in Literatur und Rechtsprechung immer wieder findet, sind die wirtschaftlichen Angelegenheiten[35]. Sie können, wenn nicht das RBerG ad absurdum geführt werden soll, unmöglich dem RBerG unterfallen, und zwar *obwohl* sie durchaus einen prägnanten rechtlichen Bezug aufweisen: Auch der Autoverkäufer steht unter der Herrschaft des Rechts; er muß Verträge abschließen. Also kommt es darauf an, die „rechtlichen" von den „anderen" Angelegenheiten abzuschichten. Es werden im wesentlichen vier Abgrenzungskriterien genannt, wobei sich allerorten aber der Hinweis findet, daß im Einzelfall die Trennung zwischen rechtlichen und anderen Angelegenheiten nicht leicht sein wird:

– *Eine* Auffassung arbeitet mit dem Unmittelbarkeitskriterium. Es wird gefragt, ob die Tätigkeit sich *unmittelbar* mit der Rechtssphäre befaßt[36].
– Eine *zweite* Auffassung stellt darauf ab, ob die Besorgung der fremden Angelegenheit *überwiegend* auf dem wirtschaftlichen (anderen) Gebiet liegt[37]. Da nach der Rechtsprechung z.B. die Sanierung eines Unternehmens, die Schuldenregulierung pp. nicht überwiegend auf wirtschaftlichem Gebiete liegen soll[38], wird in diesen Tätigkeiten eine erlaubnispflichtige Rechtsberatung erblickt.
– Eine *dritte* Auffassung stellt auf den Verständnishorizont der Beteiligten ab. Z.B. formuliert das Landgericht (LG) Wuppertal[39] diesen Gedanken so:

  „Im übrigen liegt annähernd jeder Rechtsbesorgung ein mehr oder weniger starkes wirtschaftliches Interesse des Auftraggebers zugrunde, so daß es grundsätzlich bedenklich erscheint, je nach dem Grad dieses Interesses zwischen erlaubter Wirtschaftsberatung und unerlaubter Rechtsbesorgung zu unterscheiden. Von der Erlaubnispflicht werden allenfalls die Fälle auszunehmen sein, in denen sich eine mit einer Rechtsbesorgung verbundene wirtschaftliche Tätigkeit in rechtlich so geläufigen Formen abspielt, daß sie überhaupt nicht mehr als eine Betätigung auf rechtlichem Gebiet empfunden wird."

  Der Sachverhalt, um den es in dieser Entscheidung ging, war folgender:

„Ein Steuerberater hatte die Aufgabe erhalten, innerhalb einer Familie eine Willenseinigung über eine vorweggenommene Erbauseinandersetzung herbeizuführen oder eine solche Willenseinigung zumindest zu fördern. Die Tätigkeit des Steuerberaters war danach auf eine Änderung bestehender Rechtsbeziehungen gerichtet. Hierbei hat sich der Steuerberater nicht darauf beschränkt, die für das geplante Vertragswerk bedeutsamen wirtschaftlichen und steuerlichen Gesichtspunkte aufzuzeigen und es im übrigen den Beteiligten überlassen, danach ihre Entscheidung zu treffen. Im Vordergrund seiner Bemühungen stand vielmehr die Herbeiführung der rechtsgestaltenden Willenseinigung selbst."

– Der jetzt von Chemnitz[40] betreute Standardkommentar zum RBerG *schließlich* stellt auf die *Absichten* des Auftraggebers ab. Nimmt dieser den Beauftragten primär seiner Rechtskenntnisse wegen oder zur Realisierung seiner wirtschaftlichen Belange in Anspruch?

Wendet man diese Kriterien auf unser Problem an, so fürchte ich, wird die Antwort auf die Frage, ob der Mediator fremde *Rechts*angelegenheiten besorgt, bejahend ausfallen müssen, zumal Rechtsprechung und Literatur (was hier nicht im Detail belegt werden kann) insgesamt gesehen einen sehr restriktiven Kurs eingeschlagen haben, also die erlaubnispflichtige Besorgung von Rechtsangelegenheiten im Zweifel eher annehmen als verneinen[41]. Zwar wird man argumentieren können, daß die Weckung und Stärkung der Privatautonomie der Parteien, um es in der Sprache des Gesetzes zu formulieren, eine „Angelegenheit" ist, die überwiegend auf pädagogisch-therapeutischem Gebiet liegt und deshalb nach dem zweiten, oben aufgeführten Kriterium keine Rechtsangelegenheit darstellt. Indes bliebe dabei unberücksichtigt, daß es eben um Autonomie im wortwörtlichen Sinn, um die Ermöglichung der Schaffung selbst-gesetzten Rechts geht, und daß das allen Beteiligten klar vor Auge stehende Ziel von Mediation gerade in dieser Rechtsgestaltung besteht. Sicherlich ist richtig, daß dem gewissermaßen in der Alltagssprache formulierten Memorandum förmliche Dignität erst im anschließenden justitiellen Verfahren durch Abschluß der in der elaborierten Fachsprache abgefaßten Scheidungsvereinbarung zuwächst; aber diese nachträgliche Kontrolle ändert nichts daran, daß die eigentliche Verhandlungsarbeit über die Begründung und Gestaltung der nachehelichen Rechte und Verantwortlichkeiten bereits im vorangehenden mediativen Verfahren geleistet worden ist und auch geleistet werden soll.

Mediation und die Ausnahmeregel des § 5 RBerG

Der dritte und letzte Gesichtspunkt betrifft die Ausnahmeregelung in § 5 des RBerG: Diese Ausnahmeregelung beruht auf der Erwägung – so der Bundesgerichtshof[42] in einer Entscheidung aus dem Jahre 1954 –, *„daß sich zahlreiche Berufe ohne gleichzeitige rechtliche Beratung nicht immer sachgemäß ausüben lassen. Deshalb erlaubt es § 5 Nr. 1 allgemein jedem kaufmännischen und gewerblichen Unternehmer, die rechtlichen Angelegenheiten eines Kunden zu erledigen, die mit dem eigentlichen Geschäft des Betriebes in unmittelbarem Zusammenhang stehen. Der Sinn dieser Vorschrift kann nur der sein, daß einem Unternehmer die Ausübung seines Berufs nicht deshalb durch § 1 unmöglich gemacht wird, weil hiermit gleichzeitig eine rechtliche Tätigkeit verbunden ist.“*

Der in dieser Formulierung enthaltene Gedanke ist nach allem, was wir bisher über Mediation gehört haben, auf die Mediation ohne weiteres übertragbar: Auch Mediation läßt sich sinnvoll ohne gleichzeitige rechtliche Beratung nicht ausführen. Dennoch bestehen, wie ich meine, unüberwindbare Barrieren, um auf diese Weise die Legalität der Rechtsbesorgung bzw. Rechtsberatung durch den Mediator, der kein Rechtsanwalt ist, zu begründen.

Zum *einen* ist der Personenkreis, auf den die Ausnahmeregelung des § 5 RBerG zutrifft, vom Gesetzgeber bewußt enggehalten worden. Er nennt dafür kaufmännische oder sonstige gewerbliche Unternehmer (Nr. 1), Wirtschaftsprüfer (Nr. 2) sowie Vermögensverwalter und Hausverwalter (Nr. 3). Die freien Berufe, um die es hier geht, sind dort nicht aufgeführt[43]. Obwohl § 5 RBerG – übrigens auch vom Bundesgerichtshof[44] – als Ausnahmetatbestand charakterisiert wird[45] und daraus allgemein die Folgerung gezogen wird, daß er eng auszulegen sei[46], sind Anzeichen für vorsichtige Korrekturen des Gesetzestextes durch die Rechtsprechung erkennbar. So hat der Bundesgerichtshof[47] entschieden, daß ein Architekt im Rahmen seiner Berufstätigkeit den Bauherrn in bestimmten Fällen rechtlich beraten darf, ja sogar beraten muß, weil er andernfalls seinen Pflichten gegenüber dem Bauherrn nicht nachkommt. Der BGH läßt in dieser Entscheidung dahingestellt, ob § 5 RBerG analog anzuwenden ist oder ob schlechthin eine Ausnahme von § 1 RBerG zu machen ist (beide Ansätze laufen im Ergebnis auf dasselbe – eine erlaubnisfreie rechtliche Beratung – hinaus). Wenn ich gleichwohl zögere, über diese vorsichtigen Korrekturen hinaus[48] bereits de lege lata immer dann schon eine generelle Freistellung von der Erlaubnispflicht des RBerG anzunehmen, wenn ein Beruf nicht ohne rechtliche Beratung sachgemäß ausgeübt werden kann, dann hängt dies im wesentlichen mit zwei Gründen zusammen:

- *Erstens* ist, worauf der BGH in diversen Urteilen abhebt, das Berufsbild z. B. des Architekten oder des Wirtschaftsprüfers deutlich konturiert. Das läßt sich in dieser Weise für den Mediator gerade nicht sagen; wir stehen hier ja gerade vor der Entscheidung, ob Mediation mit oder ohne begleitende anwaltliche Beratung zu erfolgen hat.
- Der *zweite* Gesichtspunkt ist noch bedeutungsvoller. Wie das Bundesverfassungsgericht in seinen Entscheidungen gerade auch zum RBerG festgestellt hat, ist es Aufgabe des Gesetzgebers, Berufsbilder zu fixieren, Qualifikationen festzulegen und solchermaßen „bestimmte wirtschafts-, berufs- und gesellschaftspolitische Zielvorstellungen und Leitbilder" durchzusetzen „und damit in den Rang wichtiger Gemeinschaftsinteressen"[49] zu erheben. Das ist natürlich auch im RBerG geschehen. Eine korrigierende Gesetzesauslegung gegen den Gesetzeswortlaut ist dem Richter, der ja aufgrund des Gewaltenteilungsprinzips die Entscheidung des Parlaments zu respektieren hat, aber prinzipiell verwehrt, zumal wenn man sich deutlich macht, daß hier andere kooperative Arbeitsformen (Mediator und Anwalt) zur Verfügung stehen und die vom RBerG gewollte professionelle Qualität der Rechtsberatung bei generalisierender Ausdehnung des oben bezeichneten, für sich genommen durchaus plausiblen Grundgedankens praktisch unterlaufen werden könnte.

Zum *andern* bestehen auch Zweifel, ob die rechtliche Beratung im Rahmen der Mediation nur bloße *Hilfs*- oder *Neben*tätigkeit in deren Rahmen ist. Es entspricht nämlich ständiger Rechtsprechung, daß dann, wenn die rechtliche Beratung keine untergeordnete Hilfstätigkeit mehr ist, sondern ein „gewichtiger und vollwertiger Teil der gesamten Beratungstätigkeit" die Ausnahmeregelung des § 5 RBerG nicht eingreift[50]. Damit sind wir erneut bei der schon anfangs thematisierten Frage nach der Bezogenheit von Mediation auf das Recht angelangt. Wenn man, wie es hier geschehen ist, den Kern mediativer Tätigkeit in der (wort-wörtlich!) Autonomie der Parteien, also darin erblickt, daß sie unter der Beteiligung des Mediators das eigengesetzte Recht hervorbringen, dann wird man schwerlich sagen können, daß diese Tätigkeit, wenn sie nach den bisherigen Analysen Rechtsberatung genannt werden muß, nur eine untergeordnete Hilfstätigkeit ist. Sie ist im Gegenteil vielmehr der Kern mediativer Leistung.

Mediation als erlaubnispflichtige Rechtsbesorgung bzw. Rechtsberatung

Damit können wir ein *Fazit* ziehen: Wenn unser Verständnis von Mediation richtig ist, dann ist die auf die Weckung und Stärkung der Autonomie der Parteien gerichtete mediative Tätigkeit erlaubnispflichtige Rechtsbesorgung bzw. Rechtsberatung i.S. des RBerG[51].

Rechtsberatung und Mediation in der Jugendhilfe

Zu klären bleibt abschließend noch, ob sich an diesem Befund etwas durch das KJHG geändert hat. Erwähnt wurde bereits, daß in § 3 Nr. 1 des RBerG eine Ausnahmeregelung für die Rechtsberatung getroffen worden ist, *„die von Behörden im Rahmen ihrer Zuständigkeit ausgeübt wird"*. Heißt das nun, daß die Träger der Jugendhilfe, weil ihnen in §§ 17 Abs. 2, 28 KJHG die Aufgabe der Trennungs- und Scheidungsberatung zugewiesen worden ist, sie nunmehr auch zur Rechtsberatung befugt bzw. sogar verpflichtet sind? Soweit ersichtlich, ist diese Frage während des Gesetzgebungsverfahrens nicht thematisiert worden. Das spricht sicherlich für die Annahme, daß eine so revolutionäre Verpflichtung, die das bisherige Gefüge zwischen anwaltlicher Beratung und psychosozialer Betreuung durch die Jugendhilfe vollständig sprengen würde, vom Gesetzgeber nicht beabsichtigt war. Schaut man sich die Kommentierung zum RBerG an, muß man ein kaum entwickeltes Problembewußtsein, was unsere Frage anbelangt, registrieren. Einhellig wird dort nämlich die Auffassung vertreten, daß die Zuständigkeit (für Rechtsberatung) nicht nur dann gegeben sei, wenn die Behörden eine gesetzliche Pflicht zur Rechtsberatung haben (gemeint ist wohl: die Rechtsberatung ausdrücklich als Pflichtaufgabe genannt wird); vielmehr soll genügen, daß der Rechtsrat innerhalb des Aufgabengebietes der Behörde erteilt wird [52]. Man kommt also auch hier nicht um sehr grundsätzliche Erwägungen herum. In der gebotenen Kürze knüpfe ich an die schon erwähnten Darlegungen des BVerfG zur Fixierung von Berufsbildern durch den Gesetzgeber an[53]. Wenn der Gesetzgeber aus bestimmten berufs- und gesellschaftspolitischen Erwägungen verfassungskonform ein hohes professionelles Qualifikationsniveau für Rechtsberatung aufstellt, dann ist er, ohne daß ich dies hier noch näher begründen kann, an diese politische Wertentscheidung auch gebunden[54]. Durchbrechungen dieses Prinzips müssen zum einen aus rechtsstaatlichen Gründen klar und bestimmt sein; und zum andern müssen sie in Hinsicht auf die getroffene Wertentscheidung, deren Konsequenzen sich der Gesetzgeber nicht andernorts beliebig entziehen kann, präzis legitimiert werden können. Die ja faktisch uferlose Breite des Aufgabenfeldes öffentlicher Verwaltung würde sonst eine pauschale Rechtfertigung für das Unterlaufen der an die einzelnen Berufsbilder gestellten Anforderungen abgeben. Deshalb gilt das, was wir für die freiberufliche Mediation ausgeführt haben, auch für die durch Träger der Jugendhilfe ausgeübte Mediation: Mediative Tätigkeit als Rechtsberatung ist auch den Trägern der Jugendhilfe nicht gestattet[55].

Zwingende Beiziehung von Rechtsanwälten

Unsere Ausführungen bedeuten nun nicht, daß damit der Stab über Mediation gebrochen ist[56]. Sie stellen nur eine sehr umfänglich geratene Begründung für die Notwendigkeit dar, im Rahmen der Mediation, die ohne Rechtsberatung nicht auskommt, Personen beizuziehen, die zur Rechtsberatung befugt sind. Die berufene Person dafür ist der Rechtsanwalt; seine Beiziehung garantiert, um den Kreis zu schließen, nicht zuletzt auch die Fairneßkontrolle, von der wir anfangs sprachen[57].

Daraus *folgt*, daß wir Modell 1 (keine Beteiligung von Anwälten während der Mediation) nicht empfehlen können; die Modelle 2–4 entsprechen dagegen den von uns erarbeiteten Anforderungen. Allerdings stellen sich insoweit verwickelte straf- und berufsrechtliche Fragen, denen im nächsten Abschnitt genauer nachzugehen ist.

Parteiverrat und Anschein des Parteiverrats durch den Rechtsanwalt

Rechtslage

Das Strafgesetzbuch (StGB) normiert in § 356:

„Ein Anwalt ..., welcher bei den ihm in dieser Eigenschaft anvertrauten Angelegenheiten in derselben Rechtssache beiden Parteien durch Rat oder Beistand pflichtwidrig dient, wird mit Freiheitsstrafe von 3 Monaten bis zu 5 Jahren bestraft“.

Die Straftat heißt Parteiverrat oder Prävarikation.

Nach § 45 Nr. 2 der Bundesrechtsanwaltsordnung (BRAO)[58], die die Berufsrechte und Berufspflichten der Rechtsanwälte regelt, darf der Rechtsanwalt nicht tätig werden, *„wenn er eine andere Partei in derselben Rechtssache bereits im entgegengesetzten Interesse beraten oder vertreten hat"*.

Und schließlich heißt es in § 46 der Grundsätze des anwaltlichen Standesrechts:

„(1) Der Rechtsanwalt darf nicht tätig werden, wenn er selbst oder ein mit ihm in Sozietät oder in anderer Weise zu gemeinschaftlicher Berufsausübung verbundener Rechtsanwalt oder ein Partner seiner Bürogemeinschaft eine andere Partei in derselben Rechtssache bereits im entgegengesetzten Interesse, gleichviel in welcher Eigenschaft, beraten oder vertreten hat (vgl. § 45 Nr. 2 BRAO, § 356 StGB). Das gleiche gilt, wenn die Beratung durch einen Angestellten oder freien juristischen Mitarbeiter erfolgt ist. Auch soweit das Verhalten nicht strafbar ist, kann es standeswidrig sein (z. B. bei Fahrlässigkeit).

(2) ...

(3) Der Rechtsanwalt hat schon den Anschein der Vertretung widerstreitenden Interessen zu vermeiden."

Zwar hat das BVerfG in zwei aufsehenerregenden Entscheidungen aus dem Jahre 1987[59] diesen Grundsätzen, die weder Gesetz noch Satzung sind, ihre rechtserhebliche Funktion abgesprochen, aber gleichzeitig ausgeführt, daß bis zur Behebung dieses Mangels, z. B. durch eine Berufsordnung in Form von Satzungsrecht[60], auf diese Grundsätze zurückgegriffen werden kann. Jedoch sollen sich die Befugnisse der Kammern und Gerichte auf das *reduzieren*, was für eine geordnete Weiterführung eines funktionsfähigen Betriebes *unerläßlich* ist[61]. Da sowohl § 356 StGB als auch § 45 Nr. 2 BRAO *gesetzliche* Regelungen enthalten, bleiben diese von der Entscheidung des BVerfG unberührt. Zweifel bestehen bei dem „überschießenden Bereich", der Fahrlässigkeit und dem Anscheinsverbot. Hier vertritt der maßgebliche Kommentator zum anwaltlichen Standesrecht, Zuck[62], die Auffassung, daß auch diese Verbote für die Funktionsfähigkeit der Rechtspflege unerläßlich sind. Davon gehe ich auch bei meinen folgenden Darlegungen aus.

Welche Brisanz, vielen Anwälten nicht einmal bewußt, in dem Thema „Parteiverrat" steckt, wird einem deutlich, wenn man z. B. die Kommentierung des soeben erwähnten Zuck zu Fragen der einverständlichen Scheidung studiert. Ich zitiere dessen Empfehlungen wörtlich[63]:

„Meldet sich ein Ehepaar mit Scheidungsplänen in einer Anwaltskanzlei, vermeidet es der vorsichtige Anwalt schon, sie gemeinsam zu empfangen. Läßt es sich nicht umgehen, und folgen die Parteien nicht dem prinzipiell empfehlenswerten Rat, sich trotz der in ihrer Vorstellung bestehenden Einigkeit jeder durch einen eigenen Anwalt vertreten oder wenigstens beraten zu lassen, ist es für ihn ein unabdingbares Standesgebot, als erstes klarzustellen, wessen Vertretung er übernehmen soll, und das Gespräch von vornherein danach auszurichten. Tragen beide Eheleute ihr Anliegen gemeinschaftlich vor und wird erst am Ende dieser Unterredung festgelegt, wen der Rechtsanwalt im Scheidungsprozeß vertreten soll, liegt wegen Beratung beider schon die Gefahr zumindest des Anscheins eines Standesverstoßes gegen § 46 Abs. 3 vor. Denn die Einigkeit der Parteien über die Gestaltung des Scheidungsprozesses und die Begleitvereinbarung vermag den in der Sache liegenden Interessengegegensatz nicht auszuräumen."

Wenn die darin steckenden Thesen richtig sind, dann hieße dies, daß das Konzept der Modelle 3 und 4, in denen jeweils nur mit einem Anwalt während der Mediation gearbeitet wird, nach geltendem Recht keinen Bestand hätte.

Strafbarkeit vermittelnder Tätigkeit des Anwalts für beide Ehegatten?

Wie viele Diskussionen, so leidet m.E. auch die Diskussion über den Umfang des Parteiverrats an einem Mangel der zur Lösung der Sachprobleme unerläßlichen analytischen Differenzierung. Z.B. ist es *eine* Frage, ob der Anwalt, wenn die Parteien es wünschen, schlichtend, vermittelnd tätig werden darf; eine ganz *andere* Frage ist es, ob der als Schlichter, als Mediator angegangene Anwalt dann später im kontradiktorischen Verfahren einen der Beteiligten weiterhin beraten bzw. vertreten darf. Ich will deshalb Schritt für Schritt vorgehen und mit Blick auf die Anwaltsmediation (Modell 4) zunächst die Frage behandeln, ob sich der Rechtsanwalt womöglich wegen Parteiverrats strafbar macht, wenn er zwei scheidungswillige Ehepartner empfängt, von *beiden* Ehepartnern einen Auftrag erhält, sie bei der einvernehmlichen Lösung ihrer Trennungs- und Scheidungsfolgeprobleme schlichtend und vermittelnd zu unterstützen, wenn er dann beide unparteiisch und neutral über ihre Rechte belehrt, im Sinne der Mediation strikt auf die Wahrung und Stärkung der Autonomie der Parteien achtet und dann – als Abschluß dieser Anwaltsmediation – das von den Parteien gemeinsam erarbeitete Ergebnis in Form eines Memorandums zu Papier bringt. Wir befinden uns also – dies sei zur

Klarstellung noch einmal hervorgehoben – bislang noch in der mediativen Phase und klammern deshalb alle weiteren freien Fallgestaltungen, die sich aus der Weiterberatung bzw. -vertretung der Parteien in der von mir sog. justitiellen Phase ergeben, einstweilen bewußt aus.

Vermittlung gehört zum Berufsbild des Anwalts

Der Wortlaut des § 45 Nr. 2 BRAO bringt besser als die strafrechtliche Bestimmung des § 356 StGB zum Ausdruck, daß pflichtwidrig nur die Beistandsleistung bei entgegengesetzten Interessen der Parteien ist. Auch wenn die dogmatische Plazierung dieser Frage strittig ist, so besteht doch im Ergebnis jedenfalls Einigkeit darüber, daß interessengegensätzliches Handeln des Rechtsanwaltes Bestandteil des Tatbestandes des § 356 StGB ist[64]. Wir nähern uns dem soeben (2.2.) formulierten Problem nunmehr in der Weise, daß wir zunächst fragen, ob bei entgegengesetzten Interessen der Parteien womöglich *prinzipiell* die Einschaltung *eines gemeinsamen Anwaltes* verboten ist. Zurecht wird dies von Lehre und Rechtsprechung einhellig abgelehnt[65]; denn ein solches Verbot liefe der Sache nach auf das Verbot schlichtender bzw. vermittelnder Tätigkeit *schlechthin* durch den Rechtsanwalt hinaus. Es lohnt sich, die Gründe für dieses sich so einmütig einstellende ablehnende Urteil auf den Begriff zu bringen: Das Berufsbild des Anwalts ist eben nicht nur auf die einseitige Durchsetzung der einen Interessen gegen die anderen, in diesem Sinne: auf den „Kampf um das Recht"[66] fixiert, sondern es beinhaltet daneben auch Schlichtung, Vermittlung, Beratung und Gestaltung. Insofern spricht die BRAO in § 1 durchaus zutreffend von dem Rechtsanwalt als einem Organ der Rechts*pflege* und nimmt den darin enthaltenen Gedanken, daß Rechts*pflege* nicht mit Recht*sprechung* identisch ist, in § 3 in der Weise auf, daß der Rechtsanwalt beides ist: Ein unabhängiger *Berater* und ein unabhängiger *Vertreter* in allen Rechtsangelegenheiten. Tatsächlich macht denn auch, einer verdienstvollen Studie des Instituts für Freie Berufe der Universität Erlangen-Nürnberg zufolge[67], die außerforensische Konfliktregelung durch Anwälte – im Gegensatz zu vielfach anzutreffenden Vorurteilen – den weitaus größten Teil der anwaltlichen Tätigkeit aus, wobei ergänzend noch angemerkt sei, daß die geringste Wahrscheinlichkeit für eine außergerichtliche Konfliktregelung dann gegeben ist, wenn *beide* Parteien der Konfliktaustragung von je einem Anwalt vertreten werden. In Hinsicht auf diesen normativ und faktisch gleichermaßen gesicherten Befund läßt sich das Verbot schlichtender bzw. vermittelnder

Tätigkeit durch Anwälte um so weniger legitimieren, als es ja die konfligierenden Parteien selbst sind, die diese Vermittlung begehren, und schließlich deren *gemeinsames* Interesse an einer *einverständlichen* Konfliktlösung nicht einem berufsrechtlichen Purismus und Rigorismus geopfert werden darf. Man tut also gut daran, sich die Äquivokation des hier benutzten Wortes „Interesse" klarzumachen: Die den Konflikt auslösenden und deshalb entgegengesetzten Interessen sind deutlich zu trennen von dem gemeinsamen Interesse der Parteien an einer gütlichen Einigung. Wer als Anwalt einen Schlichtungs- oder Vermittlungsauftrag erhält und annimmt, ist damit selbstverständlich dem zuletzt genannten *gemeinsamen* Interesse der Parteien verpflichtet. Ist jedoch der Auftragsgegenstand in dieser Weise genau bestimmt und begrenzt, kann durch die Vermittlungs- und Schlichtungstätigkeit des Anwalts auch nicht das „Vertrauen der Allgemeinheit in die Zuverlässigkeit und Integrität der Anwalt- und Rechtsbeistandschaft"[68] erschüttert werden, das zu schützen die Funktion der straf- und berufsrechtlichen Bestimmungen über Parteiverrat ist.

„Inhärenter" Interessenwiderstreit im Scheidungsverfahren?

Soweit der allgemein konsentierte Ausgangspunkt. Mit der Frage, ob diese Erwägungen auch für die Beratung (und wir sprechen – noch einmal zur Klarstellung – zunächst über die Beratung im Vorfeld des justitiellen Verfahrens!) bei der beabsichtigten Trennung bzw. Scheidung von Ehepartnern Gültigkeit haben, sind wir beim Kern des Problems angelangt. Eine gewichtige Meinung in der Literatur verneint die Anwendbarkeit dieser Grundsätze im Trennungs- und Scheidungsverfahren, wobei allerdings zumeist nicht, jedenfalls nicht hinreichend deutlich, zwischen außergerichtlicher Beratung und gerichtlicher Vertretung differenziert wird. So räumt z. B. ein so bedächtiger und abwägender Kommentator des Strafgesetzbuches wie Lackner[69] zwar ein, daß das Einverständis des Auftraggebers in Ausnahmefällen (er scheint an Vergleichsverhandlungen zu denken) den Interessengegensatz als solchen beseitigen kann. Er meint jedoch, daß die einverständliche Scheidung (§ 630 ZPO) nicht ein solcher Ausnahmefall sei, und zwar – ich zitiere wörtlich – *„weil die Struktur des Scheidungsverfahrens infolge des ihm zugrundeliegenden Allgemeininteresses an der Eheerhaltung auch für die Scheidungswilligen einen Interessengegensatz begründet"*. Man kann den darin steckenden Grundgedanken vielleicht so formulieren: Weil die Eheauflösung und weil die Scheidungsfolgen jedenfalls partiell der „freien partnerschaftlichen Verfügung“ entzogen sind, ja in Hinsicht auf die verfassungsrechtlichen Vorgaben (Art. 6 GG) entzogen sein müssen, ist – mangels Dispositionsmacht der Parteien – ein Gegenstand, über den sich die Parteien gütlich einigen können und dürfen, gar nicht vorhanden. Weil es aber – so würde wohl weiter argumentiert werden müssen – nichts gibt, das der Parteieneinigung zugänglich ist, gibt es auch kein gemeinsames Interesse. Fazit: Folglich sind die Interessen notwendig entgegengesetzt.

Ich habe mich bemüht, die der vorgestellten Rechtsauffassung zugrundeliegende Argumentation so fair, aber auch so präzis wie möglich zu rekonstruieren. Diese Rekonstruktion zeigt aber m.E. auch überdeutlich die inhaltliche und logische Unhaltbarkeit dieser Gedankenkette auf.

Zunächst zum Logischen: Weder folgt aus der Tatsache, daß bestimmte Punkte der Privatautonomie der Parteien entzogen sind, daß es deshalb nicht gemeinsame Interessen der Parteien gibt; noch folgt aus der Tatsache, daß ein gemeinsames Interesse wegen der Grenzen privater Dispositionsmacht nicht unmittelbar realisiert werden kann, daß deshalb die Interessen notwendig entgegengesetzt sind. Es sind dies schlicht zwei verhängnisvolle, elementare logische Denkfehler. Hinzu kommt ein Drittes, das wiederum aus der Äquivokation des Wortes „Interesse“ resultiert. Das Interesse des Staates an der Eheerhaltung, so wie es in § 1353 Abs. 1 S. 1 BGB zum Ausdruck kommt, ist ein *hoheitliches* Interesse, das mit dem privaten Interesse, das die Ehepartner bei einer einverständlichen Ehescheidung verfolgen, eben nur den Namen gemein hat. Wenn bislang von Interessengegensatz gesprochen worden ist, dann waren damit aber immer konfligierende private Interessen gemeint; unter der Hand ist aus *diesem* Interessengegensatz ein Gegensatz zwischen hoheitlichen und privaten Interessen geworden – ein Bedeutungswandel, der nicht bemerkt worden ist, weil eben dasselbe Wort, aber in unterschiedlichem Sinn benutzt worden ist.

Sodann zum Inhaltlichen: Zunächst *einmal* trifft es einfach nicht zu, daß Trennung und Scheidung der Verfügungsmacht der Parteien entzogen sind. Richtig ist lediglich die Aussage, daß die Verfügungsmacht der Parteien *begrenzt* ist. Und selbstverständlich kann nur in diesem begrenzten Rahmen verhandelt und sich vertragen werden. Nicht einsichtig ist aber, wieso aus der Tatsache, daß jenseits dieser Grenzen Verhandlungen nicht möglich sind, gefolgert wird, daß dann auch innerhalb dieser Grenzen nicht verhandelt werden kann (es sei denn, man beginge einen weiteren logischen Fehler).

Zum *zweiten* legt die zitierte Formulierung den Verdacht nahe, daß die grundlegende Differenzierung zwischen Beratung und Vertretung, zwischen, wie wir es genannt haben, mediativem und justitiellem Verfahren nicht beachtet worden ist. Weil – so scheint der Gedankengang zu sein – das *gerichtliche* Verfahren als Amtsverfahren (vgl. § 616 ZPO), das Elemente sowohl der streitigen (§ 608 ZPO) als auch der freiwilligen (§ 621a ZPO) Gerichtsbarkeit miteinander kombiniert, ausgestaltet ist, sei für eine von der Privatautonomie beherrschte, also gerade dem Amtsermittlungsgrundsatz entzogene außergerichtliche Einigung kein Raum. Dieses Argument verkennt die originären unterschiedlichen Logiken von mediativem Verfahren auf der einen und justitiellem Verfahren auf der anderen Seite; der Schluß von dem einen auf das andere ist unzulässig. Das ist im übrigen für den von uns gewählten Ausgangsfall unserer Überlegungen ganz evident: Das außergerichtliche Bemühen des Anwalts um eine gütliche Einigung der Parteien ist nicht deshalb Parteiverrat, weil sich die Parteien möglicherweise später (nämlich bei Scheitern der Vergleichsverhandlungen) im Verfahren der streitigen Gerichtsbarkeit als Gegner gegenübersitzen und jeweils ihre (Ausgangs-)Interessen einseitig verfechten. Was dort gilt, hat aber ebenso Berechtigung für Trennung und Scheidung; deshalb konnte, was kaum Beachtung gefunden hat, der Bundesgerichtshof schon in einer seiner frühesten Entscheidungen zum Parteiverrat völlig zurecht ausführen:

„Zwar war es standes- und strafrechtlich nicht zu beanstanden, daß er [der Anwalt] sich um einen Ausgleich zwischen den Parteien, namentlich um das Zustandekommen eines Unterhalts- und Sorgerechtsvergleichs, bemühte; zu diesem Zweck durfte er auch mit der Frau in Verbindung treten. Das Ehescheidungsverfahren ist dagegen eine Angelegenheit der streitigen Gerichtsbarkeit; eine ‘einverständliche Scheidung’ liegt nicht mehr im Rahmen der ausgleichenden Tätigkeit des Anwalts.“[70]

Ich will das kurz exemplifizieren. Das Gesetz sieht bekanntlich vor, daß das Gericht von einem übereinstimmenden Vorschlag der Eltern zur elterlichen Sorge für ein gemeinschaftliches Kind nur abweichen soll, wenn dies zum Wohle des Kindes erforderlich ist (§ 1671 Abs. 3 S. 1 BGB). Obwohl – aus verfassungsrechtlichen Gründen – das Kindeswohl der Verfügungsmacht der Eltern letztlich entzogen ist, obwohl der Richter deshalb an den gemeinsamen Vorschlag der Eltern nicht gebunden ist und obwohl über die elterliche Sorge in einem von dem Amtsermittlungsgrundsatz beherrschten, den Regeln der freiwilligen Gerichtsbarkeit unterstellten Verfahren (§§ 621 Abs. 1 S. 1, 621 a Abs. 1 ZPO; 616 ZPO; 12 FGG) befunden wird, können die

Eltern nicht nur ein gemeinsames Interesse an einverständlicher Regelung der Sorgerechtsfrage haben; ja es wird von ihnen sogar, wie das gesetzliche Programm (§§ 1671 Abs. 3 S. 1 BGB; 630 Abs. 1 Nr. 2 ZPO und jetzt § 17 Abs. 2 KJHG) zeigt, geradezu erwartet, daß sie sich um eine solche einverständliche Regelung bemühen.

Legalität rechtlicher Beratung beider Parteien durch einen Anwalt

Damit ist, wie ich meine, die Legalität der Beratung *beider* Parteien durch *einen* Anwalt mit dem Ziel, zwischen den Parteien eine einverständliche Regelung der Trennungs- und Scheidungsfolgesachen zu erzielen, dargetan. Ich möchte vorsorglich nur noch zwei Selbstverständlichkeiten zur Vermeidung von Mißverständnissen ausdrücklich benennen:

– Die *eine* hat bereits das Reichsgericht in einer ungewöhnlich ausführlich begründeten Entscheidung aus dem Jahre 1928 in aller wünschenswerten Deutlichkeit hervorgehoben. Es heißt dort: „*Wohl kann eine beratende Berufstätigkeit des Rechtsanwalts zwei Parteien, die an sich entgegengesetzte Interessen haben, im Interesse beider Parteien gewährt werden, so daß die Raterteilung an die eine Partei, dem Endziel nach, nicht im entgegengesetzten Interesse der anderen Partei erfolgt, mag es auch der Einigungszweck erforderlich machen, daß im Laufe der Verhandlung der einen oder der anderen oder beiden Parteien ein Aufgeben von Ansprüchen zugunsten der Gegenpartei zugemutet wird. Voraussetzung hierfür ist aber, daß entweder beide Parteien übereinstimmend den Rat desselben Anwalts, dem sie beide vertrauen, einholen ..., oder daß die beiderseitigen Interessen übereinstimmend auf eine angemessene Beilegung des Streites gehen und der Anwalt mit Zustimmung des ursprünglichen Auftraggebers zum Zwecke der Herbeiführung eines gerechten Ausgleichs beide Parteien berät.*“[71]
– Die *andere* Selbstverständlichkeit ist, daß das, was *zwingend* gesetzlich geregelt ist, natürlich auch nicht zum Gegenstand von Verhandlungen gemacht werden kann. Wenn beispielsweise das Gesetz in § 1566 Abs. 1 BGB das einjährige Getrenntleben zu einer zwingenden Tatbestandsvoraussetzung für eine einverständliche Scheidung ausgestaltet hat, dann sind darüber Verhandlungen nicht möglich; und selbstverständlich ist es Recht und Pflicht des Richters, ggf. diesen Punkt von Amts wegen zu erforschen. Weil der Kontext mancher Darlegungen zu unserer Fragestellung diese Assoziationen weckt, soll hier explizit ausgesprochen werden, daß die Lega-

lität außergerichtlicher Vergleichs- und Scheidungsbemühungen durch einen Anwalt (selbstverständlich!) nicht den Gesetzes*bruch* deckt. Daß dies mitunter, vor allem in Strafsachen[72], in der Praxis nicht hinreichend beachtet wird und teilweise sogar die Rechtsprechung sehr lax urteilt, steht wiederum auf einem anderen Blatt.

Weitervertretung oder -beratung nach Mediation durch den gleichen Anwalt?

Zum Abschluß der Ausführungen zum Parteiverrat des durch beide Parteien beauftragten einen Anwalts müssen wir noch auf die Frage der Weitervertretung bzw. -beratung *einer* der Parteien nach Abschluß der Mediation eingehen.

Dabei besteht über *eine* Konstellation weitgehend Einigkeit: *„Scheitert der Vergleich, gelingt er nicht vollständig oder entbrennt auf der Grundlage des Vergleichs neuer Streit zwischen den Parteien, so darf der Rechtsbeistand keine Partei gegen die andere vertreten"* (Hübner[73]), wenn er, wie von uns angenommen, von beiden Parteien mit der Anwaltsmediation beauftragt gewesen war. Die Begründung dafür liegt auf der Hand und ist vom Landgericht Hamburg unter Bezug auf den Schutzzweck der Strafbestimmung des § 356 StGB (Parteiverrat) so formuliert worden:

„Der würdelose, für das Ansehen der Anwaltschaft als wichtigem Organ der Rechtspflege schädliche Eindruck, als stehe ein Anwalt für Geld selbst gegen den bis dahin von ihm betreuten Mandanten als willfähriges Instrument zur Verfügung, entsteht ... auch dann, wenn ein Anwalt, der ... von zwei Parteien als Berater berufen worden ist, der die Interessen einer jeden Partei im Auge haben und billig berücksichtigen sollte, sich bei einem anschließenden Streit in der nämlichen Angelegenheit in die Rolle eines einseitig orientierten Interessenvertreters einer dieser Parteien begibt."[74]

Wir können ergänzen: Die Verfahrenslogiken, die Interessen und dementsprechend die Rollen, die er Anwalt einnimmt, sind in den beiden Verfahren tatsächlich divergent. Das mediative Verfahren gründet sich auf Vertrauen, Aussprache, Offenheit und Bemühen um billigen Ausgleich; dementsprechend ist der Anwalt dort schlichtend, vermittelnd, voll Verständnis für die beiderseitigen Bedürfnisse und Ansprüche tätig. Damit die Vermittlung gelingt, müssen die Ausgangsinteressen der Parteien in ein gemeinsames Interesse an einer einverständlichen Regelung „mediatisiert" werden. Das streitige Verfahren gründet sich demgegenüber auf antipodische Eigenschaften:

Mißtrauen und Abschottung, Taktik und Raffinesse, rigorose Geltendmachung und Durchsetzung des eigenen Standpunktes. Der Anwalt ist dementsprechend dort Kämpfer für das „Recht" seines Mandanten, dessen originäre Interessen er „unvermittelt" in einseitiger Parteinahme wahrzunehmen und durchzusetzen hat. Hat man sich dies einmal klargemacht, dann kann das Urteil nicht zweifelhaft sein: Ein schwererer Verrat als der, daß man einen Menschen zunächst ins Vertrauen zieht, um dann das, was man unter dem Schutz dieses Vertrauens vertrauensvoll erfahren hat, gegen den Vertrauenden mit strategischem Raffinement zu verwenden, ist kaum vorstellbar. Es sollte im Interesse des „Vertrauens der Allgemeinheit in die Zuverlässigkeit und Integrität der Anwalt- und Rechtsbeistandschaft"[75]) strikt unterbunden werden.

Noch ein letzter Blick auf die *zweite* Konstellation, die Weitervertretung *einer* Partei bei gelungener Mediation (was ja bedeutet, daß die andere Partei mit dieser Weitervertretung, weil sie in ihrem Interesse liegt und sich nicht gegen sie richtet, einverstanden ist). Ein Parteiverrat scheidet hier aus, da die Interessen der Parteien offensichtlich *gleichgerichtet* sind. Jedoch ist sicherlich erörterungswürdig, ob nicht auch eine solche Praxis im Hinblick auf das Verbot des *Anscheins* von Parteiverrat besser von vornherein unterbunden werden sollte. Das ist eine standesrechtliche bzw. standespolitische Frage, deren Erörterung außerhalb des Themas meines Beitrags liegt.

Fazit

Damit kann, auch wenn nicht allen Verästelungen der Fragestellung nachgegangen werden konnte, folgendes Fazit, das immerhin die grobe Richtung angibt, gezogen werden:

- *Modell 1* wirft im Hinblick auf Parteiverrat keine Probleme auf, da beide Parteien nur während des justitiellen Verfahrens durch je einen Anwalt vertreten sind.
- Da die Beratung *beider* Parteien durch einen Anwalt *während* der Mediationsphase erlaubt ist, bestehen gegen das *Modell 3* und gegen das *Modell 4* insoweit keine Bedenken. Scheitert die Mediation, ist die Weitervertretung bzw. -beratung einer der Parteien durch den während der Mediation hinzugezogenen Anwalt *(Modell 3)* bzw. den Anwaltsmediator *(Modell 4)* verboten. Gelingt dagegen die Mediation, so wirft die Weitervertretung eines der Beteiligten allenfalls standesrechtliche Probleme, die wir aber nicht weiter behandelt haben, auf.

- Problemlos ist schließlich auch das *Modell 2* bei Gelingen der Mediation und zwar hier (beide Parteien sind ja anwaltlich beraten und vertreten), was das justitielle Verfahren anbelangt, auch unter standesrechtlichen Gesichtspunkten. Weiterer Diskussion, vor allem aber auch der praktischen Anschauung und Erfahrung, bedarf insoweit jedoch der Fall des Mißlingens der Mediation. Denn wenn der Anwalt an der Mediation beteiligt ist bzw., soll die Mediation gelingen, beteiligt werden *muß*, dann stellt sich jedenfalls ab einem bestimmten Grad der Einbeziehung des Anwalts in die Mediation zwangsläufig das Problem, das wir oben ausführlich behandelt haben, nämlich das Problem der Unvereinbarkeit der Rollen des mediativen und des konfliktiven Anwalts.

Schweigepflicht und Datenschutz; Zeugnispflicht, Zeugnisverweigerungsrecht, Zeugnisverweigerungspflicht

Mediation durch Jugendhilfe

Der Problemkreis „Mediation durch Jugendhilfe" (Modell 5) soll nur noch in sehr gedrängter Form behandelt werde.

Als bereits erarbeitetes Ergebnis ist festzuhalten: Mediative Tätigkeit als Rechtsberatung ist den Trägern der Jugendhilfe nicht gestattet, und deshalb gilt das, was für die freiberuflich ausgeübte Mediation gilt, auch für die durch die öffentliche bzw. freie Jugendhilfe ausgeübte Mediation: Die Beteiligung eines oder mehrerer Anwälte während der Mediation ist unerläßlich.

Mediation nach KJHG als freiwilliges Hilfsangebot

Bei der Vorstellung des Modells 5 sind bereits die großen Strukturen des KJHG aufgezeigt worden, so daß hier bloß nochmals darauf verwiesen sei. Scheidungs- und Trennungsberatung gehört nach der Konzeption des KJHG zu den „Leistungen" der öffentlichen und freien Jugendhilfe, also zur *schlichten*, nicht in die Freiheitssphäre des Bürgers eingreifenden, hoheitlichen Verwaltung. Für diesen Bereich gelten insbesondere die Prinzipien der Partizipation und der Freiwilligkeit. Das ändert sich im Bereich der hoheitlichen Eingriffsverwaltung, vom KJHG als „andere Aufgabe" der Jugendhilfe bezeichnet. Dazu zählt insbesondere die Mitwirkung der Jugendämter im gerichtlichen Verfahren; die dafür einschlägigen Vorschriften (§ 50 ff. KJHG; 49a

FGG) erwähnen die Trennungs- und Scheidungsberatung nicht. Trennungs- und Scheidungsberatung ist also nach der eindeutigen gesetzlichen Systematik des KJHG als freiwilliges Hilfsangebot der Verwaltung, nicht aber als Zwangsveranstaltung zur Ermöglichung oder Erleichterung gerichtlicher Entscheidungsfindung konzipiert.

Schweigepflicht und Datenschutz

Mit dieser *doppelten* Aufgabenstellung der *öffentlichen* Jugendhilfe ist die Schweigepflicht- und Datenschutzproblematik geradezu vorprogrammiert: Soweit die öffentliche Jugendhilfe die Trennungs- und Scheidungsberatung als „Leistung" anbietet, ist sie auf Freiwilligkeit und Offenheit, auf umfassende Information und personale Zuwendung derjenigen Menschen, die diese Beratung in Anspruch nehmen, angewiesen. All diese Tugenden, ohne die Beratung nicht funktionieren kann, gehen aber zu Bruch, wenn sich nicht der Hilfesuchende auf die Verschwiegenheit des Beraters verlassen kann. Juristisch gewendet bedeutet dies: Der Berater muß von Rechts wegen verpflichtet sein zu schweigen und das Zeugnis vor Gericht auch verweigern können. Denn so wie sich, wie wir gesehen haben, die Rollen des mediativen und des konfliktiven Anwalts nicht miteinander vertragen, so vertragen sich auch nicht die Rollen des mediativ auf der einen und des womöglich gegen die Interessen des Hilfesuchenden agierenden Beraters auf der anderen Seite.

Helfende und ermittelnde Tätigkeit der Jugendämter

Anders als bei der Jugendgerichts- und der Bewährungshilfe, deren *Rollenambivalenz* bekanntlich erhebliche Schwierigkeiten in der Praxis aufwirft[76], hat der Gesetzgeber die Problematik im KJHG durch eine wohl einmalig rigorose Datenschutzvorschrift zu lösen versucht. Er hat in § 65 KJHG folgendes normiert[77]:

„Besonderer Vertrauensschutz in der persönlichen und erzieherischen Hilfe

Personenbezogene Daten, die dem Mitarbeiter eines Trägers der öffentlichen Jugendhilfe zum Zwecke persönlicher und erzieherischer Hilfe anvertraut worden sind, dürfen nur offenbart werden

1. mit der Einwilligung dessen, der die Daten anvertraut hat oder

2. dem Vormundschafts- oder dem Familiengericht zur Erfüllung der Aufgaben nach § 50 Abs. 3, wenn angesichts einer Gefährdung des Wohls eines Kindes oder eines Jugendlichen ohne diese Mitteilung eine für die Gewährung von Leistungen notwendige gerichtliche Entscheidung nicht ermöglicht werden könnte oder

3. unter den Voraussetzungen, unter denen eine der in § 203 Abs. 1 oder 3 des Strafgesetzbuches genannten Personen dazu befugt wäre."

Die Vorschrift zielt vor allem auf die Beratungsleistungen der öffentlichen Jugendhilfe und bewirkt, daß – von sehr gravierenden Ausnahmefällen abgesehen – praktisch keines der personenbezogenen Daten, die im Rahmen der Beratung dem Berater bekannt geworden sind, offenbart werden dürfte. Diese datenschutzrechtliche Vorschrift zieht in rigoroser Schärfe zwischen der *helfenden* und der *ermittelnden* Tätigkeit der Jugendämter eine trennscharfe Linie und zwingt diese so zur funktionalen Trennung der familiengerichtlichen Aufgaben (§ 50 KJHG) einerseits und der Beratungsaufgaben (§ 17 KJHG) andererseits, weil gemäß dem in § 65 KJHG niedergelegten *Zweckbindungsgrundsatz* Daten aus dem einen Verfahren nicht in das andere Verfahren transportiert werden dürfen[78]. Weil nach der Rechtsprechung des Bundesverfassungsgerichts bei Gefahren für das Recht auf informationelle Selbstbestimmung auch geeignete *organisatorische* Vorkehrungen zum Schutz des allgemeinen Persönlichkeitsrechts getroffen werden müssen[79], ist bei der Etablierung von Trennungs- und Scheidungsberatung im Bereich der öffentlichen Jugendhilfe durch wirkungsvolle Organisations- und Institutionsplanung sicherzustellen, daß ein persönlichkeitsrechtlich unzulässiger Datentransport nicht möglich ist. Mit diesem allerdings zentralen Hinweis auf die rechtlichen Grundlagen solcher Insitutionalisierung will ich mich an dieser Stelle begnügen.

Freie Jugendhilfe

Entschärft ist das datenschutzrechtliche Problem für die Träger der *freien* Jugendhilfe. Sie sind ja, jedenfalls in der Regel, nicht am gerichtlichen Verfahren beteiligt und folglich vom Familiengericht auch nicht zu hören (§ 49 a FGG). Der für die Träger der *öffentlichen* Jugendhilfe wegen ihrer Aufgaben*doppelung* typische *Rollenkonflikt* besteht für sie nicht; denn ihre Funktion ist primär Hilfe und nicht ermittelnde bzw. unterstützende Tätigkeit für die Gerichte.

Behördeninterne Schweigepflicht

Die datenschutzrechtliche Bestimmung des § 65 KJHG erfährt eine flankierende Absicherung durch die strafrechtliche Bestimmung des § 203 Abs. 1 Nr. 4 StGB, nach der Ehe-, Erziehungs-, Jugend- und jetzt auch: Familienberater, die unbefugt ein fremdes Geheimnis offenbaren, wegen Verletzung von Privatgeheimnissen bestraft werden können. Die Schweigepflicht des Beraters, dies sei in Hinsicht auf das soeben erwähnte Zweckbindungsprinzip noch einmal ausdrücklich hervorgehoben, besteht auch gegenüber dem Kollegen oder der Kollegin in derselben Behörde, die im Auftrag des Familiengerichts ermittelnde und unterstützende Tätigkeit ausübt und die deshalb ihrerseits – das versteht sich von selbst – aufgrund ihrer Mitwirkungspflicht gegenüber dem Gericht auskunftspflichtig ist.

Zeugnisverweigerungsrecht

Mit der materiell-rechtlichen Schweigepflicht korrespondiert das verfahrensrechtliche Zeugnisverweigerungsrecht. Über die in § 383 Abs. 1 Nr. 6 ZPO getroffene Regelung, die auch im Bereich der freiwilligen Gerichtsbarkeit Anwendung findet (§ 15 Abs. 1 S. 1 FGG) ist eine vollständige Korrespondenz gewährleistet; denn § 383 Abs. 1 Nr. 6 ZPO gewährt das Zeugnisverweigerungsrecht allen Personen, „denen kraft ihres Amtes, Standes oder Gewerbes Tatsachen anvertraut sind, deren Geheimhaltung durch ihre Natur oder durch gesetzliche Vorschriften geboten ist, in betreff der Tatsachen, auf welche die Verpflichtung zur Verschwiegenheit sich bezieht". Die Schweige*pflicht* spezialisiert sich im gerichtlichen Verfahren (wenn kein Rechtfertigungsgrund eingreift) zur Zeugnisverweigerungs*pflicht*. Keine Korrespondenz zwischen Schweigepflicht und Zeugnisverweigerungsrecht besteht dagegen im Strafverfahren. Ehe-, Erziehungs-, Familien- und Jugendberater, auch Sozialarbeiter und Sozialpädagogen, haben kein Zeugnisverweigerungsrecht (vgl. § 53 StPO), mit der Konsequenz, daß sie, sofern sie nicht Beamte oder andere Personen des öffentlichen Dienstes sind und ihnen eine Aussagegenehmigung nicht erteilt worden ist (vgl. § 54 StPO), als Zeugen vor Strafgerichten aussagen müssen und ihre Schweigepflichtverletzung mit Rücksicht darauf dann auch gerechtfertigt ist. Davon macht das Bundesverfassungsgericht nur unter ganz besonderen Umständen eine Ausnahme[80]; mit Blick auf die geschilderte rigorose Datenschutzbestimmung des § 65 KJHG und in Hinsicht auf den intimen Charakter der

Trennungs- und Scheidungsberatung wird zu prüfen sein, ob solche, vom BVerfG allerdings sehr rigoros gefaßten Ausnahmefälle hier bejaht werden können. Auch das ist ein weiteres schwieriges Problem, auf das ich aber, da es ohnehin das mir gestellte Thema nur am Rande berührt, hier nicht mehr näher eingehen kann.

Zusammenfassung

Zusammenfassend läßt sich sagen, daß das neue KJHG zur strikten funktionalen Trennung zwischen familiengerichtlichen Aufgaben auf der einen und Beratungsaufgaben auf der anderen Seite zwingt. Diese funktionale Trennung ist durch datenschutzrechtliche, strafrechtliche und – jedenfalls im Bereich der streitigen und der freiwilligen Gerichtsbarkeit – verfahrensrechtliche Normierungen abgesichert. Die Träger der öffentlichen Jugendhilfe müssen ihrerseits durch geeignete organisatorische Vorkehrungen die Möglichkeit des unkontrollierten Datenflusses zwischen diesen beiden Funktionen der öffentlichen Jugendhilfe unterbinden. Wird die Trennungs- und Scheidungsberatung durch Träger freier Jugendhilfe wahrgenommen, so ist die Gefahr der Verfahrensdiffusion weitgehend gebannt, da diese keine hoheitlich-eingreifende Tätigkeit wahrnehmen darf.

Zwangsmediation: eine rechtspolitisch zu empfehlende Alternative?

Wir wollen abschließend unsere rechtsdogmatischen Betrachtungen noch durch eine *rechtspolitische* Überlegung ergänzen. Bekanntlich sehen etliche amerikanische Staaten eine *obligatorische* Mediation in dem Sinne vor, daß kraft Gesetzes „in jeder streitigen Scheidungsfolgensache vor der eigentlichen gerichtlichen Verhandlung ein ernsthafter Vermittlungsversuch zu erfolgen hat". Eine Reihe weiterer amerikanischer Staaten räumt den Gerichten die Möglichkeit ein, eine solche Mediation anzuordnen[81]. Das geltende deutsche Recht sieht bei Scheidungsverfahren lediglich dann eine Aussetzungsmöglichkeit vor, wenn nach der freien Überzeugung des Gerichtes „Aussicht auf Fortsetzung der Ehe besteht" (§ 614 Abs. 2 S. 1 ZPO); und bei einer solchen Aussetzung „soll das Gericht in der Regel den Ehegatten *nahelegen*, eine Eheberatungsstelle in Anspruch zu nehmen" (§ 614 Abs. 5 ZPO). Mit anderen Worten: Eine spezielle Regelung für eine Mediation zum Zwecke der Einigung über die Scheidungsfolgen enthält das Gesetz nicht; allerdings werden durch die Regelung des § 614 die allgemeinen Vorschriften über das Ruhen des Verfahrens, insbesondere § 251 ZPO, „*das Gericht hat das Ruhen des Verfahrens anzuordnen, wenn beide Parteien dies beantragen und anzunehmen ist, daß wegen Schwebens von Vergleichsverhandlungen oder aus sonstigen wichtigen Gründen diese Anordnung zweckmäßig ist*", nach allgemeiner Auffassung nicht berührt. Ich meine, daß die bisherigen Ausführungen eines überdeutlich gemacht haben: Mediatives und justitielles Verfahren sollten strikt voneinander getrennt werden, da sie von unterschiedlichen Verfahrenslogiken beherrscht werden. Es ist dies letztlich der gemeinsame Grundgedanke, der sowohl das Gebot der strikten Trennung der Rollen von mediativem und konfliktivem Anwalt als auch die Entscheidung des Gesetzgebers des KJHG für die funktionale Trennung im Bereich der Jugendhilfe von Beratung und Gerichtshilfe trägt. Mediation beruht auf dem Prinzip der Freiwilligkeit; und dabei sollte es im Interesse der Reinheit und Klarheit der jeweils unterschiedlichen Prinzipien gehorchenden Verfahren bleiben. Das heißt natürlich nicht, daß das Gericht nicht „Empfehlungen" aussprechen, nicht Mediation, wie es in § 614 Abs. 5 ZPO so zutreffend heißt, „nahelegen" dürfen soll. In diesem Sinne gehen – wie ja generell im Zivilprozeß (§ 279 ZPO) – auch mediative Elemente in das förmliche justitielle Verfahren ein. Aber es ist ein gravierender Unterschied, ob das Recht *Anstöße* gibt, ob das Recht, wie es Teubner und Willke[82] formuliert haben, „strukturelle Voraussetzungen für *selbstregulatorische* Prozesse in anderen Sozialzusammenhängen" schafft, oder ob es dirigistisch plant und steuert und dadurch die Autonomie der Parteien, um die es ja geht, von vornherein untergräbt. Autonomie muß sich nun einmal in Freiheit, auch in äußerer Freiheit entfalten; und so wie der Satz „Du *sollst* lieben" eine paradoxe Verhaltensanforderung enthält, so offenbar paradox ist auch die *Pflicht*: „Seid autonom"[83]. Wo sich die Einsicht, daß selbstgesetztes Recht besser und befriedigender ist als hoheitlich verordnetes Recht, nicht herstellt oder nicht herstellen will, hilft auch der Hammer nicht. Er ist aber sehr wohl geeignet, beidem: dem mediativen und dem justitiellen Verfahren ihre je eigene Dignität zu nehmen.

Schlußbetrachtung

Die Quintessenz meiner Überlegungen läuft im Grunde genommen auf zwei einfache Maximen hinaus: Wir brauchen erstens *Professionalität* und zweitens *Verfahrens- und Rollenklarheit.* Das sind wir der Autonomie der Parteien schuldig. Professionalität aber wird nun einmal, da es um faire Rechtsschöpfung geht, in einer hoch professionalisierten Gesellschaft wie der unsrigen nur durch anwaltliche Beratung sichergestellt; und Verfahrens- sowie Rollenklarheit wiederum nur durch strikte und rigorose Trennung mediativer und agonaler Funktionen im Verfahren. Das war der Grundgedanke aller unserer Äußerungen, die das Ziel verfolgten, eine tragfähige Basis dafür zu erarbeiten, daß der zerstörerische und unmenschliche Kampf zwischen Ehepartnern bei Trennung und Scheidung ein Ende findet. Es war der Versuch, eine tragfähige *rechtliche* Basis für eine neue Rechtskultur, für ein anderes Verständnis von Recht, in Scheidungssachen zu erarbeiten. Es ist eine Illusion zu glauben (auch wenn ich das anarchistisch-romantische Gefühl, das die Quelle solcher Illusionen ist, gut nachvollziehen kann), daß diese neue Kultur des Sich-Vertragens, in deren Dienst sich das Recht stellt, in Front *gegen* das Recht entwickelt werden kann. Das liefe, wie man exemplarisch an der Datenschutzproblematik studieren kann, letztlich auf die Preisgabe elementarer rechtsstaatlicher Errungenschaften, auf eine gewaltige, freiheitsbedrohende Akkumulation von Macht in den Händen sich verbrüdernder Träger formeller und informeller Sozialkontrolle hinaus. Das wäre das Ende der Autonomie. Wer Autonomie der Parteien will und damit der Mediation im Rechtsstaat eine *Er-* und *Über*lebenschance eröffnen und sichern will, sollte sich deshalb nicht in eine falsche und verhängnisvolle Frontstellung gegen das Recht treiben lassen. Was wir deshalb nicht brauchen, sind *Alternativen* zum Recht, sondern ein *anderes* Recht. Nicht im *Schatten*, sondern im *Lichte* des Rechts mögen die Parteien fair verhandeln und sich so die ihnen gemäßen, gerechten Lösungen ihrer Konflikte erarbeiten. Vertrag heißt Sich-Vertragen; das müssen wir alle, vor allem aber die Juristen, wieder neu lernen.

Anmerkungen

1 Zur Einführung und als Überblick: Blankenburg, Klausa, Rotleuthner (Hrsg.) (1980); Gottwald (1981); Blankenburg, Gottwald, Strempel (Hrsg.) (1982); Röhl (1987), S. 509 ff.; Raiser (1987), S. 202 ff.
2 Falke, Gessner (1982), S. 291; s. ferner Gottwald (1981), S. 38 ff.; beide im Anschluß an die grundlegende Differenzierung bei Koch (1978), S. 85 ff.
3 Proksch (1989b), S.920.
4 Mähler, Mähler (1991), S. 154; s.a. Mähler/Mähler (1992b).
5 BVerfGE 81, 242 ff. (254). Vgl. dazu ausführlich Höfling (1991).
6 Folberg, Milne (Eds.) (1988), S. 9 f. („Divorce mediation furthers the policy of minimum state intervention").
7 Mnookin, Kornhauser (1979), S. 950 ff. Für das deutsche Recht vgl. nur die markante Formulierung des BVerfG in der Sorgerechtsentscheidung vom 3.11.1982: „Denn eine einverständliche Entscheidung der Eltern über den Sorgerechtsträger nach Scheitern und Scheidung ihrer Ehe spricht regelmäßig für die Wahrnehmung ihrer fortwirkenden Elternverantwortung" (BVerfGE 61, 358 ff., 374).
8 Überblick dazu bei Röhl (1987), S. 558 ff.; im speziellen s. vor allem Teubner, Willke (1984), S. 4 ff.; Teubner (1989).
9 Vgl. dazu das Diskussionsvotum von Rosellen (1980).
10 BVerfGE 81, 242 ff. (254 f.).
11 Vgl. Gottwald (1981) und Falke, Gessner (1982); s.a. Rotter (1976), insbes. S. 146 ff.; ferner sehr instruktiv Gussek (1972).
12 Ellscheid (1979), S. 55; s.a. Ellscheid (1985).
13 Mnookin, Kornhauser (1979).
14 Haffke (1991).
15 Luhmann (1980), S. 109.
16 Gottwald (1981), S. 42 ff.
17 Vgl. nur die Darstellung bei Röhl (1987), S. 176 ff.
18 So die Ausgangsformulierung in der berühmten Abhandlung von Luhmann (1978), S. 27.
19 Veröffentlicht als Band 3 der Schriftenreihe des Deutschen Familienrechtsforums (1982).
20 Eine sehr gute Orientierung liefert Lamnek (1994), S. 271 ff. und speziell zu Wiedergutmachung und Täter-Opfer-Ausgleich: S. 364 ff. Im übrigen sei angemerkt, daß eine Synthese der vielfältigen konvergenten Ansätze in den diversen Rechtsgebieten noch aussteht.
21 S. 129 ff. und S. 144 ff..
22 Vgl. jetzt § 59 a BRAO gem. Gesetz vom 2.9.1994.
23 Hier beziehe ich mich auf die Schaubilder in den Beiträgen von Mähler und Mähler „Zur Institutionalisierung von Mediation", S 35 ff., und „Zur Rolle des Rechts und der Rechtsanwälte", S. 53 ff. Das Schaubild auf S. 46, beschreibt das auch von mir dargelegte Spektrum von Mediation; das Schaubild auf S. 59 beschränkt sich dabei auf zwei Modelle, denen meine Modelle 2 und 4 entsprechen. Meine Schaubilder 1 und 3 sind nicht enthalten (weil in praxi offenbar nicht vertreten). Das Schaubild 5 schließt am Schaubild S. 46, 3. Spalte, an und schreibt diese fort.
24 ursprünglich vom 26. Juni 1990 (BGBl. I, S. 1163); nunmehr in der Neufassung vom 3. Mai 1993 (BGBl. I S. 637).
25 BR-Drucksache 503/89, S. 44 f.; BT-Drucksache 11/5948, Anlage 1, S. 142 f.
26 BVerfGE 65, 1 ff.

27 Vgl. BT-Drucksache 11/5948, Anlage 2, S. 123 sowie den 12. Tätigkeitsbericht des Bundesbeauftragten für den Datenschutz (BT-Drucksache 11/6458, S. 62 f.). Die einschlägigen Bestimmungen sind zwischenzeitlich durch das Erste und Zweite Gesetz zur Änderung des Sozialgesetzbuchs (BGBl. I, 1993, S. 239 ff.; BGBl. I, 1994, S. 1229 ff.) neu gefaßt worden.

28 Scil. mit vielfältigen nachfolgenden Änderungen, deren bedeutsamste die Schließung des Berufes des Vollrechtsbeistandes durch Art. 2 des 5. BRAGebO-ÄndG vom 18.8.1980 ist.

29 BVerfGE 41, 378 ff. (390). S. ferner die verfassungsgerichtlichen Leitentscheidungen vom 5. Mai 1987 in BVerfGE 75, 246 ff. und 284 ff.

30 Vgl. Altenhoff, Busch, Chemnitz (1993), Artikel 1 § 5, Rdnr. 501; BGH NJW 1989, 2125.

31 Vgl. die Nachweise bei Rennen, Caliebe (1992), Art. 1 § 8, Rdnr. 8. Aus der Rspr. vgl. BayObLG NStZ 1983, 512; OLG Stuttgart NJW 1992, 3051. Das für das frühere Recht einleuchtende Ergebnis „Teilnahme des Rechtsanwaltes an der Tat des ohne Erlaubnis Handelnden" ist durch die Einführung des Einheitstäterbegriffs und der in § 14 III, 2 OWiG getroffenen Regelung für das geltende Recht problematisch geworden (zur Gegenposition vgl. Altenhoff, Busch, Chemnitz, 1993, Artikel 1 § 8, Rdnrn. 755 ff.).

32 Vgl. BGH NJW 1956, 591. S. ferner BGH NJW 1989, 2125; Altenhoff, Busch, Chemnitz (1993), Artikel 1 § 1, Rdnrn. 46 ff.; Rennen, Caliebe (1992), Art. 1 § 1, Rdnrn. 17 f.

33 Altenhoff, Busch, Chemnitz (1993), Artikel 1 § 1, Rdnr. 37.

34 Vgl. etwa Altenhoff, Busch, Chemnitz (1993), Artikel 1 § 1, Rdnr. 63.

35 Vgl. Altenhoff, Busch, Chemnitz (1993), Artikel 1 § 1, Rdnrn. 65 ff.; Rennen, Caliebe (1992), Art. 1 § 1, Rdnrn. 15 f.

36 Nachweise bei Altenhoff, Busch, Chemnitz (1993), Artikel 1 § 1, Rdnr. 66.

37 Nachweise Altenhoff, Busch, Chemnitz (1993), Artikel 1, §1, Rdnrn. 67 ff.

38 Nachweise bei Altenhoff, Busch, Chemnitz (1993), Artikel 1 § 5, Rdnr. 565.

39 MDR 1959, 573; s.a. BGH NJW 1987, 3005.

40 Altenhoff, Busch, Chemnitz (1993), Artikel 1 § 1, Rdnrn. 70 ff.

41 Exemplarisch die beiden Entscheidungen des BGH in NJW 1987, 3003 und 3005.

42 BGHSt 6, 134 ff. (137 f.).

43 Vgl. Altenhoff, Busch, Chemnitz (1993), Artikel 1 § 5, Rdnrn. 532 ff.; Rennen, Caliebe (1992), Art. 1 § 5, Rdnrn. 11 ff.

44 Vgl. etwa BGHZ 102, 128 ff. (132, 134).

45 s.o. bei Fn. 30.

46 Vgl. Altenhoff, Busch, Chemnitz (1993), Artikel 1 § 5, Rdnr. 503 m.w.N. Bekanntlich ist dieser häufig zu lesende Satz methodologisch aber sehr fragwürdig (s. Larenz, 1991, S. 353 ff.).

47 BGHZ 70, 12 ff.

48 Vgl. auch noch für Wirtschaftsprüfer BGHZ 102, 128 ff.

49 Formulierung aus BVerfGE 75, 246 ff. (265).

50 Vgl. nur BGH NJW 1987, 3003, 3005; MDR 1989, 793; s.a. BVerfGE 75, 284 ff. (299). Weitere Nachw. bei Altenhoff, Busch, Chemnitz (1993), Artikel 1 § 5, Rdnrn. 501, 514 f.

51 Insoweit übereinstimmend: Coester (1992), S. 620; Zettner (1993), S. 623.

52 Vgl. Altenhoff, Busch, Chemnitz (1993), Artikel 1 § 3, Rdnr. 3; Rennen, Caliebe (1992), Artikel 1 § 3, Rdnr. 7.

53 Vgl. Fn. 49.

54 Hierin steckt ein sehr kompliziertes, m.E. bislang weder hinreichend wahrgenommenes noch hinreichend diskutiertes Problem. Es ist das Problem der Systemgerechtigkeit bzw. der Selbstbindung des Gesetzgebers. Vgl. dazu Degenhart (1976); Peine (1985). Detaillierte Ausführung des obigen Gedankens bei Zettner (1993), 625 f.

55 Anders Coester (1992), S. 620 f., der in Hinsicht auf §§ 17, 28 KJHG das Vorliegen der Voraussetzungen des § 3 Nr. 1 RBerG bejaht, allerdings auf die hier angesprochenen Probleme der Systemgerechtigkeit bzw. Selbstbindung nicht näher eingeht.

56 Was wohl der Fall wäre, wenn man der Auffassung von Zettner (1993) folgt und die Mediation auf das „rein Pädagogische" (a.a.O., S. 626) beschränkt: „Denn das ist keine Mediation mehr. Mein Ziel ist vielmehr die *Kumulierung* beider Effekte: also einer (umfassenden) Mediation *und* der rechtlichen Kontrolle."

57 Die hier favorisierte Lösung bedarf sicherlich weiterer Diskussion. Denn es soll nicht verhehlt werden, daß sie sich nur schwer in das System des geltenden RBerG einfügen läßt (§ 6 I, 2 RBerG). Richtig ist und bleibt deshalb der Satz (Rennen, Caliebe, 1992, S. VI): „Besser wäre es jedoch, wenn sich der Gesetzgeber entschlösse, das sehr unübersichtliche, lückenhafte und in manchen Punkten auch unstimmige oder unzeitgemäße Recht der Rechtsberatung insgesamt zu überarbeiten. Dazu sind jedoch zur Zeit nicht einmal Ansatzpunkte erkennbar."

58 Das Berufsrecht der Rechtsanwälte ist durch Gesetz vom 2. September 1994 (BGBl. I, 2278) neu geordnet worden. Dem früheren § 45 Nr. 2 entspricht jetzt § 45 Nr. 1 (vgl. BT-Drucksache 12/4993, S. 29; Jessnitzer, Blumberg, 1995, § 45, Rdnrn. 2). Die Probleme selbst bleiben von der Neuordnung des Berufsrechts unberührt.

59 BVerfGE 76, 171 ff., 196 ff.

60 S. jetzt die Ermächtigungsgrundlage in § 59 b BRAO. Zum aktuellen Stand der Diskussion über eine Berufsordnung für Rechtsanwälte s. BRAK-Mitteilungen 1/1995, S.12 ff.

61 BVerfGE 76, 171 ff. (189).

62 Vgl. Zuck (1988) N § 46, Rdnr. 98.

63 Zuck in: Lingenberg, Hummel, Zuck, Eich (1988), § 46, Rdnr. 11.

64 Vgl. BGHSt 7, 261 ff. (263); Cramer (1991), § 356, Rdnrn. 17, 23 f.

65 Nachweise bei Cramer (1991), Rdnr. 19; Hübner (1988), § 356, Rdnr. 85.

66 Die Formulierung knüpft bewußt an den berühmten Vortrag Rudolf von Jherings „Der Kampf ums Recht" (1872, 1992) an (Motto des Werkes: „Im Kampfe sollst Du Dein Recht finden").

67 Vgl. Wasilewski (1990).

68 Vgl. Cramer (1991), Rdnr. 1 m.w.N.

69 StGB (1995), § 356, Rdnr. 7 m.w.N.; vgl. ferner Hübner (1988), Rdnr. 84; Rudolphi (1991) § 356, Rdnr. 27.

70 BGHSt 4, 80 ff. (82).

71 RG JW 1929, 3169.

72 Ich denke an die Auseinandersetzung über das plea bargaining bzw. den strafprozessualen deal.

73 Hübner (1988), Rdnr. 86 m.w.N. (dort im übrigen die gründlichste Erörterung unserer Problematik).

74 LG Hamburg AnwBl 1980, 120 f.

75 S. bei Fn. 68.

76 S. jetzt § 61 III KJHG. Verfassungsrechtliche Zweifel bestehen indes fort (s. schon die Bundesregierung in: BT-Drucksache 12/2866, S. 42 und jüngst Trenczek

1994). Zur Gesamtproblematik vgl. Lühring (1992) sowie Schaffstein, Beulke (1995), S. 178 m.w.N.

77 Die Vorschrift ist 1994 neu gefaßt worden (vgl. Fn. 27); an der hier erörterten Problematik ändert sich durch die Neufassung nichts.

78 Vgl. Mörsberger (1991), S. 343 ff.

79 BVerfGE 65, 1 ff., LS 2.

80 BVerfGE 30, 367 ff.

81 Vgl. Proksch (1989b), S. 919 f. und Proksch (1991a) m.w.N.

82 Teubner, Willke (1984), S. 4 ff.

83 Vgl. Ellscheid (1979, 1985).

Professionalisierung und Vernetzung

Hans-Georg und Gisela Mähler

Seit den ersten Seminaren durch amerikanische Trainer im Sommer 1989 (Gary Friedman, Ingrid May und im Anschluß daran Jack Himmelstein, John Haynes, Florence Kaslow und Stanley Cohen) sind – erst – knapp sechs Jahre vergangen. Bis dahin war das Wort „Mediation" ungebräuchlich. Wir haben lange nach einer geeigneten deutschen Übersetzung gesucht. Am naheliegendsten war „Konfliktmittlung"[1]. Bis in das Jahr 1992 hinein war die englisch-amerikanische Ausdrucksweise (divorce mediation oder einfach mediation) vorherrschend. Seit der interdisziplinären Konsultation im Januar 1992 in der Evangelischen Akademie in Bad Boll hat sich zunehmend die deutsche Ausdrucksweise Mediation eingebürgert. Sie kennzeichnet wohl am ehesten das Neue, das in einem Buchtitel schlaglichtartig aufleuchtet: Um den Konsens zu streiten[2].

Die semantische Geschichte hat einen gewissen Symbolwert: Anfang 1992 war die Zeit reif geworden, die inzwischen gewachsenen örtlichen Arbeitskreise in einer Bundesarbeitsgemeinschaft überörtlich zu verknüpfen. Deshalb ergriff der seit 1989 existierende interdisziplinäre Münchener Arbeitskreis Mediation die Initiative und lud im Vorfeld der Bad Boller Tagung zu einer konstituierenden Sitzung der „Bundes-Arbeitsgemeinschaft für Familien-Mediation (BAFM)" ein.

Bewußt nahmen wir davon Abstand, dem Verband von vornherein eine feste Form, etwa eine Vereinssatzung, zu geben. Wir wollten die weitere örtliche Entwicklung abwarten, weil wir von dem Credo ausgingen, daß sich Mediation vor allem regional konstituiert und entwickelt.

In der Konsultation in Bad Boll meinte die Bundestagsabgeordnete Frau von Renesse[3], Mediation brauche ein Berufsbild, wenn es in das Verfahrensrecht eingewoben und insbesondere von öffentlichen Geldern, etwa der Prozeßkostenhilfe, profitieren wolle.

In der Tat braucht Mediation zur qualifizierten und seriösen Ausübung klare Vorgaben und Grenzen. Hierbei sind mehrere Besonderheiten zu beachten:

- Mediation hat sich einzufügen in die bestehenden gesetzlichen Rahmenbedingungen.
- Sie hat – als zusätzliche Konfliktlösungsform – die Grenzen bestehender Tätigkeitsfelder und deren besondere prozedurale Kompetenz zu achten sowie notwendige und wünschenswerte Formen der Zusammenarbeit zu pflegen.
- Sie ist, da sie von verschiedenen Berufsgruppen ausgeübt wird, einzubinden in deren professionelle Standards, beispielsweise in das Standesrecht für Anwälte.

Diese Aspekte waren für uns maßgeblich, als wir in vier Vollsitzungen und mehreren Ausschußsitzungen in der BAFM um geeignete Formulierungen für entsprechende Richtlinien rangen. Wir konnten dabei auf Erfahrungen aus dem Ausland, namentlich den USA, zurückgreifen und hatten gleichzeitig unsere bundesrepublikanischen Grundlagen im Auge zu behalten. Die Diskussionen hatten ihren Reiz darin, daß wir als Psychologen, Sozialarbeiter, Therapeuten, Erziehungsberater, Richter, Anwälte und Hochschullehrer eingelernte Sprachregelungen und liebgewordene Vorstellungen aufgeben mußten, um zu einer Verständigung – im Begreifen und Gestalten – zu gelangen. Das war manchmal recht mühsam, zugleich aber ein mediativer Vorgang, geht es doch in der Mediation gerade darum, erst einmal Verständnis für die unterschiedlichen Sichtweisen und Interessen zu gewinnen, bevor eine – nach Möglichkeit synergetische – Lösung gefunden werden kann.

Während der Diskussion war uns die Rückkoppelung mit den örtlichen Arbeitskreisen und Institutionen wichtig.

Inhaltlich war zu definieren:
- auf welche Ziele Mediation ausgerichtet ist,
- welche Prinzipien dem zugrunde liegen,
- welche spezifischen Aufgaben den Mediatoren obliegen,
- unter welchen Voraussetzungen sie im Hinblick auf ihre neutrale Stellung ausgeschlossen sind,
- welche Mindestvoraussetzungen die Konfliktpartner mitbringen müssen,
- welche Bedeutung Recht, Psychologie und die Sozialwissenschaften sowie die entsprechenden interprofessionellen Berufsgruppen haben,
- welche Besonderheiten in der Praxis und beim Ablauf der Mediation zu beachten sind.

Zum Schluß war Konsens erreicht, im Bewußtsein einer gewissen Vorläufigkeit. Die Richtlinien wurden letztendlich einstimmig verabschiedet. Sie sind nachfolgend abgedruckt.[4]

Der mit der Diskussion um das Berufsbild geschärfte Blick, die vertiefte Kenntnis voneinander, die zwischenzeitlich gemachten praktischen Erfahrungen und der Zuwachs an theoretischem Grundlagenwissen halfen uns anschließend, der BAFM eine *institutionalisierende Satzung* zu geben. Institutionalisierungen bergen ja leicht die Gefahr in sich, daß die Frische des Anfangs und persönliche Initiativen in hierarchiebildenden Geschäftsordnungen zu verkümmern drohen. Sie haben andererseits den Vorteil, daß mehr Stabilität und Klarheit über Ziele, Aufgaben und organisatorische Verantwortlichkeiten einkehrt. Vielleicht hilft es, sich der Gefahren bewußt zu bleiben, um die Vorteile zu nutzen.

Mediation wird nicht leben, weil es eine Bundesarbeitsgemeinschaft gibt, sondern weil die Betroffenen Mediation in Anspruch nehmen. Das geschieht am ehesten, wenn der Bekanntheitsgrad in den Regionen wächst und Mediation qualifiziert angeboten wird. Ein einzelner Mediator vor Ort wird eher in seinen beruflichen Angeboten nicht wahrgenommen. Es braucht regionale Netze,

– damit die besondere prozedurale Kompetenz von Mediation regional praktisch einsichtig wird,
– damit MediatorInnen sich gegenseitig unterstützen können,
– damit ein indikationsbezogenes Feld der gegenseitigen Zu- und Verweisungen entsteht.

Für die Zusammenarbeit wird ständig zu reflektieren sein, unter welchen Voraussetzungen Konkurrenz eher lähmt oder – in dem beschriebenen Sinne – belebt.

Regionale Arbeitskreise werden dann am besten gedeihen, wenn sie interprofessionell besetzt sind und die Teilnehmer qualifiziert und engagiert sind.

Das Regionalisierungsprinzip durchwebt die Satzung der BAFM insofern, als das Hauptentscheidungsorgan (wir nennen es den „Hauptausschuß“) regional zu besetzen ist.

Damit soll gleichzeitig die Verknüpfung von Bundesarbeitsgemeinschaft und regionalen Gruppen gefördert werden.

Die Bundesarbeitsgemeinschaft hat von ihrer zentralen Stellung her Aufgaben, die nur ein überörtlicher Zusammenschluß wahrnehmen kann:

Nach außen:
- Erarbeitung und Vertretung fachlicher Interessen gegenüber öffentlichen Körperschaften,
- Zusammenarbeit mit überregionalen Organen und Institutionen,
- Pflege von Kontakten auf internationaler Ebene.

Nach innen:
- Erfahrungsaustausch und gegenseitige Unterstützung.

An der Grenze zwischen innen und außen:
- Durchführung von Fachveranstaltungen und Kongressen,
- Beachtung und Pflege der Qualifikation von Mediation.

Der letzte Punkt braucht besondere Beachtung. Die Satzung ist so ausgelegt, daß ordentliche Mitglieder der BAFM nur Personen werden können, die nachweisen, daß sie Mediation qualifiziert praktizieren können. Es liegt auf der Hand, daß deshalb insbesondere die Übergangsbestimmungen viel Diskussionsstoff boten. Letztlich wurden auch hier Regelungen gefunden, so daß die Satzung – nach drei Vollsitzungen und mehreren Ausschußsitzungen – im September 1994 verabschiedet werden konnte, ebenfalls einstimmig[5].

Die Qualifikation wird zukünftig davon abhängen, welche Anforderungen an die Ausbildung gestellt werden. Deshalb ist als drittes die Institutionalisierung einer *Ausbildungsordnung* in den Vordergrund gerückt. Die Ordnung wird inhaltlich und formal abgestimmt mit der 1991 in Paris verabschiedeten „Europäischen Charta zur Ausbildung von Familienmediatoren im Bereich von Trennung und Scheidung“[6].

Die Ausbildungsordnung regelt drei Bereiche: Die Voraussetzungen für die Zulassung, die Lerninhalte (differenziert nach dem Kernbereich Mediation, den gesellschaftlichen, rechtlichen und ethischen Rahmenbedingungen sowie Kenntnissen zur Ergänzung der Qualifikation aus dem Eingangsberuf) und den Abschluß (Dauer, Fälle, Form). Übereinstimmung herrscht insoweit, als für die Zulassung grundsätzlich eine abgeschlossene psychologische, sozialwissenschaftliche oder juristische Ausbildung oder eine vergleichbare Qualifikation, eine zweijährige einschlägige Berufserfahrung sowie die Möglichkeit, bereits während der Ausbildung Mediation zu praktizieren, vorausgesetzt wird. Die Dauer umfaßt in der Regel 200 Zeitstunden, in die Supervisionseinheiten eingebunden sind. Es müssen mindestens vier dokumentierte Fälle nachgewiesen werden.

Die BAFM erkennt Ausbildungsinstitute an, die dazu qualifizieren, als ordentliches Mitglied der BAFM aufgenommen zu werden[7].

Mit diesen drei Säulen,

- den Richtlinien mit der Schaffung eines in bestehende Berufsfelder integrierbaren Berufsbildes,
- der Satzung mit der Verantwortungszuteilung für spezielle Aufgaben und der regionalen und überregionalen Vernetzung,
- sowie der Ausbildungsordnung für die Qualifizierung der professionellen Ausübung von Mediation,

ist die Basis der Institutionalisierung gelegt.

Wie Familien bei Trennung und Scheidung ihre Konflikte bewältigen, bestimmt mit den Konfliktpegel in unserer Gesellschaft. Das ist nicht nur eine Frage der Gegenwart. Werden Konflikte unbefriedigend gelöst und auf dem Rücken der Kinder ausgetragen, wird der Konfliktstoff in die nächste Generation transformiert. Daraus wächst die ethische Anforderung, Dienste bereitzustellen, die soweit als möglich eine destruktive Eskalation bei Trennung und Scheidung vermeidet und konstruktive Lösungswege weist. Mediation ist ein Baustein hierfür.

Anmerkungen

1 Siehe z. B. für das öffentliche Recht Hoffmann-Riem, Schmidt-Aßmann (Hrsg.) (1990).

2 Loccumer Protokolle 12/89.

3 Evangelische Akademie Bad Boll (Hrsg.) (1993), Protokolldienst 30/93, S. 154.

4 S. 118 ff.

5 Die Satzung und die Ausbildungsordnung können beim Vorstand, zur Zeit c/o RA und Notar Ingolf Schulz, Rathausplatz 25, 22926 Ahrensburg angefordert werden.

6 Abgedruckt in Schweizerischer Beobachter (Hrsg.) (1994), S. 57 ff.

7 S. Dokumentation unten S. 270 ff.

Richtlinien für Mediation in Familienkonflikten

(Stand April 1994)

Bundes-Arbeitsgemeinschaft für Familien-Mediation (BAFM)

Präambel

Der zunehmende Wunsch, familiäre Konflikte insbesondere bei Trennung und Scheidung persönlich und im Interesse aller Beteiligten zu regeln, läßt nach geeigneten Verfahren suchen. Ein Ansatz ist Mediation (Vermittlung) in Familienangelegenheiten, die psychosoziale und rechtliche Aspekte der Konfliktregelung miteinander verbindet.

Die Bundes-Arbeitsgemeinschaft für Familien-Mediation (BAFM) konstituierte sich anläßlich einer Tagung in Bad Boll zum Thema Mediation im Januar 1992. Sie ist seitdem mit der Diskussion um die Grundlagen der Familienmediation befaßt. Die BAFM ist ein Informations- und Koordinationsforum der regional organisierten Arbeitskreise in der Bundesrepublik, das sich mit Praxis, Fortbildung, Veröffentlichungen, Öffentlichkeitsarbeit und Weiterentwicklung von Mediation beschäftigt.

Die BAFM hat beschlossen, Richtlinien herauszugeben, die den Diskussionsstand der Angehörigen der Arbeitsgemeinschaft zu den Grundlagen und Vorgehensweisen von Mediation zusammenfassen. Die Richtlinien sind damit auf Entwicklung ausgelegt. Die Arbeitsgemeinschaft befand jedoch, daß die Veröffentlichung des gegenwärtigen Entwicklungsstandes erforderlich ist, um einsichtig zu machen, welche Maßstäbe und Ansichten die Mitglieder der BAFM vertreten.

I. Adressaten

Die Richtlinien wenden sich vorwiegend an Angehörige psychosozialer Berufe und an Anwälte und Anwältinnen, die sich mit familiären Konflikten, Krisen und Problemen und hier insbesondere mit Trennungs- und Scheidungsfolgen beschäftigen. Bei den dienst-, berufs- und standesrechtlichen Vorschriften sollten die in den Richtlinien niedergelegten Grundsätze Beachtung finden.

II. Ziele, Inhalte und Prinzipien

1. Ziele

Die Familienmediation hat die Aufgabe, eine selbstbestimmte und einvernehmliche Regelung psychosozialer und rechtlicher Probleme, insbesondere bei Trennung und Scheidung, zu erreichen. Sie fördert die Autonomie, besonders die Dialog-, Kooperations- und Gestaltungsfähigkeit der Beteiligten. Ziel ist eine einvernehmlich bindende Regelung bis hin zu einer umfassenden formalrechtlich wirksamen Vereinbarung.

2. Inhalte

Familienmediation bezieht sich auf die Regelung von familiären Konflikten in ehelichen, nichtehelichen und nachehelichen Beziehungen, in denen sachliche Lösungen angestrebt werden. Die Inhalte werden von den beteiligten Familienmitgliedern festgelegt. Die Trennungs- und Scheidungsmediation befaßt sich hauptsächlich mit der Gestaltung der mit Trennung und Scheidung zusammenhängenden Folgen, insbesondere im Hinblick auf Elternschaft und andere familiäre Beziehungen, Aufteilung des Familieneinkommens, Vermögensauseinandersetzung, Alterssicherung, Hausratsteilung und Klärung der Wohnsituation.

3. Prinzipien

Mediation ist ein Prozeß, der sich an folgenden Grundsätzen orientiert:

(1) Freiwilligkeit

Der Mediationsprozeß ist freiwillig. Freiwilligkeit setzt voraus, daß die Partner in ihrer Selbstbestimmung nicht beschränkt sind, und der Mediator oder die Mediatorin den durch den Inhalt des Mediationsvertrages festgelegten Grenzen keinen Weisungen unterliegt. Der Prozeß kann von allen Beteiligten, auch von dem Mediator/der Mediatorin, jederzeit beendet werden.

(2) Neutralität

Mediation setzt eine neutrale, allparteiliche Haltung des Mediators/der Mediatorin zu beiden Partnern voraus. Der Mediator/die Mediatorin unterstützt die Partner darin, in einem fairen Prozeß eine wechselseitig befriedigende, interessengerechte und auch im Ergebnis faire Vereinbarung zu erzielen.

(3) Eigenverantwortlichkeit

Die Partner nehmen im Mediationsprozeß ihre Interessen und Bedürfnisse selbst wahr und vertreten sie angemessen.

(4) Informiertheit

Eine selbstbestimmte Entscheidung der Partner ist nur auf der Grundlage eigener sachlicher Informiertheit möglich. Jeder Partner muß ausreichend Gelegenheit haben, sämtliche Informationen, die entscheidungserheblich sind, in ihrer Tragweite zu erkennen und zu gewichten, damit sich jeder der Konsequenzen der Entscheidung voll bewußt ist.

Dies setzt die beiderseitige Bereitschaft zur Offenlegung aller sachlichen Daten und relevanten Fakten voraus.

Insbesondere im Falle von Trennung und Scheidung hat sich jeder Partner über seine gesetzlichen Rechte und Pflichten zu informieren und sich, sofern minderjährige Kinder betroffen sind, mit den Auswirkungen der Entscheidung auf die Kinder auseinanderzusetzen.

(5) Vertraulichkeit

Der Mediationsprozeß ist vertraulich. Alle Beteiligten verpflichten sich im Rahmen der gesetzlichen Möglichkeiten, keine Informationen und Erkenntnisse aus dem Prozeß ohne ausdrückliche Zustimmung aller Beteiligten weiterzugeben. Die Zustimmung wird bei der Konsultation von Anwälten und Experten im Rahmen des Mediationsprozesses und bei Supervision unterstellt.

III. Persönliche Voraussetzungen und Aufgaben der Beteiligten im Mediationsverfahren

1. Mediator/Mediatorin

Der Mediator/die Mediatorin ist zusätzlich zu den in Ziff. II. 3. (2) beschriebenen Aufgaben für die Gestaltung (Strukturierung) des Mediationsprozesses, die Beachtung der Prinzipien sowie die Schaffung geeigneter Rahmenbedingungen verantwortlich. Dies setzt die Kenntnis und Berücksichtigung psychologischer, familiendynamischer und rechtlicher Aspekte voraus.

Ist der Mediator/die Mediatorin durch verwandtschaftliche, institutionelle oder sonstige soziale Beziehungen so eng mit einer Seite verbunden, daß die andere die Unparteilichkeit in Frage stellen könnte, oder könnte der Mediator/die Mediatorin ein privates Interesse in der Mediation verfolgen, ist er/sie als Mediator/Mediatorin ungeeignet. Das gleiche gilt, falls der Mediator/die Mediatorin einen Partner vorher rechtlich beraten oder vertreten hat oder eine therapeutische Beziehung zu einem der Partner bestand. Bezog sich die Beratung, Vertretung oder Therapie auf beide Partner, darf der Mediationsprozeß erst beginnen, wenn die Rolle des Mediators/der Mediatorin im Unterschied zur vorausgegangenen Situation geklärt ist und alle Beteiligten übereinstimmend Mediation ausdrücklich gewählt haben.

Der Mediator/die Mediatorin gibt keine Informationen in das justizielle Verfahren weiter. Er/sie stellt sich nicht als Zeuge (Zeugin), anwaltschaftlicher Vertreter (Vertreterin) oder Sachverständiger (Sachverständige) zur Verfügung. Darauf weist er/sie hin.

2. Partner

Die Partner benötigen ein Mindestmaß an Gesprächs- und Einigungsbereitschaft sowie an Fähigkeit, für sich selbst und die eigenen Interessen einzustehen.

Mögliche Grenzen der Mediation können z. B. in schweren psychischen Störungen oder familiärer Gewalt liegen. Darüber hinaus kann sich im Verlauf der Mediation zeigen, daß eine eigenverantwortliche, gemeinsame Regelung nicht möglich ist. In diesen Fällen verweist der Mediator die Partner an entsprechende Fachleute.

3. Kinder und Jugendliche

Den Interessen und Bedürfnissen von Kindern und Jugendlichen kommt im Mediationsprozeß besondere Bedeutung zu. Der Mediator/die Mediatorin trägt dafür Sorge, daß die Kinder soweit als möglich geschützt werden. Es gibt unterschiedliche Formen der Präsenz und persönlichen Beteiligung von Kindern und Jugendlichen am Mediationsverfahren. Ihnen sollte je nach Alter die Möglichkeit gegeben werden, sich am Prozeß zu beteiligen. Die bei den Eltern liegende Verantwortung für die Entscheidung bleibt jedoch bei diesen.

Für die Kinder und Jugendlichen ist es wichtig, daß ihre Eltern in der Mediation kooperative Verhaltensformen einüben, überprüfen und weiterentwickeln.

IV. Die Bedeutung des Rechts, der Psychologie und der Sozialwissenschaften in der Mediation

1. Die Bedeutung des Rechts

Soweit der Mediationsprozeß wie bei Trennungs- und Scheidungsmediation eine rechtsverbindliche Vereinbarung anstrebt, ist die Kenntnis des Rechts zwingende Voraussetzung. Außerdem können die Partner das weitgehend dispositive Recht rechtsschöpfend dazu verwenden, den spezifischen Interessen und Bedürfnissen entsprechende, faire Vereinbarungen zu finden.

Recht dient damit vor allem

- der Aktivierung der Einzelinteressen,
- der Fairneßkontrolle,
- der Feststellung der Zulässigkeitsgrenzen für die Vereinbarung,
- zur Ausschöpfung der rechtlichen Möglichkeiten zum Vorteil aller Familienmitglieder,
- zur Gestaltung der Vereinbarung durch eine differenzierte Nutzung der Rechtsfiguren und vertragstypischer Regelungen.

2. Bedeutung der Psychologie und der Sozialwissenschaften

Die Ausübung der Mediation setzt die Wahrnehmung und Berücksichtigung trennungs- und familiendynamischer Vorgänge sowie fundiertes Grundwissen über die sozialen und psychischen Bedingungen von Konfliktverläufen voraus.

Daneben sind Kenntnisse der psychologischen und sozialwissenschaftlichen Ansätze, Methoden und Wirkungsweisen Voraussetzung für eine sachgerechte Gesprächs- und Verhandlungsführung.

Dieses Grundwissen ist die Basis für die verantwortungsvolle Beurteilung der Möglichkeiten und Grenzen der Mediation, das reflektierte Umgehen mit der Rolle sowie für das eigene Handeln als Mediator/in.

Die psychologischen und sozialwissenschaftlichen Kenntnisse, Fähigkeiten und Fertigkeiten sollen insbesondere auch zur Förderung des psychischen, sozialen und gesundheitlichen Wohlergehens der Kinder und Jugendlichen eingesetzt werden.

V. Das Zusammenwirken der Disziplinen im Mediationsprozeß

Voraussetzung für ein sinnvolles Zusammenwirken der Disziplinen ist das Wissen und die Kenntnis um die jeweiligen professionellen Kompetenzen und ihre Grenzen sowie die Indikationen und Verweisungsmöglichkeiten.

1. Der Beratungsanwalt

Ist der Mediator nach dem Rechtsberatungsgesetz nicht selbst zur Rechtsberatung befugt, so hat die Beratung durch die Anwälte der Parteien rechtzeitig zu erfolgen. Auch der Anwaltsmediator wirkt darauf hin, daß die Vereinbarung erst nach parteilicher Rechtsberatung Verbindlichkeit erlangt. Die Beratung soll auf die Logik des Mediationsverfahrens ausgerichtet sein.

Dem Beratungsanwalt einer Partei ist es im Gegensatz zum Anwaltsmediator nicht verwehrt, seine Partei anwaltschaftlich, etwa im Scheidungsverfahren, zu vertreten.

2. Psychosoziale Berater

Bei psychischen Problemen, die den Mediationsprozeß erheblich behindern, empfiehlt der Mediator/die Mediatorin zusätzliche psychologische Hilfe. Das gilt auch bei komplizierten Konstellationen mit Kindern und Jugendlichen.

Der psychosoziale Berater steht als Gutachter im Gerichtsverfahren nicht zur Verfügung.

3. Zusammenarbeit in einem professionellen Netzwerk

Der Mediator gehört einem Netzwerk an und fördert das Zusammenwirken zwischen den beteiligten Professionen namentlich in seiner Region. Dabei ist darauf zu achten, daß im Einzelfall die Grundsätze des Daten- und Vertrauensschutzes gewahrt bleiben.

VI. Form, Ablauf und Voraussetzungen der Mediation

Zu Beginn des Mediationsprozesses klärt der Mediator/die Mediatorin über Unterschiede und Ähnlichkeiten auf; er/sie weist auf die Vor- und Nachteile der Mediation und der entsprechenden Alternativen sowie auf die Chancen und Risiken hin. Der Mediator/die Mediatorin erläutert den Ablauf, die Kosten und die unabdingbaren Voraussetzungen der Mediation, wie sie sich aus den Richtlinien ergeben. Die mit den Beteiligten erarbeiteten Grundlagen für das anstehende Mediationsverfahren (Mediationsvertrag) sollen schriftlich festgehalten werden. Der Mediator/die Mediatorin unterstützt die Parteien darin, auf der Basis ihrer unterschiedlichen Sichtweisen, Bedürfnisse und Interessen sich selbst und den anderen Partner besser zu verstehen. Er/sie hilft den Partnern durch seine/ihre vermittelnde Gesprächs- und Verhandlungsgestaltung, eine einvernehmliche faire Regelung zu entwickeln. Bezugspunkte sind beispielsweise

- konkrete persönliche, berufliche und ökonomische Zukunftsinteressen,
- beziehungsgeschichtliche Elemente,
- die gesetzlichen Bestimmungen bzw. die ihnen zugrundeliegenden Prinzipien,
- sowie vorausgegangene Verabredungen.

Besondere Bedeutung kommt der wechselseitigen Akzeptanz unterschiedlicher Interessen und Lebensperspektiven der Beteiligten und der Kinder zu, die dann aufeinander bezogen und untereinander verknüpft werden.

Das Ergebnis der Mediation wird in der Regel schriftlich festgehalten. Auf Wunsch der Partner kann hieraus durch den Anwaltsmediator, die Beratungsanwälte oder öffentliche Rechts-, Auskunfts- und Vergleichsstellen eine juristisch fundierte Vereinbarung erstellt werden.

Wegen der engen tatsächlichen und rechtlichen Verknüpfung ist darauf zu achten, daß jedes Teilergebnis im Hinblick auf seine Folgen für alle sonstigen Regelungsbereiche überprüft wird. Ist zwischen den Parteien lediglich eine Einigung über einen Teilbereich zustande gekommen oder ist eine Einigung überhaupt nicht möglich, spricht der Mediator mit den Parteien das weitere Vorgehen ab.

VII. Qualifikationen

Im Hinblick auf den ganzheitlichen Ansatz des Mediationsprozesses setzt die Tätigkeit als Mediator/Mediatorin profunde Kenntnisse, Fähigkeiten und Fertigkeiten auf dem Gebiet der Psychologie der Familie, der Grundzüge des Familienrechts und der interessengerechten Verhandlungsführung in der Einschmelzung auf den Mediationsprozeß hin voraus. Der Erwerb der Qualifikation als Mediator ist durch eine Zusatzausbildung sicherzustellen. Die BAFM wird ihre Qualifikationsvoraussetzungen hierfür in Ausbildungsstandards niederlegen.

Die Teilnahme an der Zusatzausbildung zum Mediator setzt grundsätzlich eine juristische Ausbildung (2. Staatsexamen) oder eine Ausbildung im psychosozialen Bereich (diplomierter Abschluß) sowie Praxis auf einem dieser Felder voraus. Im Hinblick auf den persönlichen Einsatz des Mediators, namentlich seiner Neutralität, gehört zu dessen Tätigkeit laufende Supervision und Fortbildung.

Praxis und Forschung

Seit dem Aufkommen der Familienmediation wurden verschiedene Konzepte entwickelt und in der Praxis erprobt.

In diesem Teil werden zunächst Fragen erörtert, die in der Praxis eine zentrale Rolle spielen und die Mediation als Verfahren erläutern.

Es folgen Berichte aus abgeschlossenen oder noch laufenden Praxisprojekten in Jugendämtern und einer Mediations-Beratungsstelle, die sich vor allem auf Mediation der Sorge für und des Zugangs zu den Kindern beziehen und Erfahrungen aus den neuen Ländern der BRD mitberücksichtigen. Sie belegen, daß die systematische Auswertung von Mediation – von Bundes- und Länderministerien unterstützt – auch hierzulande in Gang kommt.

Daran schließt sich auf der Grundlage einer Darstellung der wesentlichen Merkmale der Scheidungsmediation eine Übersicht zu Ergebnissen von praxisnahen Fragen an die Mediations-Forschung an. Zugrundegelegt sind dabei vor allem anglo-amerikanische Untersuchungen. In dem Beitrag werden ferner die Indikationsfrage und die Einflüsse gesellschaftlicher, institutioneller und rechtlicher Rahmenbedingungen auf die Scheidungsmediation diskutiert.

Anschließend nehmen wir Überlegungen aus Frankreich auf. Die Verfasser sehen dort eine Stagnation der (kindschaftsbezogenen) Familienmediation und fragen sich nach den Ursachen. Man wird ihre Schlußfolgerungen im Auge behalten müssen, wenngleich wir sie für den deutschsprachigen Raum in dieser Form nicht bestätigen können.

Im letzten Beitrag werfen wir einen fachlichen Blick über den Zaun. Erfahrungen aus Iowa/USA kennzeichnen, daß Mediation sich nicht auf Trennungs- und Scheidungskonflikte beschränkt, sondern z. B. in der Schule ein hochwirksames Instrument sein kann, zu lernen, friedlicher miteinander umzugehen.

Mediation in der Praxis[1]

Hans-Georg und Gisela Mähler

Eignung des Verfahrens

Die Basis von Mediation ist Autonomie. Wenn sich die Betroffenen nicht dem Gesetz unterwerfen, sondern in der Auseinandersetzung mit dem Konfliktpartner ihre persönliche Gerechtigkeit in einer Verhandlungslösung suchen, gründet dies auf einem Mindestmaß freier Selbstbestimmung. Die Selbstbestimmung darf sich nicht in eine Fremdbestimmung verkehren. Wo es an einem annähernden Kräftegleichgewicht der Konfliktpartner fehlt, ist demzufolge mit den Mitteln des Vertragsrechts allein kein ausgewogener Interessenausgleich zu gewährleisten.

Indikationsfragen[2] sind beispielsweise:

Welche Motivation leitet die Konfliktpartner? Sind sie psychisch und intellektuell in der Lage, ihre Interessen wahrzunehmen und für sich selbst einzustehen? Sind sie in der Lage, einzuschätzen, an welcher Stelle sie Unterstützung brauchen und können sie diese annehmen? Erfassen sie die Konsequenzen und die Bedeutung der von ihnen getroffenen Entscheidung? Bleiben Dominanzmuster in der Beziehung fixiert und braucht deshalb die schwächere Partei Rechtsschutz und zum Schutz ihrer Rechte einen Fürsprecher, also einen Anwalt? Können die Parteien ihre Konflikte direkt miteinander austragen? Haben die Parteien sich ein Mindestmaß an Konsensualvermögen bewahrt als Basis für eine zukunftsorientierte Lösung oder sind sie emotional regressiv in einem zur Zeit nicht lösbaren, durch Verletzung und Kränkung verursachten Rachedenken verstrickt und können sie deshalb nicht ablassen, dem anderen in erster Linie Schaden zuzufügen?

Die Fragen machen deutlich, daß Mediation keineswegs für alle und in jeder Situation paßt. *Allerdings sind die Fragen nicht statisch zu verstehen. Mediation ist ein dynamischer Prozeß und in seiner Gesamtstruktur auf die Entfaltung von Selbstverantwortung, Autonomie und voller Interessenwahrung ausgerichtet.*

Der Mediation bei Trennung und Scheidung kommt zur Hilfe, daß sich die Partner trennen, so daß jeder aufgerufen ist, sich auf sich selbst und seine Zukunft zu besinnen. Damit suchen auch die bisherigen die Beziehung bestimmenden Muster (die nicht zuletzt Ursache der Trennung sein mögen) anhand der konkreten, im tatsächlichen Bereich liegenden Problemstellungen nach Auflösung.

Die Lebensgemeinschaft ist einmal in der Hoffnung einer lebenslangen Partnerschaft geschlossen worden. Wenn die Beziehung stirbt und die psychische und juristische Trennung ansteht, ist dies häufig mit einer – gewiß unterschiedlich tiefen – Existenzkrise verbunden.

Mediation bietet mit ihrer Struktur eine Möglichkeit, mit der Erschütterung umzugehen, in der Vergangenheit liegende Verknotungen auf der emotional überlagerten Beziehungsebene zu trennen von den hier maßgeblichen *zukunftsbestimmenden, lebensgestaltenden, vor allem auch das wirtschaftliche Auskommen und die materielle Sicherheit betreffenden Faktoren.* Infolge der Trennung auf der Paarebene wird es den Eltern erleichtert, die bleibende Verantwortung als Vater und Mutter unter Berücksichtigung der Bedürfnisse der Kinder neu zu definieren. Ist die Trennung frisch und zumindest der verlassene Partner so aufgewühlt, daß er weitreichende Entscheidungen nicht überblicken kann, ist freilich allenfalls eine kurzfristige, krisenbewältigende Zwischenlösung am Platze.

Es liegt in der Verantwortung des Mediators, die Geeignetheit für Mediation bei Beginn, aber auch im Fortgang des Prozesses zu überprüfen und von sich aus die heikle Initiative für die Beendigung zu ergreifen, wenn er die Grundlagen nicht (mehr) gewahrt sieht.

Mediation ist besonders geeignet für alle Paare, die ihre möglichst weitgehende Selbstbestimmung am ehesten in der unmittelbaren Klärung und Lösung ihrer durch Trennung und Scheidung anstehenden Probleme verwirklicht sehen, die „Eigentümer“ ihrer Konflikte bleiben und diese im Blick auf die Zukunft selbst lösen wollen, denen es letztlich auf eine Verständigung ankommt. Die Prognose, ob Mediation gelingt, wird um so günstiger sein, je mehr die Konfliktpartner auf dieser Ebene motiviert sind. Für solche Paare bietet Mediation im Vergleich zu den bisherigen institutionellen Angeboten eine *höhere prozedurale Kompetenz.* Von der Sache her ist Mediation namentlich indiziert, wenn wirklichkeitsreduzierende Drittentscheidungen die Situation nur unzureichend erfassen können und eine Verständigung notwendig ist, um die Komplexität der Problemstellungen in den Griff zu bekommen, oder wo nur durch aufeinanderbezogene Antworten gemeinsame persönliche und/oder materielle Vorteile zu gewinnen sind. So in Sonderheit, wenn vielschichtige Fragestellungen aus dem persönlichen Bereich dominant[2] sind (kinderreiche Familien, binationale bzw. bikulturelle Familien, Familien mit behinderten Kindern, Familien mit Überwindung großer Entfernungen, Rollenbestimmung im Verhältnis zu Fortsetzungsfamilien usw.), wenn es darum geht, neue Lebensabschnitte zu planen (Kinder sind aus dem Haus oder schon älter, jetzt geht es um neue berufliche Perspektiven und die Altersvorsorge) oder wenn Ehepartner „mehrfach verheiratet" sind (Beteiligung an gemeinsamen Unternehmen, berufliche Koppelung, gemeinsames Anwesen).

Als Kontraindizierung kommen schwere psychische Störungen, familiäre Gewalt, Sucht oder zum Beispiel Kontaktverweigerung den Kindern gegenüber in Betracht[3].

Letztendlich wird bei der Eignung auch die Frage eine Rolle spielen, ob derMediator/die Mediatorin für dieses Paar und diese Konstellation der/die „Richtige" ist.

Mediation hat den enormen Vorteil, daß die Akzeptanz[4] des Ergebnisses in aller Regel höher ist als im mehr fremdbestimmten Verfahren, weil es vom eigenen Willen getragen und nicht verordnet ist. Dies fördert die Kooperationsfähigkeit der Parteien für Situationen, die durch ihre unabhängig von ihrem Willen weiterbestehende, weil ontologisch vorgegebene[5] fortwährende Elternschaft so unausweichlich auf sie zukommen wie beim Fortbestand der Ehe. Denn Kinder (und Eltern) wachsen und je nach ihren Lebensstufen ändern sich die Herausforderungen einer wachstumsbegleitenden Betreuung.

Grundregeln der Mediation

Die Parteien wissen meist über die Medien, wie ein Gerichtsverfahren abläuft, haben aber eher keine Kenntnisse über die Grundregeln[6] der Mediation. Diese leiten sich in ihrem Kern aus der Mediation konstituierenden Grundannahme ab, nämlich eine faire Vertragslösung aufgrund *freier Selbstbestimmung* zu erarbeiten.

Freiwilligkeit

Die Selbstbestimmung äußert sich zunächst wesensmäßig in der *Freiwilligkeit* zur Aufnahme und Beendigung sowie zur Bestimmung des Inhalts des Prozesses. Wenn denn Mediation Ausdruck zur Autonomie ist, wäre es ein Widersinn, wenn sie erzwungen würde. Eine Zwangsbeglückung zur Autonomie widerspricht unserem Verständnis von Freiheit.

Volle Informiertheit
Offenlegung der entscheidungserheblichen Tatsachen

Eine selbstverantwortete Entscheidung kann nur getroffen werden, wenn die Parteien über alle entscheidungserheblichen Umstände informiert sind. Die Grundregel der *vollen Informiertheit* entspricht der Obliegenheit der Parteien, alle *Informationen auf der sachlichen Ebene offenzulegen*. Kann hierüber kein Einverständnis erzielt werden, ist Mediation nicht am Platze. Denn selbstverantwortete Entscheidungen können nicht blind getroffen werden.

Vertrauensschutz
Der Mediator tritt nicht als Zeuge auf. Er vertritt keine Partei im gerichtlichen Verfahren

Offenheit bedingt *Vertrauens*schutz, daß also insbesondere im Mediationsprozeß gewonnene Erkenntnisse nicht im Verfahren vor Gericht gegen den anderen ausgenutzt werden. Die Besonderheit dieser Grundregel der Vertraulichkeit liegt freilich darin, daß sie nicht garantiert werden kann: Durch Mediation kann im Falle ihres Scheiterns die Position einer Partei in einem anschließenden Gerichtsverfahren verschlechtert werden, weil die andere der Wahrheit gemäß behaupten kann, daß beispielsweise eine Erfindung kurz vor ihrer Auswertung steht oder eine Partei drogenabhängig ist, sie sich mit den Kindern überfordert fühlt, usw. Wenn von den Parteien selbst die Vertraulichkeit nicht garantiert werden kann, so deshalb nicht, weil Freiheit letztlich nicht teilbar ist und sie füreinander, aber auch gegeneinander verwandt werden kann. Die Erfahrung in den USA lehrt allerdings, daß die Parteien vertraulich gewonnene Informationen in der Regel nicht mißbrauchen. In der Mediation ist der Ansatz gemacht worden, im Respekt voreinander eine Lösung zu finden. Dies kann als kostbares Gut häufig in ein sich anschließendes gerichtliches Verfahren hinübergerettet werden. Eine weitere Motivation, die Vertraulichkeit einzuhalten, mag im Prinzip der Gegenseitigkeit liegen: Schadest Du mir, so schade ich Dir. Der Mediator trifft eine die Vertraulichkeit wahrende Absprache, wonach er in einem späteren

Verfahren *nicht als Zeuge* auftritt oder die Parteien als Anwaltsmediator nicht, auch *nicht im Scheidungsverfahren, vertreten wird.*

Neutralität

Die beiden letztgenannten Gesichtspunkte haben ihren Grund auch in der *Neutralität des Mediators*, eine Regel, auf deren Einhaltung der Mediator von sich aus zu achten hat. Beim Richter erfordert dessen Entscheidungsmacht eine abstinente, den persönlichen Kontakt meidende Neutralität. Die Neutralität des Mediators, der keine inhaltlich bezogene Entscheidungsmacht hat, ist demgegenüber teilnehmender Natur. Er hilft den Parteien, sich aus regressiven Positionen zu lösen und ihre Dialogfähigkeit zu erweitern. Er unterstützt sie darin, sich selbst besser zu verstehen, ihre Ausgangsposition zu beschreiben, ihre Interessen zunehmend exakter zu definieren. Indem der Mediator beide Parteien versteht und in sich aufnimmt, fördert er die Akzeptanz der – in aller Regel zunächst dissonanten – Unterschiedlichkeit ihrer Sichtweisen. Er achtet darauf, daß das Problem nicht einseitig von einer Partei, sondern wechselseitig definiert wird. Schließlich hilft er ihnen, auf der Grundlage gemeinsamer und unterschiedlicher Interessen Lösungsoptionen zu entwickeln und auszuwählen und als Anwaltsmediator juristisch exakt zu formulieren. Er ist in übergeordneter Weise verantwortlich für die Wahrung der Struktur des Mediationsprozesses. Er wendet sich jeder Partei einzeln und beiden gemeinsam zu, ist also neutral zugleich im Sinne einer vielgerichteten Parteilichkeit und Allparteilichkeit. So betrachtet ist Neutralität eine sich ständig neu stellende Aufgabe. Sie zu halten ist ein Balanceakt, der vielfach gefährdet ist: z. B. weil die Parteien den Mediator als Bündnispartner oder als Retter auf ihre Seite ziehen oder ihn in eine elterliche Entscheidungs- oder Richterrolle drängen wollen, oder weil der Mediator den einen sympathischer findet und den anderen deshalb nicht genausogut verstehen und aufnehmen kann. Neutralität zu wahren ist deshalb nicht möglich ohne ständige Reflexion und braucht allein aus diesem Grunde Supervision.

Einführung des Rechts

Darüber hinaus gilt nach unserer Auffassung als Grundregel, daß das *gesetzte Recht in die Mediation einzuführen ist*, nicht als selbstverständlich anzulegender Maßstab, sondern entsprechend dem Funktionswandel, den das Recht im Rahmen der Mediation als Form der Vertragsgestaltung erfährt.

Die vorgenannten Grundregeln konstituieren Mediation als Institution (s. S. 44 ff.). Sie sind aus unserer Sicht unerläßlich. Dem Mediator und den Parteien steht es darüber hinaus frei, im Vereinbarungswege weitere Regeln einzuführen, z. B. zur Verbesserung der Kommunikation.

Zum praktischen Ablauf von Mediation

Wenn üblicherweise Mediation als mehrstufiger Prozeß beschrieben wird, so folgt dieser bei aller möglichen unterschiedlichen Differenzierung[7] einer inneren Logik. Im Kern verläuft er in *fünf Stufen*.

Stufe 1
Aushandeln des Mediationsvertrages als Grundlage der Vorgehensweise zwischen dem Mediator und den Parteien.

Stufe 2
Erarbeitung der regelungsbedürftigen Themenbereiche und die dazugehörige Bestandsaufnahme.

Stufe 3
Bearbeitung der Konfliktfelder.

Stufe 4
Verdichtung der Lösung in einer Einigung, die zum Abschluß der Vereinbarung führt.

Stufe 5
Juristische Gestaltung und Beendigung des Prozesses.

Diese Stufen korrespondieren auf der Prozeßebene schwerpunktmäßig mit
- der Förderung und Maximierung der Eigenverantwortlichkeit der Parteien,
- der Stärkung ihrer Autonomie,
- dem Aufbau einer die Lösung ermöglichenden Kommunikation im Verhältnis der Parteien zum Mediator und untereinander,

– der wachsenden Akzeptanz im wechselseitigen Verständnis und kooperativen Verhandeln,
– und schließlich der Entwicklung eines neuen Realitätsbezuges der Parteien im Verhältnis zueinander.

Der Mediator arbeitet gleichzeitig auf der Inhalts- und auf der Prozeßebene, also mit doppeltem Fokus (bifokal). Die Stufen reihen sich nicht statisch hintereinander, sondern sind dynamisch aufeinander bezogen.

Stufe 1: Aushandeln des Mediationsvertrages

Am Anfang geht es um die Schaffung der Basis für den Prozeß. Die Parteien haben häufig nur vage Vorstellungen darüber, was Mediation bedeutet. Es gilt, die Grundlagen in Abgrenzung zu anderen Möglichkeiten (gerichtliches Verfahren, anwaltschaftliche Verhandlungen, Trennungsberatung, Eheberatung, Therapie) zu erläutern, eine Verständigung über die Grundregeln herbeizuführen und in groben Zügen den Ablauf zu vergegenwärtigen. Implizit prüft der Mediator (und hat dies auch beim Fortgang im Auge), ob Mediation wirklich der geeignete Weg für die Parteien ist. Er macht dies explizit, wenn er andere Wege für das Stadium, in dem sich die Parteien befinden, für geeigneter hält.

Wenn beispielsweise eine Partei sich noch gar nicht trennen will und den Mediationsprozeß dafür nutzen möchte, die Ehe zu retten, wird der Mediator den Parteien anraten, anderen Orts in eine *Ambivalenzberatung* einzutreten, um herauszufinden, ob die bestehenden Veränderungswünsche nicht eher innerhalb der Beziehung erfüllt werden können. Es empfiehlt sich nicht, daß der Mediator diese Aufgabe übernimmt, weil dies mit einer Rollendiffusion verbunden ist. Außerdem besteht die Gefahr, daß sich der Mediator von dem nicht trennungswilligen Partner später Vorwürfe zuzieht, weil es ihm nicht „gelungen“ ist, die Trennung aufzuhalten: was die Neutralität des Mediators beeinträchtigen kann.

In unserer Praxis legen wir viel Wert darauf, die *Stufe 1* gründlich zu bearbeiten. Die Erfahrung lehrt, daß die Verlangsamung des Prozesses am Anfang – entgegen den Erwartungen der Parteien – die Lösung beschleunigt. Die Phase endet empfehlenswerterweise mit der schriftlichen Fixierung des Mediationskontraktes, der die Grundregeln und auch die anfallenden Kosten umfaßt und von allen Beteiligten unterzeichnet wird.

Stufe 2: Bestandsaufnahme

Die *Stufe 2* beginnt mit einer gründlichen Bestandsaufnahme der anstehenden regelungsbedürftigen Fragen wie z. B. der Ermittlung der Einkommensverhältnisse, einer Hochrechnung über die zukünftigen Ausgaben auf der Grundlage der bisherigen, der Vermögensverhältnisse und der Schulden. Gegebenenfalls sind Sachverständigengutachten, z. B. über den Wert eines Grundstückes oder eines Unternehmens, einzuholen. Hier ist die Offenheit der Parteien gefordert. Empfehlenswert ist die häusliche Vorbereitung der Unterlagen durch die Parteien, gegebenenfalls nach Checklisten.

Implizit wird der Mediator versuchen, sich klar darüber zu werden, welche Beziehungsmuster zwischen den Parteien vorherrschend sind und etwa die eine oder andere Seite daran hindern, ihre Interessen angemessen zu vertreten[8]. Er wird darauf achten, in welcher Phase des Trauerprozesses sich die Parteien jeweils befinden, welches Bewußtsein die Parteien in der Differenzierung als sich trennendes Paar und bleibende Eltern mitbringen und welches Maß an Destruktivität oder kooperativem Grundverständnis sichtbar wird[9].

Diese Aufschlüsselung wird die Interventionstechnik des Mediators beeinflussen, worauf hier nicht näher eingegangen werden kann.

Die Bestandsaufnahme steht im Zusammenhang mit den Fragen, in welchen Punkten bereits Einigkeit hergestellt ist und welche *Konfliktfelder* bestehen.

Stufe 3: Bearbeitung der Konfliktfelder

In der *Stufe 3* werden die offenen *Konfliktfelder schrittweise bearbeitet.* Hier hat der Mediator die Aufgabe, jeden Konfliktpartner voll in seiner Wirklichkeit und Sichtweise verstehen zu lernen, wodurch diesem Gelegenheit geboten wird, sich seinerseits besser zu klären. Eine Lösung wird auch in dieser Phase noch nicht angestrebt, wenngleich der Lösungsdruck aus der dissonanten *Spannung der unterschiedlichen Sichtweisen* heraus sehr spürbar ist.

Im Aushalten dieser Spannung liegt die Chance, daß die Konfliktpartner, aufgrund des Verständnisses des Mediators für den Einzelnen, gegenseitig besser verstehen lernen. Die Fragen des Mediators an dieser Stelle sind auf die *Interessen hinter den Positionen* gerichtet. Dies ist ein sehr wichtiger Gesichtspunkt[10]. Was damit gemeint ist, mag kurz an einem Beispiel erläutert werden: Wenn sich zwei Personen um eine Apfelsine streiten, werden gleichstarke Partner geneigt sein, letztendlich die Apfelsine zu teilen. Hätten sie exakt nach ihren Interessen gefragt, wäre vielleicht zum Vorschein gekommen, daß eine die Schalen etwa für die Zubereitung eines Kuchens, die andere die Frucht zur Versaftung für sich in Anspruch nehmen wollte. Auf der Positionsebene gibt es also lediglich eine Halbierung, auf der Interessenebene eine volle Ausschöpfung gerade wegen der Unterschiedlichkeit der Ansätze. Dieses Beispiel läßt sich vielfach variieren, vorzüglich bei der Sorge um die Kinder[11]. Bei divergierenden Interessen – und das sind die „Knackpunkte" jeder Mediation – ist sorgfältig darauf zu achten, daß die Problemsituation nicht einseitig, sondern wechselseitig definiert wird.

Soweit „Beziehungsknoten" aus der Vergangenheit die *Kommunikation* zwischen den Parteien *hindern*, können sie erkannt und benannt werden, wodurch häufig der Weg zum nächsten Mediationsschritt freier wird. Dieser besteht darin, die *zukunftsorientierten Interessen* danach zu befragen, welche gemeinsam (z. B. daß die Kinder durch die Trennung möglichst wenig Schaden leiden und weder Vater noch Mutter verlieren) und welche unterschieden sind. Die unterschiedlichen müssen sich nicht ausschließen, sondern können sich wie erwähnt ergänzen, wenn z. B. die Ehefrau ihre durch die Geburt der Kinder unterbrochene Ausbildung fortsetzen will und der Ehemann sich während dieser Zeit vermehrt um die Kinder kümmert, was seinen Wünschen entgegenkommt.

Häufig werden die Lösungen durch *Angstbarrieren* blockiert, z. B. die Kinder ganz zu verlieren, wenn der andere sich mehr um sie kümmert. Diese Ängste können explizit gemacht und entsprechende Sicherungen im Rahmen der Reorganisation der Familie ins Auge gefaßt werden. *Wertungskonflikte*[12] sind grundsätzlich nicht lösbar. Der Mediator wird danach suchen, welche Interessenkonflikte in ihnen verkörpert sind, und diese bewußt machen.

Aus der Schilderung ihrer Interessenlage wird deutlich, welche *Orientierungskriterien* die Parteien für sich in Anspruch nehmen: ökonomische Zukunftsperspektiven, Beziehungsaspekte, die bleibende Elternschaft, neue berufliche Aussichten, vorausgehende Absprachen oder ähnliches. Als Entscheidungsmaßstab kann, wie gezeigt, auch das Recht dienen (s. S. 54). Soll die Vereinbarung Bestand haben, dürfen die Grundbedürfnisse der Konfliktpartner (Perspektiven für ein Zuhause, Abmachungen zur Teilung der Verantwortlichkeit für die Kinder, Mindestmaß an wirtschaftlicher Sicherheit, berufliche Situation) nicht vernachlässigt werden.[13]

Im Stadium der *Konfliktlösung* ist die Phantasie der Parteien und des Mediators herausgefordert. Wie ist es möglich, *den Kuchen zu ver-*

größern[14], bevor er im Interesse jeder Partei und der Kinder verteilt wird? In erster Linie wird sich die Suche auf die Aktivierung brachliegender Energiefelder richten, auch wenn hierzu Durststrecken überwunden werden müssen. Kann beispielsweise eine der Parteien ihren beruflichen Stand durch Aus- oder Fortbildung so weiterentwickeln, daß höhere Verdienstmöglichkeiten zu erwarten sind, die ihrerseits in einem späteren Stadium die notwendigen Unterhaltsleistungen vermindern? Kann hierfür vorhandenes Vermögen genutzt werden? In welcher Weise? Wie kann, entlastend für beide, von jedem für die Kinder gesorgt werden? Können öffentliche Gelder (Wohngeld, Umschulungskosten, verbilligte Darlehen, usw.) in Anspruch genommen werden? Welche Steuervorteile bieten sich an, z. B. über das Realsplitting oder die gezielte Eintragung der Kinder auf der Lohnsteuerkarte einer der beiden Parteien? Können Verwandte unterstützend helfen?

Stufe 4: Einigung

Die *Stufe 4* dient der Einigung. Sie wird am ehesten gelingen, wenn die Partner soviel Raum und Respekt zwischen sich gewonnen haben, daß die destruktive Verletzungs-Kränkungs-Rache-Spirale oder die Angst-Macht-Spirale keine entscheidende Wirkkraft mehr entfaltet, sondern der Mediator und beide Partner sich darum bemühen, in der optimalen Wahrung der jeweiligen Interessen in einem *synergetischen* Zusammenspiel zu erarbeiten, was zweckmäßigerweise zu trennen ist, und wie die Tragflächen zukünftiger notwendiger Gemeinsamkeit etwa wegen der Kinder oder finanziellen Absicherungen untereinander zu konstruieren sind. Hilfreich ist es in dieser Phase, nach den Regeln des Brainstormings[15] vorzugehen, um hierbei letztlich die besten Optionen nach gemeinsam erarbeiteten objektivierbaren Kriterien auszuwählen. Daß dies in der Realität oft nur mehr oder weniger annähernd erreicht wird, liegt auf der Hand. Wechselbezügliches Verständnis und gegenseitige Unterstützung lassen sich nicht erzwingen und dürfen auch nicht unbedingt erwartet werden. Die Verletzungen sind vielleicht zu tief, das Grundgefühl der Enttäuschung und Bitternis zu dominant oder der Egoismus eines jeden einzelnen einfach zu groß. Das braucht die Parteien freilich nicht daran zu hindern, zu einer Lösung zu kommen.

Grundlegend und allerdings auch erforderlich ist es, um die Verwirklichung der jeweils eigenen persönlichen Interessen zu ringen, daß also jede Partei für sich einsteht. Das ist die Mindestvoraussetzung. Mediation ist ungeeignet, wie weiter oben ausgeführt (s. S. 129), wenn eine Partei z. B. in einer sich selbst verleugnenden Opferhaltung verharrt und dadurch ein Ergebnis erzielbar wird, aber eben ein entsprechend ungleichgewichtiges, das in der Zukunft keinen Bestand hat. In diesem Falle ist der Mediator sogar noch am scheinbaren Ende des Prozesses gehalten, ihn abzubrechen.

Stufe 5: Beendigung des Prozesses

Die *Stufe 5* dient dazu, die gewonnenen Ergebnisse, die in der Sprache der Parteien in einem *Memorandum* festgehalten sein mögen, in die *juristische Vertragssprache* zu übersetzen. Dies ist eine eigene Kunst, die erlernt sein will[16]. Ist ein Anwalt Mediator, wird dieser den Vertrag für die Parteien entwerfen. Im Falle einer Mediation durch einen Nichtanwalt liegt diese Aufgabe in den Händen und der Abstimmung der beiden die Parteien begleitenden Anwälte (s. S. 59, 61).

Vor der endgültigen Vertragsabfassung spätestens tun die Parteien gut daran, die Ergebnisse anwaltschaftlich sorgfältig überprüfen zu lassen, um im Vergleich mit dem geschriebenen Recht exakt zu wissen, auf welche Positionen sie verzichten oder welche Gestaltungsmöglichkeiten sie bislang übersehen haben. Ist doch der Gesamtprozeß darauf abgestellt, ein faires, möglichst ausgewogenes Ergebnis zu erzielen, das das herkömmliche Rechtsniveau keinesfalls unterschreitet, sondern alle Möglichkeiten einschließlich der rechtlichen interessegeleitet voll ausschöpft.

Mediation als Logik der Verständigung

Die Phasen stehen nicht nur in einem zeitlich-logischen Zusammenhang, sie haben auch eine Logik der Verständigung für sich. Nicht mehr in erster Linie gegen den anderen zu sein, sondern für sich einzustehen – mit zunehmendem Verständnis für sich selbst und den anderen. Der Weg führt von destruktiven Handlungen zu konstruktiven Verhandlungen:

Im Arbeitsbündnis werden die Grundlagen festgelegt. Sie bilden das innere Magnetfeld, in dem sich der gesamte Prozeß bewegt. Ihr zentrales Anliegen ist es, Selbständigkeit und Eigenverantwortlichkeit zu stärken. Die Erarbeitung der Themenbereiche betont die Gemeinsamkeiten, aber auch die Unterschiede in den Ausgangspositionen und damit Eigenständigkeiten der Ehepartner. In der Konfliktbearbeitung werden die Positionen aufgelöst und auf der Interessen- und Bedürfnisebene verhandelt. Indem die unterschiedlichen Sichtweisen verständlicher werden, verliert das gegenseitige Beschuldigungsmuster an Kraft und beide Partner können ihre eigenen Interessen deutlicher benennen. Wenn klar ist, was jeder will, welche Interessen und Bedürfnisse hinter den jeweiligen Absichten stehen, geht es darum, eine Beziehung zwischen den eigenen Interessen und denen des Partners herzustellen. Beim Aushandeln der Interessen steht als Maßstab nicht nur das Recht zur Verfügung, sondern beide suchen gemeinsam nach wechselseitigen Problemdefinitionen und den für sie passenden Entscheidungsmaßstäben. Voraussetzung ist, daß die jeweiligen Grundbedürfnisse erfüllt werden.

In der Lösungsphase ist schöpferische Phantasie gefragt. Wie ist es möglich, alle Interessen und Bedürfnisse unter einen Hut zu bringen? Dies ist ein gemeinsamer Such- und Findeprozeß. Entscheidend ist dabei nicht die Aufarbeitung der Vergangenheit, sondern die Gestaltung der Zukunft. Die gefundenen Ergebnisse werden nun wieder auf der Positionsebene festgemacht, rechtlich überprüft und gewinnen rechtsverbindliche Kraft. So kann Mediation ein gegenseitiges Verständnis für die eigene Wirklichkeit und die des anderen schaffen. Ihre Themen sind Trennen, Loslassen, Teilen, die Reorganisation bleibender Bindungen zugunsten der Kinder und die damit verbundene Neudefinition von Rollen, Aufgaben und Beziehungen – alles gestützt auf eine ausgewogene materielle Absicherung.

Das ist die Vision von Mediation. Sie wird immer nur annähernd erreicht werden können. Am Anfang des Weges erscheint sie unmöglich. Die Erfahrung zeigt aber, daß der Weg begehbar ist.

Mediation und die Kinder[17]

Die Eltern sind vor allem im Interesse ihrer Kinder an einer Verständigungslösung interessiert. Den mit den Kindern bei Trennung und Scheidung befaßten Diensten ist umgekehrt inzwischen klar geworden, daß elterlicher Konsens einer autoritativen Entscheidung Vorrang gebührt. Die §§ 17, 28 KJHG sind Ausdruck dieser Einsicht.

Mediation ist von ihrer prozeduralen Kompetenz her ein Verfahren, das die Interessen der Betroffenen und die professionellen Einsichten zu verknüpfen geeignet ist:

- durch Stärkung der Verantwortung als Eltern trotz Trennung als Paar,
- durch die Akzeptanz der unterschiedlichen Sichtweisen und dem damit verbundenen Respekt füreinander,
- durch Abbau von Angstbarrieren (Verlust der Kinder) zugunsten einer klaren Betreuungsteilung (Zuwachs an Kontakt),
- durch Einübung von Kooperation,
- durch Besinnung auf die für die Kinder entscheidende Zukunftsperspektive,
- durch Aktivierung der familiären Ressourcen,
- durch den versöhnlichen Charakter von Mediation,

und anderes mehr.

Um so wichtiger ist es, daß die beteiligten Dienste lernen, ihrerseits neue Formen der Kooperation miteinander zu praktizieren.[18] Die Grundgedanken der Mediation sind auch hierfür hilfreich.

Zeit und Geld

Mediation ist streng strukturiert. Deshalb liegt die *aufgewandte Zeit* im Durchschnitt bei 5 bis 10 Sitzungen à 2 Zeitstunden. Die *zeitliche Erstreckung im Sinne der Einzelabstände* der Sitzungen ist freilich sehr unterschiedlich. Sie hängt nicht nur von der emotionalen Befindlichkeit der Parteien ab, sondern vor allen Dingen von der Auslotung der tatsächlichen Gestaltungsmöglichkeiten einschließlich der Vergewisserung von Expertenwissen.

Letztlich dauert die Mediation so lange wie der Langsamere für seine Entscheidungen benötigt. Gezahlt wird nach Zeit, bei Anwälten kostet die Stunde meist zwischen DM 150,— und DM 400,— oder wird nach Prozenten des Nettoeinkommens bemessen. Freiberufliche psychosoziale Mediatoren nehmen infolge ihrer kostengünstigeren Organisationsstruktur weniger (in Anlehnung an Therapiestunden zwischen DM 80,— und DM 200,—). Dafür kommt hier mehr Arbeit auf die parteilich beratenden Anwälte zu, was deren Gebühren erhöht, so daß sich so die Kosten wieder angleichen.

Die staatlichen, kommunalen oder öffentlich geförderten Beratungsstellen, die sich auf die die Kinder betreffenden Fragestellungen beschränken, arbeiten in der Regel kostenlos oder auf Spendenbasis. Manche Beratungsstellen verlangen bei umfassender Mediation, namentlich im Falle von Co-Mediation, einen festen Satz.

Sind die Ehepartner wirtschaftlich nicht in der Lage, die Kosten für das gerichtliche Verfahren aufzubringen, können ihre jeweiligen sie einseitig beratenden Anwälte über Prozeßkostenhilfe abrechnen und so auch die erarbeitete Vereinbarung als gerichtlichen Vergleich einbringen und berechnen. Über die Kostenstruktur ist in Zukunft nachzudenken, um die wirtschaftlich Schwachen nicht zu benachteiligen und ihnen alle Möglichkeiten, auch die Inanspruchnahme von Anwaltsmediatoren, zu eröffnen. Damit Mediation kein Privileg für die Besserverdienenden wird.

Mediatoren tun gut daran, sich haftpflichtmäßig abzusichern. Anwaltsmediatoren sollten darauf achten, daß Mediation von ihrer Berufshaftpflicht mit umfaßt wird.

Einzelberatung?

Ob die Konfliktpartner auch einzeln zum Gespräch eingeladen werden, wird unterschiedlich gehandhabt. Wir bevorzugen das Treffen zu dritt. Damit jeder alles hört und weiß und die Entwicklungsschritte durchsichtig bleiben. Die Handhabung ist auch ein Hinweis für die Einstellung zur Mediation. Die Einzelberatung gibt dem Mediator mehr Einflußmöglichkeiten. Die Frage, die er an sich selbst zu stellen hat, ist, ob er das will und gegebenenfalls wozu.

Ein Blick in den Rückspiegel

Unsere eigenen praktischen Erfahrungen beziehen sich nun auf einen Zeitraum von mehr als sechs Jahren. Sie sind spannend und ermutigend – wenn auch die Mühe der Arbeit und des Wegs nicht zu übersehen sind:

Mediation verlangt – wenn sie „greifen“ soll – persönlichen Einsatz von den „Medianten“ und vom Mediator ständige emotionale und kognitive Präsenz, Dehnungsbereitschaft beim Erfassen von Unterschiedlichkeit, und immer wieder loslassen zum eigenen Weg der Konfliktpartner hin.

Spannend ist die wachsende Wahrnehmung der „Beziehungsbilder“ und ihrer Entsprechung im Außen beim Umgang z. B. mit Geld,

Verantwortung, Organisation, Entscheidung – das ständige Schweifen der Aufmerksamkeit von Innen nach Außen und Außen nach Innen.

Ermutigend ist die weitgehende Bereitschaft der Paare, den Prozeß wirklich zu durchlaufen, solange es für sie stimmig ist.

Die meisten Paare schließen die Mediation mit einer – meist notariell beurkundeten – *Vereinbarung* ab. Ihre psychische und rechtliche Verbindlichkeit kann ein solides Fundament für die Zukunftsgestaltung bilden.

Anmerkungen

1 Zum folgenden Mähler, Mähler (1992 b), S. 356 ff.

2 S. auch Diez, Krabbe (1995), S.122,123.

3 BAFM Richtlinien Ziff. III 2; Diez, Krabbe (1995), S. 122; Bastine, Link, Lörch (1992), S. 386 ff.

4 Dieses für die Befriedungsfunktion von Mediation häufig angeführte Argument gilt auch für die Vergleichspraxis der Gerichte, s. Bierbrauer, Gottwald (1983) in Gottwald, Hutmacher, Röhl, Strempel (Hrsg.) (1983), S. 191 ff.

5 Duss-von Werdt (1985b), S.113.

6 S. hierzu die Richtlinien der BAFM, S. 118 ff.

7 Wir folgen hier dem von uns praktizierten Modell von Gary Friedman und Jack Himmelstein, das in besonderer Weise das Verstehen der Interessen der Parteien durch den Mediator betont, s. Friedman (1993). S. im übrigen Diez, Krabbe (1991), S.113 ff.; Haynes (1981); Bastine, Link, Lörch (1992), S. 16 ff; Moore (1987), S. 32 ff. Ausführlich Mähler, Mähler, Duss-von Werdt (1994), S. 45 ff.

8 Besonders hilfreich ist es hier, typologisch zwischen verschiedenen Formen des Verhandelns zu unterscheiden: sich durchsetzen, sich anpassen, vermeiden, Kompromisse schließen, zusammenarbeiten. Zur Power Balancing Haynes (1988), S. 277 ff.

9 Dies ist das Hauptthema des Klassikers von Deutsch (1976).

10 Er wurde zentral vom Forschungsteam der Harvard-University herausgearbeitet, s. Fisher, Ury (1988), S. 65 ff.

11 Zu Verhandlungsaspekten näher Bastine (1995), S. 16 ff.

12 S. z. B. Moore (1987), S. 26 ff.

13 Mähler, Mähler, Duss-von Werdt (1994), S. 60 ff.

14 Gottwald (1987), S. 72 ff. Vgl. auch Mähler, Mähler, Duss-von Werdt (1994), S. 65 ff.

15 Fisher, Ury (1988), S. 86 ff.

16 Langenfeld (1991), S. 49 ff.

17 Mähler, Mähler, Duss-von Werdt (1994), S. 19 ff.; Mähler H.-G. (1993a), S. 201 ff; Mähler, Mähler (1995), S. 46 ff.; sowie Diez (1994), S. 21 ff.; Jaede (1995), S. 124 ff.; Proksch (1989), S. 141 ff.; Balloff, Walter (1993), S. 165 ff.

18 S. Mähler, Mähler (1995 b), S. 39 ff..

Praxiserfahrungen mit Vermittlung (Mediation) in streitigen Sorge- und Umgangsrechtsverfahren

Roland Proksch

Ausgangslage – die psychische Situation bei Trennung und Scheidung

Seit 1960 ist in Deutschland die Zahl der Ehescheidungen kontinuierlich angestiegen und hat sich von 48.874 Ehescheidungen 1960 auf 156.425 Ehescheidungen 1993, davon 18.361 in den neuen Ländern und Berlin-Ost, verdreifacht (Statistisches Bundesamt 1993).

Bei etwa 50 % der geschiedenen Ehen sind Kinder mit betroffen. Von 1980 bis 1993 waren das in der Bundesrepublik Deutschland über 1,5 Millionen Kinder. Pro Jahr kommen im vereinten Deutschland ca. 150.000 weitere „Scheidungskinder" dazu. Zu einem hohen Anteil sind es Kleinkinder unter sechs Jahren (30 %) bzw. unter zwölf Jahren (50 %), denn Ehen im vierten bis sechsten Ehejahr sind besonders scheidungsgefährdet. Die durchschnittliche Ehedauer zum Zeitpunkt der Scheidung betrug 1993 z. B. nur ca. zwölf Jahre. Kinder hatten also kaum Chancen, vor der Scheidung ihrer Eltern „erwachsen" zu werden. Es scheint, daß wir uns US-amerikanischen Verhältnissen nähern, wo davon ausgegangen wird, daß 50 % aller Kinder vor ihrer Volljährigkeit von Scheidung betroffen worden sind.

Für Kinder ist die Trennung oder Scheidung ihrer Eltern meist mit Verlust- oder Angstgefühlen verbunden, die zu Störungen der kindlichen Entwicklung führen können. Viele von den heutigen Scheidungskindern sind doppelt gefährdet, weil Scheidungseltern bei Wiederverheiratung einem größeren Scheidungsrisiko auch der zweiten Ehe unterliegen als andere vergleichbare Eheeltern. Signalisieren Scheidung und Trennung von Eltern häufig Krisensituationen, so bedeuten Trennung und Scheidung für Kinder noch einmal ein wesentlich einschneidenderes Ereignis in ihrem Leben als für ihre Eltern. Mit der auch räumlich vollzogenen Trennung ihrer Eltern nach der Scheidung verlieren die Kinder regelmäßig ihren gleichmäßigen Bezug zu beiden Eltern. Kinder verlieren damit Geborgenheit und Vertrauen, die beide für sie existentiell erforderlich sind.

Für Eltern ist der „Kampf ums Kind" in Trennungs- oder Scheidungssituationen oft die Fortsetzung des Ehekampfes, der nun mit juristischen Mitteln geführt wird. Mit der Beauftragung eines Rechtsexperten (Rechtsanwaltes) wird die gerichtliche Entscheidung der Scheidungsfolgenkonflikte erzwungen, von der die Problemlösung erwartet wird. Deshalb fühlen die Eltern zunächst auch die erwünschte – und willkommene – Erleichterung am Ende ihres Erstgesprächs mit „ihrem" Rechtsanwalt, wenn die entsprechende Prozeßvollmacht unterschrieben ist. Nun – so glauben oder hoffen sie – können sie sich zurücklehnen und abwarten, bis das Gericht aufgrund der „überzeugenden" Argumentation „ihres" Rechtsanwaltes im Sinne ihres Antrages entscheiden und den Konflikt zu ihren Gunsten lösen wird.

Das klassisch-juristische Streitregelungsverfahren begünstigt damit die Fortsetzung eines gegnerschaftlichen, kommunikationsarmen Konfliktregelungsmusters, anstatt die notwendigen elterlichen kooperativen Kommunikationsstrukturen herzustellen bzw. zu fördern. Es verschärft die „Sprachlosigkeit" der Eltern, zu einem Zeitpunkt, zu dem eine kooperative Kommunikation der Eltern mindestens im Interesse ihrer Kinder notwendig ist. Forschungsergebnisse zeigen nämlich auf, daß das kommunikative Austragen von Konflikten zwischen Eltern beziehungsstabilisierend wirkt, daß aber gerade Scheidungseltern häufig in der kommunikativen und kooperativen Konfliktarbeit nicht (mehr) geübt sind (Napp-Peters 1988, S. 15 ff.; Nave-Herz 1991, S. 322; Proksch 1991 b, S. 49 f.).

Die existentielle Bedeutung von eigenständigen, befriedenden Konfliktregelungsstrategien für Scheidungseltern als Alternativen zum klassisch-gerichtlichen Entscheidungsprozeß spiegelt sich in sozialwissenschaftlichen Forschungsergebnissen. Sie zeigen, daß Kinder die Scheidung ihrer Eltern umso eher ohne Störung verarbeiten und sich umso schneller an die Nachscheidungssituation anpassen können, je besser ihre Eltern selbst nach der Scheidung miteinander kooperieren und Entscheidungen einvernehmlich treffen (Napp-Peters 1988, S. 15, 43). Unabhängig vom konkreten Inhalt getroffener Elternvereinbarungen im familiengerichtlichen Verfahren scheint deshalb für die Minimierung kindlicher Störungen und somit für das „Wohl des Kindes" ausschlaggebend zu sein, daß beide Eltern konfliktfrei am Leben ihrer Kinder (weiterhin) teilnehmen und sich für deren Bedürfnisse gemeinsam verantwortlich fühlen. Denn Sorge- und Besuchsrecht können nur dann zum Wohl des Kindes ausgeübt werden, wenn alle Beteiligten die gefundene Regelung innerlich mittragen.

Dies wird jedoch durch das – noch immer wesentlich gegnerschaftlich geführte – justizielle Streitverfahren erheblich erschwert. Hier fördert die Notwendigkeit einer richterlichen Entscheidung zum rechtlich kaum faßbaren Begriff des „Wohls des Kindes“ gegnerschaftliche Verhaltensweisen der Parteien zu einem für sie psychisch in jeder Beziehung denkbar schlechtesten Zeitpunkt, dem ihres „förmlichen Ehekonkurses“. Damit ist die Einübung von (neuen) Kooperations- und Kommunikationstechniken der Eltern zur Förderung ihrer nachehelichen, familiären Reorganisationen bereits während des familiengerichtlichen Entscheidungsverfahrens zwingend gefordert.

Das juristische Streitregelungsverfahren – nur die zweitbeste Alternative

Eltern verfolgen im Scheidungsverfahren situationsbedingte Illusionen: Sie meinen oder hoffen, daß die Scheidungsprofessionen ihre Angelegenheiten zu ihren Gunsten regeln werden. Sie erwarten, daß der Kontakt zum anderen Partner endgültig beendet werden kann. Schließlich hoffen sie, daß ihre Kinder ausschließlich zu ihrer Verfügung stehen würden („Mein Kind gehört mir“). Das gerichtliche Verfahren fördert diese Illusionen. Durch die Beauftragung ihrer Rechtsanwälte versuchen die Eltern, ihre Positionen erfolgreich „zu Ende kämpfen zu können“. Regelmäßig führen sie diesen Kampf „ohne Rücksicht auf Verluste“.

Aus der Ehefrau Anna wird die Ex-Ehefrau Müller und dann die „Antragsgegnerin“ als Konkurrentin im Wettbewerb um die gemeinsamen Kinder. Das gerichtliche Verfahren als gegnerschaftlich konstruiertes Streitentscheidungsverfahren führt die Eltern in eine Wettbewerbs- und Konkurrenzsituation, in der sie egoistisch um ihre Kinder kämpfen und sich gleichzeitig neuerliche Verletzungen zufügen. Am Ende stehen nur Verlierer, die sich mit der Umsetzung der gerichtlichen Entscheidung schwertun. Häufig sind sie damit völlig überfordert, nicht zuletzt auch deshalb, weil ihnen Hilfen zur Umsetzung dieser Entscheidung im klassischen Streitverfahren nicht zuteil geworden sind.

Spätestens mit der gerichtlichen Entscheidung wird deutlich werden, daß der gerichtliche Streit der Eltern um ihre Kinder ihre Konflikte nicht vermindert, sondern noch weiter verschärft hat. Das Ende des Rechtsstreits markiert dann häufig die Ouvertüre für neuerliche elterliche Auseinandersetzungen.

Die Unterstützung von Scheidungseltern im Scheidungsprozeß darf sich deshalb weder auf die juristisch gegnerschaftlich dominierte, einseitige Bestimmung des „besseren" Elternteils richten, noch vorrangig Beratungs- oder Therapieangebote an einzelne Eltern vorsehen. Es geht nicht um Fragen von „Recht haben" oder „Recht erhalten". Ebensowenig soll ein konkretes Problemfeld durch „Beratung" bearbeitet und bewältigt bzw. sollen gefühlsmäßige Störungen im Verhalten, unter denen ein Elternteil leidet, durch therapeutische Angebote gemildert oder behoben werden (vgl. Balloff 1992, S. 29 f.).

Vielmehr geht es um die Erarbeitung einvernehmlicher Regelungen über konkrete Streitfragen zur elterlichen Sorge bzw. zum Besuchsrecht durch die Eltern selbst. Hierfür muß die Einübung oder Förderung kooperativer Kommunikationsmuster im Vordergrund stehen.

Zweifel an der Fähigkeit zur Gemeinsamkeit von Eltern nach einer gescheiterten Partnerschaft oder Ehe mögen zwar grundsätzlich berechtigt sein. Aus realistischer Alltagssicht, vor allem aber aus Sicht der Kinder, kommen jedoch auch Scheidungseltern nicht umhin, zur Wahrnehmung ihrer nach wie vor bestehenden elterlichen Gesamtverantwortung für ihre gemeinsamen Kinder kooperative Kommunikationsbeziehungen zu entwickeln und zu pflegen, wenn sie nicht ihre eigene Erziehungsverantwortung mit entsprechenden rechtlichen Konsequenzen aufs Spiel setzen wollen.

Es geht also nicht (mehr) um die Aufrechterhaltung oder Entwicklung „typischer" vor- oder nachehelicher Frau-Mann-Beziehungen, sondern allein um die Befähigung der Eltern zu „geschäftlich-normalem" Miteinander bezüglich ihrer Rechte und Pflichten als Vater und Mutter. Insoweit sind hierfür Beratung oder Therapie allenfalls flankierend gefragt, als Interventionen, die die Kommunikation hemmenden Beziehungsblockaden auflösen oder kompensieren helfen können.

Vornehmlich geht es um „vermittelnde" Interventionen mit dem Ziel, die Verantwortung der Eltern als Vater und Mutter nach Trennung oder Scheidung zu stärken und Eltern im Gespräch möglichst zu befriedenden, einvernehmlichen, elterlichen Beziehungsregeln zu führen. Damit ist die Einübung von (neuen) Kooperations- und Kommunikationstechniken der Eltern zur Förderung ihrer nachehelichen familialen Reorganisation bereits während des familiengerichtlichen Entscheidungsverfahrens zwingend gefordert.

Diese im Scheidungsprozeß zu bewältigenden kommunikativen Beziehungsaufgaben weisen eine hohe Affinität zu denen in anderen

Übergängen der familialen Entwicklung auf, wie z. B. die Geburt eines Kindes oder ähnliches. Auch sie setzen kooperative Kommunikationsstrategien als alternative Konfliktregelungsmöglichkeiten voraus, deren Abwesenheit familiale Beziehungs- und Kommunikationsstörungen zu konfliktträchtigen Ehekrisen oder zu Trennung oder Scheidung sich entwickeln lassen kann.

Im praktischen Ergebnis heißt dies, den Einsatz eines „Vermittlers" an die Stelle eines autoritativen Entscheiders zu praktizieren. Diese Vermittlungsperson, die weder als „Berater" noch als „Therapeut" arbeitet, soll die Parteien zu einer Einigung führen, ohne selbst zu einer Entscheidung befugt zu sein. Dabei kann die Vermittlungsintervention durchaus – generelle – therapeutische Effekte erzielen oder durch psycho-pädagogische Informationen Elemente von Beratung einbeziehen. Die Nähe zum Konfliktdefinitionsprozeß der Parteien erfordert eine Teilnahme des Vermittlers bereits in einer frühen Phase der Auseinandersetzung, in der der soziale Sachverhalt, die verletzten Normen oder die Zuschreibung von Verantwortlichkeiten oder die eigene Interessenslage noch keine durchgängige Festlegung erfahren haben.

Konsensuale Vermittlungsverfahren – notwendige Hilfen zur Selbsthilfe

Vermittlungsverfahren zielen auf die Förderung elterlicher Kommunikations- und Kooperationskompetenz. Sie zeigen den Eltern beispielhaft die Vorteile einvernehmlicher, eigenerarbeiteter Streitregelungen auf. Sie lösen die verfassungs-, familien-, jugendhilfe- und prozeßrechtlichen Vorgaben einvernehmlicher Regelungen familienbezogener Streitigkeiten ein. Sie entlasten Eltern und Kinder.

„Vermittlung" in diesem Sinne ist die Aktivität eines Vermittlers, die Konfliktverhandlungen der Eheleute/Eltern zu katalysieren, zu lenken und zu fördern. In einem systematisch angelegten Kommunikations- und Kooperationsprozeß arbeiten die in Konflikt geratenen Parteien an einer eigenverantwortlichen und einvernehmlichen Konfliktlösung, die ihren Bedürfnissen und Interessen gerecht werden kann. Wie bei direkten Verhandlungen sind die bestehenden gemeinsamen Interessen an einer Lösung des Konflikts wichtiger als die Anwendung von Normen. Der Vermittlungserfolg hängt weitgehend davon ab, ob die Parteien davon überzeugt werden können, daß der ihnen aus einer eigenverantwortlichen Einigung erwachsene Vorteil größer ist als die Durchsetzung ihrer vollen Ansprüche in einem streitigen Verfahren. Im Gegensatz zum Justizverfahren ist bei „Vermittlung" nicht eine retrospektive Fakten- und Normenanalyse erheblich. Es geht vielmehr um die Erarbeitung der Konfliktgenese mit der Wiederherstellung der durch den Streit unterbrochenen Kooperation und Kommunikation. Die Parteien sollen schließlich in ihrem gemeinsamen Interesse agieren (vgl. Proksch 1990, S. 23).

Eine weitere wesentliche Aufgabe von Vermittlung ist es, die Ehepartner/Eltern für die Unterscheidung ihrer (beendeten) Paarbeziehung und ihrer (fortwährenden) Elternbeziehung zu sensibilisieren. Vermittlung soll außerdem die Eltern bei der Entwicklung neuer Verhaltens- und Bewertungsmuster unterstützen, die ihnen eine kommunikative Zusammenarbeit in der fortbestehenden Elternschaft ermöglichen bzw. die sie zur Reorganisation ihrer nachehelichen Beziehung befähigen.

Im Unterschied zum gegnerschaftlichen Streitverfahren legt „Vermittlung" nicht die Betonung auf die Frage, wer Recht oder Unrecht hat, sondern stellt allein die Notwendigkeit der Kooperation und Kommunikation sowie den gemeinsamen Vorteil einer gemeinschaftlich erarbeiteten, eigenen Regelung heraus.

Da Vermittlung grundsätzlich im privaten, freiwilligen und vertrauten Rahmen durchgeführt wird, können die Parteien ihre Streitpunkte offen diskutieren, ohne deswegen Nachteile oder gar die Ausnutzung „schwacher" Positionen fürchten zu müssen. Indem die Beteiligten ihre eigenen gemeinsamen Lösungen erarbeiten, investieren sie emotional auch in den zukünftigen Erfolg dieser Vereinbarungen. Dies erklärt, warum solche Vereinbarungen auch langfristig eher eingehalten werden als gerichtliche Entscheidungen oder Vergleiche.

Vermittlung in diesem Sinne wird als mehrstufiger Prozeß durchgeführt, der von einer einführenden Orientierung zur Struktur- und Vertrauensbildung über die Konfliktkommunikation zwischen den Parteien hin zur Erarbeitung und zum Vollzug gemeinschaftlicher Konfliktregelungen führt. Im einzelnen können folgende Stufen unterschieden werden:

- Einführung von Strukturen und Schaffung von Vertrauen;
- Darstellen von Tatsachen, Fakten, Hintergründen;
- Erarbeitung von Streitfragen;
- Erarbeitung von Optionen und Alternativen;
- Verhandlung und Entscheidung;
- Festhalten der erzielten Vereinbarungen;
- Rechtliche Überprüfung, Verfahrensbeendigung;

– Vollzug der Vereinbarung, Überprüfung und Veränderung (vgl. im einzelnen dazu Proksch 1992a, S. 115 ff.).

Für Kinder führt Vermittlung zu einer deutlichen Entlastung. Sie erfahren, daß ihre Eltern trotz ihrer Trennung oder Scheidung weiter miteinander reden, zusammenarbeiten und bestrebt sind, eine für Eltern und Kinder gute, akzeptierte und praktikable Regelung zu finden. Kinder erfahren dabei auch, daß die Trennung oder Scheidung ihrer Eltern nicht von ihnen (den Kindern) verschuldet ist und, was ganz wichtig ist, daß die Trennung oder Scheidung ihrer Eltern nichts an der elterlichen Liebe, Verantwortung und Pflichtenstellung ihnen (den Kindern) gegenüber ändern wird.

Schließlich vermeidet Vermittlung Konflikterlebnisse bei Kindern, über die Kindschaftsstreitigkeiten ihrer Eltern selbst entscheiden zu dürfen oder zu müssen.

Praxiserfahrungen mit Vermittlung (Mediation) in streitigen Sorge- und Besuchsrechtsfällen

Vermittlung als alternative Konfliktregelung hat eine lange geschichtliche Tradition (vgl. Proksch 1991a, S. 170 ff.). In Deutschland bzw. in Europa steckt sie noch in den Anfängen. Demgegenüber gibt es in den Vereinigten Staaten von Amerika bereits seit Jahren eine Vielzahl von Ansätzen, kooperative Scheidungs- und Trennungsinterventionen überwiegend als Vermittlung (Mediation) durchzuführen. Sie sind dort ein unentbehrliches Instrument zur Konfliktsteuerung geworden (vgl. Proksch 1989b, S. 918 ff.). Praxiserfahrungen zeigen ihre Wirksamkeit, die von Eltern, RichterInnen und RechtsanwältInnen begrüßt wird.

In der Bundesrepublik Deutschland wurde Vermittlung in streitigen Familiensachen 1988 durch Verfasser der Öffentlichkeit vorgestellt, als er auf dem Dritten Arnoldshainer Familiengerichtstag 1988 über seine eigenen Vermittlungserfahrungen 1988 erstmals der Fachöffentlichkeit in den USA (Proksch 1989a, S. 56 ff.) berichtete.

Die Fachtagung „Wohl des Kindes – Systemische Konfliktlösungen im Scheidungsverfahren“, die am 20. September 1989 in Nürnberg mit über 400 teilnehmenden Fachleuten aus allen Scheidungsprofessionen stattfand, war ein weiterer wichtiger Schritt zur Einführung von Vermittlung in Deutschland (vgl. Proksch 1991c).

Das Pilot-Projekt am Jugendamt in Erlangen von 1990 bis 1991

Erste praktische Erfahrungen mit Vermittlungsverfahren in familiengerichtlichen Verfahren konnten in der Bundesrepublik Deutschland (alt) mit dem abgeschlossenen Pilotprojekt „Praxiserprobung und Bewertung von Vermittlung (Mediation) in streitigen Familiensachen“ gewonnen werden. Vom 1. Dezember 1990 bis 31. Oktober 1991 führte Verfasser dieses Projekt am Stadtjugendamt Erlangen durch. In diesem Projekt wurden erstmals im vereinigten Deutschland Vermittlungsverfahren versuchsweise in der jugendhilferechtlichen Familienhilfe als Standardangebot eingesetzt (Proksch 1991b). Es knüpfte an Überlegungen und Erfahrungen zu „Alternativen in der Ziviljustiz“ an, die seit anfangs der 80er Jahre in der Bundesrepublik Deutschland verstärkt diskutiert worden sind (Blankenburg, Gottwald, Strempel 1982). Das Pilotprojekt wurde vom Bundesjustizministerium und vom Bundesfamilienministerium gefördert.

Das Vorhaben bezweckte die pilotmäßige Praxiserprobung und Bewertung von Vermittlung in streitigen Familiensachen mit Sorgerechtsbezug nach Ablauf, Dauer, Ergebnis, Kosten und Zufriedenheit der Betroffenen im Vergleich zu einer nicht vermittelnden Kontrollgruppe.

Das Projekt

Das Pilotprojekt brachte Informationen darüber, daß Vermittlungsverfahren

- sich im Rahmen des geltenden Rechts und der vorhandenen gerichtlichen Verfahrensstruktur organisatorisch realisieren lassen, und
- daß sie als alternative Konfliktregelung auch in Deutschland effektive Hilfen zur Selbsthilfe für Scheidungseltern darstellen können.

Es wurde eine Vermittlungs- und eine Kontrollgruppe gebildet. Während in der Kontrollgruppe die Entscheidungen allein im Wege der Familiengerichtsbarkeit und der sogenannten Familiengerichtshilfe des Jugendamtes herbeigeführt, also mit den klassischen Jugendamtsberichten mit Entscheidungsvorschlägen praktiziert wurden, wurde für die Vermittlungsgruppe Vermittlung als zusätzliche Leistung des Jugendamtes angeboten. Zur Bewertung der Ergebnisse von Vermittlungs- und Kontrolleltern wurden in beiden Gruppen entsprechende Daten zu Beginn und nach Abschluß der Mitwirkung des

Jugendamtes gemäß § 50 SGB VIII vom 26. Juni 1990 (in Kraft seit 1. Januar 1991, ergänzt als Artikel 1 des Kinder- und Jugendhilfegesetzes) erhoben. Die Ergebnisse der Auswertung und die Bewertung der erhobenen Daten bildeten die Grundlage für die Beantwortung der gestellten Forschungsfragen.

In der im Pilotprojekt vorgesehenen Praxisphase vom April 1991 bis Oktober 1991 konnten 27 nach dem Zufallsprinzip ausgewählte Elternpaare beobachtet werden, deren streitige Sorge- und Umgangsrechtverfahren in diesem Zeitraum am Familiengericht anhängig wurden und denen Vermittlung als alternatives Konfliktregelungsverfahren angeboten wurde (Vermittlungsgruppe). Parallel dazu wurden – ebenso nach dem Zufallsprinzip erhobene – 24 Eltern beobachtet, die ihre streitigen Sorge- und Umgangsrechtsverfahren ohne Vermittlung, also im klassischen Verfahren, verfolgten (Kontrollgruppe). Die Eltern beider Gruppen waren demographisch wie gesamtstatistisch vergleichbar.

Ergebnisse

Überraschend, weil in diesem Ausmaß nicht erwartet, war die hohe Akzeptanz des – freiwilligen – Vermittlungsangebotes des Stadtjugendamtes Erlangen durch die „Vermittlungs-Eltern". Ca. 90 % der nach dem Zufallsprinzip ausgewählten Scheidungseltern willigten spontan ein, „Vermittlung" in ihrem eigenen Sorgerechts- bzw. Umgangsrechtsverfahren zu praktizieren.

Bezogen auf die gesamte Zahl der 27 Elternpaare erreichten knapp 50 % (13 Elternpaare) eine einvernehmliche Vereinbarung, 18,5 % (5 Elternpaare) brachen das Vermittlungsverfahren ab und 33 % (9 Elternpaare) stiegen nicht in das Vermittlungsverfahren ein. Bezogen auf die 70 % in das Vermittlungsverfahren eingestiegenen Eltern erreichten 72 % eine Vereinbarung, während es bei 28 % zu einem Abbruch kam.

Bewertung der Vermittlung
Bei den 13 Paaren der Vermittlungsgruppe, die Vereinbarungen erarbeiten konnten, gab es folgende Ergebnisse (Doppelzählungen, Sorge- und Besuchsrecht pro Paar):

8 Vereinbarungen zum Besuchsrecht
6 Vereinbarungen zum Sorgerecht, davon einmal jeweils die alleinige Sorge für die Mutter bzw. den Vater und viermal gemeinsame Sorge (die in Deutschland seit 1982 möglich ist).

Weit über die Hälfte der befragten Vermittlungs-Eltern, sowohl solche, die zu einer Vermittlungsvereinbarung gelangt sind, als auch solche, bei denen es zu einem Abbruch des Vermittlungsverfahrens kam, qualifizierten Vermittlung als ein hilfreiches Verfahren, das sie „ihren Bekannten weiterempfehlen" würden.

Im einzelnen wurde Vermittlung von den befragten Vermittlungs-Eltern wie folgt bewertet:

- Auf die Frage, ob sie Vermittlung an Freunde weiterempfehlen würden, antworteten von 30 befragten Eltern
  15 trifft völlig zu
  10 trifft zu
  3 unentschieden
  1 trifft nicht zu
  1 trifft überhaupt nicht zu

- Auf die Frage, ob sie mit Vermittlung sehr zufrieden seien, antworteten von 28 befragten Eltern
  9 trifft völlig zu
  13 trifft zu
  2 unentschieden
  2 trifft nicht zu
  2 trifft überhaupt nicht zu

Diese Bewertung des Vermittlungsangebotes durch die Eltern legt die Vermutung nahe, daß „Vermittlung" auch in der Bundesrepublik Deutschland von den Scheidungseltern als wirksame Alternative zum gerichtlichen Verfahren verstanden und als Standardangebot zur Förderung des „Wohls des Kindes" gewünscht wird. In den Vermittlungssitzungen selbst wurde deutlich, daß Eltern – auch bei hohem Streitpotential – befähigt sind oder doch durch die Vermittlungsintervention befähigt werden können, konstruktiv zu streiten und durch kooperative Kommunikation zu einer einvernehmlichen eigenen Lösung zu gelangen.

Es fällt auf, daß die Bewertung von Vermittlung durch die Vermittlungs-Eltern exakt die Vorteile spiegelt, die in der Literatur häufig erwähnt worden sind, daß Vermittlung nämlich streitorientiert, zukunftsorientiert und entscheidungsorientiert ist.

Folgende Aussagen wurden von den befragten Eltern getroffen:

- der Vermittler brachte unsere Diskussion wieder auf die wesentlichen Punkte: 96, 3 %;

- während der Vermittlung wurde nicht zuviel Zeit mit alten und vergangenen Konflikten vertan: 63 %;
- das Vermittlungsverfahren war sehr übersichtlich: 88,5 %;
- das Vermittlungsverfahren war für mich sehr durchschaubar: 82,5 %;
- Vermittlung half mir, meine eigentlichen Probleme, Interessen und Streitpunkte herauszuarbeiten: 66,7 %;
- durch die Vermittlung haben wir eine gute Lösung für das Sorgerecht unserer Kinder gefunden: 50,0 %;
- durch die Vermittlung haben wir eine gute Lösung für das Umgangsrecht für unsere Kinder gefunden: 45,8 %.

Die sehr strukturierte Herangehensweise an den Streitpunkt im Vermittlungsverfahren unter Einbeziehung der subjektiven Vorstellungen von Gerechtigkeit seitens der Eltern läßt vermuten, daß hier die Stärken des Vermittlungsverfahrens liegen, die es gegenüber dem Gerichtsverfahren als vorteilhafter und streitentlastender erscheinen läßt.

Bewertung des gerichtlichen Verfahrens

Demgegenüber ergab sich aus der Elternbefragung, daß das gerichtliche Verfahren als nicht befriedigend bewertet wird:

So waren nur 16,4 % der Gesamtgruppe Eltern (Basis 49 Eltern) mit dem Gerichtsverfahren zufrieden (Vermittlungsgruppe 24 %, Kontrollgruppe 8,4 %).

64,6 % gaben an, daß das Gerichtsverfahren ihren Ärger erhöht habe (Vermittlungsgruppe 68 %, Kontrollgruppe 60,9 %).

Nur 10,4 % meinten, daß in dem gerichtlichen Verfahren ihre Streitpunkte geklärt werden konnten (12 % resp. 8,87 %).

Das Gerichtsverfahren empfanden 68,1 % der Eltern als zu förmlich (52 % resp. 86, 3 %), 70,3 % als zu gespannt (60 % resp. 81,8 %).

Für eine mögliche Entlastung der Familiengerichtsbarkeit durch Vermittlungsverfahren ist das Ergebnis auf die Frage, ob jeder neue Streit mit dem Ex-Partner sofort zu Gericht gebracht würde, bedeutsam. Nur 12, 5 % konnten diese Frage für sich bejahen (Vermittlungsgruppe 3,8 %, Kontrollgruppe 21,7 %). Demgegenüber meinten 55,1 %, daß dies für sie nicht in Betracht käme (69,3 % resp. 39,1 %).

Wichtig zur Bewertung der Beratungsarbeit durch Rechtsanwälte im gerichtlichen Verfahren erscheinen die Aussagen der Eltern, daß die Rechtsanwälte ihnen jeweils Gelegenheit gegeben hätten, ihre Vorstellungen in das Verfahren mit einzubringen und daß die Rechtsanwälte ausreichende Informationen zur Streitentscheidung gegeben hätten.

Hinsichtlich der Bewertung der Fairneß der jeweiligen Rechtsanwälte zeigen die Ergebnisse jedoch unterschiedliche Bewertungen auf.

So wurde die Tätigkeit des eigenen Rechtsanwaltes gegenüber dem anderen Elternteil überwiegend als fair bezeichnet; die Tätigkeit des Rechtsanwaltes des anderen Elternteiles sich selbst gegenüber jedoch überwiegend als unfair.

Hier mögen sicherlich subjektive Stimmungslagen in der Bewertung erheblich werden, doch wird deutlich, daß Aktionen und Interventionen von Rechtsanwälten das Einigungsverhalten und die entsprechende Motivation der Eltern negativ oder positiv durch ihre Einflußnahme beeinflussen können.

Insgesamt ergibt sich zum gerichtlichen Verfahren, daß es von beiden Gruppen als nicht befriedigend bewertet wird. Es fällt auf, daß die Kontrollgruppe das gerichtliche Verfahren noch negativer einschätzt als die Vermittlungsgruppe.

Zwar wird auch hier das geringe Sample der Kontrollgruppe zu berücksichtigen sein, allerdings erscheint die Tendenz in beiden Gruppen für die Bewertung des gerichtlichen Verfahrens in diesem Streitverfahren eindeutig.

Es hat den Anschein, daß die psychischen Komponenten der subjektiven Partizipation und Kooperation zu kurz kommen und die Förmlichkeit und Verrechtlichung des Verfahrens subjektiv Schwierigkeiten in der Akzeptanz ergeben.

Beziehung der Eltern zueinander

Die Beziehungen der Vermittlungseltern zueinander vor der Vermittlungsintervention waren durch deutliche Feindseligkeiten geprägt.

Die Eltern waren keine „guten Freunde" mehr (75,7 %) und hatten miteinander nur noch wegen der gemeinsamen Kinder zu tun (75,8 %).

Offene Konflikte in den letzten zwölf Monaten gab es oft bis sehr oft in 58, 8 % der Fälle, wobei die Stimmung in 61,7 % der Fälle oft bis sehr oft feindselig war.

Dies führte häufig zu Streit (65,7 %), der in Handgreiflichkeiten ausgetragen wurde (45,4 %), bzw. wobei sich die Eheleute häufig anschrien (60,6 %).

Ärger und Zorn herrschten vor bei 73,6 %, wobei der Ärger und Zorn des anderen Partners jeweils noch deutlich höher eingeschätzt (94,1 %) wurde.

Konsequent wurden keine Versöhnungsmöglichkeiten gesehen (76, 5 %) und auch eine Eherückkehr wurde überwiegend ausgeschlossen (84,8 %).

Soweit (überhaupt) Eheberatung in Anspruch genommen wurde, was nur in 44,1 % der Fälle zutraf, wurde sie als hilfreich in 35,7 % beurteilt, und als nicht hilfreich in 26,7 %.

Keine Möglichkeit einer Zusammenarbeit sahen 57,6 % der Eltern. Probleme wurden deshalb auch nicht miteinander besprochen (60,6 %). Eine sachliche Auseinandersetzung erschien 53,1 % der Eltern ausgeschlossen, ebenso die Möglichkeit, den anderen Partner zu überzeugen (75,8 %).

Dieser sehr negativen eigenen Beurteilung der Beziehungen zu dem anderen Partner und der kaum vorhandenen Kommunikation und Kooperation entsprachen die gepflogenen Muster der Konfliktregelung. Überwiegend wurde versucht, die Eheprobleme allein zu bewältigen (51,5 %). Problem wurden daher auch nicht mit dem anderen besprochen (61,8 %).

Gleichwohl scheint als Stärke der Eltern ihre Sensibilität für die Erfordernisse der Kinder feststellbar. Denn überwiegend (58,8 %) halten die Eltern sehr viel davon, daß beide Eltern gemeinsam für ihre noch nicht erwachsenen Kinder Sorge und Verantwortung tragen. Die Eltern sind auch der Auffassung, daß es für das Kind am besten sei, wenn sich beide Eltern in Erziehungsfragen einigen (76,5 %).

Sich selbst trauen dabei die Eheleute auch überwiegend zu, bis zum Erwachsensein ihrer Kinder mit dem anderen Elternteil zusammenzuarbeiten (67,6 %) trotz der Trennung oder Scheidung. Doch glauben nur wenige (32,5 %), daß der andere Elternteil ebenfalls mit ihnen bis zum Erwachsensein der Kinder zusammenarbeiten will.

Zusammenfassend läßt sich also feststellen: Bei den Vermittlungseltern war ein hohes Konfliktpotential feststellbar. Kommunikation und Kooperation waren objektiv überwiegend nicht vorhanden. Allerdings wurden diese überwiegend als sehr wichtig empfunden, insbesondere auch im Hinblick auf die gemeinsamen Kinder. Selbst getrauten sich die Eheleute jeweils zu, mit dem anderen Partner zusammenzuarbeiten, doch konnten sie sich diese Bereitschaft beim anderen nicht vorstellen.

Die Befragungsergebnisse nach der Vermittlungsintervention lassen eine Tendenz zur Verbesserung von Kommunikation und Kooperation erkennen.

So verbesserte sich die Einschätzung von Möglichkeiten einer Zusammenarbeit mit dem anderen Partner deutlich von 14,7 % auf 21,9 %.

Daß keine Zusammenarbeit mit dem andern Elternteil möglich sei, meinten nur noch 48,5 %(vorher 57,6 %).

Die eigene Fähigkeit zur Kooperation mit dem anderen Elternteil wurde ebenfalls mit 78,1 % (vorher 67,6 %) deutlich günstiger eingeschätzt.

Die Notwendigkeit einer gemeinsamen elterlichen Verantwortung wurde mit 66,6 % (vorher 58,6 %) noch einmal höher bewertet, ebenso die Notwendigkeit der Eltern, sich in Erziehungsfragen zu einigen, auf 81,8 % (vorher 76,5 %).

Insofern überrascht nicht, daß auch der Ärger und der Zorn auf den anderen Elternteil mit 24,3 % gegenüber vorher 47,1 % deutlich geringer geworden ist und auch der Ärger und der Zorn des anderen Elternteils mit 62,5 % (vorher 70,6 %) als vermindert bewertet wurde.

Zusammenfassend läßt sich für den Komplex „Beziehungen der Eltern" sagen, daß sich das hohe Konfliktpotential der Vermittlungseltern nach der Vermittlungsintervention reduziert hatte und die Kooperations- und Kommunikationsfähigkeit dieser Elterngruppe verbessert worden ist, während für die Kontrolleltern die Ergebnisse teilweise deutlich gegenläufige Trends zeigten.

Beziehung Eltern-Kinder

Zur Situtíon der Beziehung Eltern-Kinder fällt auf, daß in einer großen Zahl von Fällen die Eltern sich wechselseitig als verantwortliche Eltern sehen – also trotz ihres aktuellen Scheidungs- und Trennungsstreites.

Berücksichtigt man hierbei die eigenen Einschätzungen der Eltern über die Notwendigkeit gemeinsamer elterlicher Verantwortung für die Kinder, wird deutlich, daß grundsätzlich ein gutes Einigungspotential auch in (hoch-)streitigen Fällen vorhanden sein kann, das durch das Vermittlungsverfahren unterstützt wird.

Wenn, wie gezeigt, 58,8 % der Eltern sehr viel davon halten, gemeinsam für ihre noch nicht erwachsenen Kinder Sorge und Verantwortung zu tragen und 76,5 % der Eltern auch der Auffassung sind, daß es für ihre Kinder am besten sei, wenn sie sich in Erziehungsfragen einigen würden, dann belegt dies kommunikative Ressourcen der streitenden Eltern, die durch Vermittlung positiv aktiviert werden können.

Dieser grundsätzlichen Kommunikationsfähigkeit entspricht die Verringerung der Streithäufigkeit der Eltern nach Vermittlungsinterventionen.

So gaben Vermittlungseltern vor der Vermittlung in 51,5 % der Fälle an, sich früher oft bzw. sehr oft über das Sorgerecht gestritten zu haben, während es nach der Vermittlung nur noch 25,8 % der Eltern waren. Die Zahlen für die Kontrolleltern lauten: 40,7 % zu 29,6 %.

Ähnliche „Befriedungen" gab es auch bei Steitigkeiten über das Umgangsrecht. Erwähnten vor der Vermittlung noch 64,5 % der

Eltern, daß sie sehr oft bzw. oft über das Umgangsrecht gestritten hätten, so waren es nach Vermittlung nur noch 37,9 %. Hier lauten die Zahlen für die Kontrolleltern 29,6 % zu 25,9 %.

Insgesamt läßt sich somit zur Situation der Eltern in Vermittlung feststellen, daß auch ihre Streithäufigkeit nach Vermittlung entscheidend vermindert hat.

Betrachtet man diese Ergebnisse im Zusammenhang mit der elterlichen Bewertung des gerichtlichen Verfahrens, des Vermittlungsverfahrens wie auch der Kooperations- und Kommunikationsbefähigung der Eltern, scheint es, daß Vermittlung sehr wohl eine deutliche Befriedung im Verhältnis der streitenden Eltern befördern kann.

Reaktionen der betroffenen Familienrichter und Rechtsanwälte zeigen, daß diese Scheidungsprofessionen „Vermittlung" ebenfalls positiv würdigen.

Im Jugendamt Erlangen selbst konnte das Vermittlungsverfahren grundsätzlich gut angepaßt werden. Die beteiligten VermittlerInnen fanden Vermittlung für ihre Arbeit hilfreich, entlastend und auch befriedigend.

Das Projekt Jena 1992–1994

In einem weiteren, mehrjährigen Praxisprojekt zur Durchführung von Vermittlung in der Jugendhilfe am Stadtjugendamt Jena, das 1992 begonnen wurde, zeigen erste Projektauswertungen ähnliche Ergebnisse wie das Pilotprojekt am Stadtjugendamt Erlangen.

Vorbereitungsphase

Das Projekt wurde 1992 mit der Vorbereitungsphase begonnen. Inhalt dieser Phase waren:

- Entwicklung und Vereinbarung einer Organisationsstruktur mit dem Jugendamt der Stadt Jena zur Durchführung der Praxiserprobung von Vermittlung;
- Vorbereitung der Kooperation mit dem Familiengericht Jena und der Rechtsanwaltschaft in der Stadt Jena;
- Erarbeitung der erforderlichen Hilfsmittel für die Praxisdurchführung von Vermittlung bzw. die Evaluation der Praxisdurchführung von Vermittlung;
- Training der Vermittler und Vermittlerinnen;
- Start der Praxisphase.

Auf der Grundlage der Ergebnisse der Pilotstudie von Erlangen wurden zunächst Verfahren und Inhalte des Projekts festgelegt, die Organisation zur Vermittlung erarbeitet, die Kooperation mit den anderen Scheidungsprofessionen vorbereitet und die notwendigen Hilfsmittel zur Durchführung der Hauptstudie entwickelt und erstellt. Das sechstägige *Vermittlungstraining* umfaßte insbesondere die Bereiche:

- Theorie und Praxis von Vermittlung bei Trennung und Scheidung;
- Einführung in die praktische Vermittlungsarbeit;
- stufenweise Entwicklung des Vermittlungsprozesses;
- Umgang mit typischen Problemlagen von Eltern in Trennung und Scheidung;
- Verbesserung der Konfliktregelungskompetenzen von Eltern;
- das Selbstverständnis von VermittlerInnen;
- Qualifikationsprofile;
- typische Probleme einzelner Vermittlungsstufen;
- Optionen für Regelungen des Sorgerechts und des Umgangsrechts;
- Zusammenarbeit mit anderen Diensten, Rechtsanwälten, Familiengericht;
- Distanz,Nähe, Parteilichkeit der VermittlerInnen.

Durch die Vermittlung theoretischen Wissens und praktischer Erfahrung über „Vermittlung" durch Fallübungen, Rollenspiele und Diskussionen konnte die Einübung in die Praxis von „Vermittlung" erfolgen.

Nach Abschluß der ersten vier Tage des Trainings hatten die VermittlerInnen Gelegenheit, ihre Erkenntnisse und Erfahrungen zunächst anhand praktischer Fälle aus der Alltagsarbeit zu erproben. Dieser Praxisarbeit schlossen sich dann die Tage 5 und 6 des Trainings an, in denen noch offene Fragen zur Vermittlung sowie eine weitere Vertiefung der Praxisqualifikation erfolgen konnte.

Zur Information der Öffentlichkeit in Jena über Ziele, Zweck und Inhalt der Hauptstudie sowie über die Möglichkeiten von Vermittlung bei Trennung und Scheidung erfolgte eine Pressekonferenz im Jugendamt der Stadt Jena.

Die Abstimmung mit den juristischen Scheidungsprofessionen, also der Rechtsanwaltschaft und der Familiengerichte, erfolgte in entsprechenden Gesprächen vor Ort.

Praxisphase

Die Praxisphase begann am 1. April 1993 und endete am 31. März 1994.

Zur Sicherstellung eines vertraulichen und effizienten Verfahrens wurde mit dem Stadtjugendamt Jena folgendes Verfahren vereinbart:

Der Eingang familiengerichtlicher Verfahren mit Sorgerechts- und Umgangsrechtsbezug erfolgt zentral bei der Leitung des Sozialen Dienstes des Stadtjugendamtes Jena.

Die Vermittlungsverfahren werden von den zuständigen BezirkssozialarbeiterInnen durchgeführt. In einem Anschreiben an beide Eltern werden diese über das neue Leistungsangebot des Jugendamtes informiert und zur gemeinsamen Teilnahme an einem ersten Vermittlungsgespräch eingeladen. Dem Anschreiben werden Informationsbroschüren für Eltern in Trennung und Scheidung beigelegt.

Im ersten gemeinsamen Gespräch wird die Bereitschaft beider Eltern geklärt, gemeinsam an Vermittlung teilzunehmen. Für den Fall, daß die Eltern das Vermittlungangebot ablehnen, wird das Verfahren entsprechend § 50 Abs. 1, Abs. 2 SGB VIII fortgeführt. Dabei wird Bedacht genommen, daß die Vertraulichkeit und die kooperative Beziehung der Eltern zum Jugendamt nicht beeinträchtigt wird.

Beteiligt an der Praxisarbeit sind alle zwölf Fachkräfte im sozialen Dienst des Stadtjugendamtes Jena.

Die Arbeit der Jugendhilfefachkräfte hatte in der Praxisphase folgende Ziele:

- Die *Eltern* in streitigen Verfahren zu motivieren, ihre streitigen Sorgerechts- und Umgangsrechtsachen im Wege der Vermittlung einvernehmlich zu klären,
- in nichtstreitigen Verfahren die Eltern über ihre elterliche Verantwortung und über die Bedürfnisse ihrer Kinder in/nach Trennung oder Scheidung grundsätzlich zu informieren, ferner sie über Vermittlung als friedliche, außergerichtliche Konfliktregelung aufzuklären,
- in streitig gebliebenen Verfahren die Unterrichtung des Gerichtes nach § 50 Abs. 2 SGB VIII zu erarbeiten, daß die Jugendamtsarbeit mit den Eltern zukünftig nicht behindert, sondern im Sinne präventiver Jugendhilfearbeit zum Wohle der Kinder in ihrer jeweiligen Familiensituation gefördert werden kann;
- *mit der Rechtsanwaltschaft und Richtern* des Familiengerichtes eine tragfähige Kooperation zu etablieren und zu praktizieren, damit gerichtliche Verfahren effektiv und effizient geführt, mögli-

cherweise abgekürzt, beendet oder gar zukünftig völlig vermieden werden können,
- *den Eltern* die erforderlichen Informationen zur eigenverantwortlichen und einvernehmlichen Entscheidung zukünftiger Streitigkeiten oder Konflikte auf dem Wege der Vermittlung zu geben.

Bis zum 31. Dezember 1993 ergab sich folgender Sachstand:
Verfahren insgesamt: 152;
Noch nicht geregelt: 2 (1,3 %);
Vermittlungsverfahren durchgeführt: 47 (31 %), davon 45 mit einer Vereinbarung abgeschlossen (96 %) und zwei (4 %) abgebrochen;
Vermittlungsverfahren abgelehnt: 17 (11 %);
Vermittlung nicht wahrgenommen bzw. sonstige Erledigungen (z. B. Rücknahme des Scheidungsantrages oder Wegzug aus Jena): 18 (12 %);
Nichtstreitige Verfahren, eigene Elternvereinbarungen: 68 (44,7 %).
In der Praxisphase erfolgte regelmäßig (monatlich einmal) Gruppensupervision für die Fachkräfte.

Vorläufige Bewertung der Praxisphase

Gegenstand der Arbeit in der Praxisphase war vor allem das Sorgerecht im Scheidungsverbund. Soweit die Eltern eine Regelung im Jugendamt erarbeiteten, umfaßte diese meistens auch das nach der Sorgerechtsentscheidung zu regelnde Umgangsrecht. Bei nichtstreitigen Elternvereinbarungen waren Umgangsregelungen häufig nicht enthalten. Möglicherweise klammerten Eltern die Umgangsregelung aus, um hier nicht – ohne Not – Streitpunkte zu setzen. Es ist nicht auszuschließen, daß hieraus elterliche Streitigkeiten resultieren können.

Die eigenen Elternvereinbarungen im Verbund vorab, aber auch die in Vermittlung enthalten einen überdurchschnittlichen Anteil von Regelungen gemeinsamer elterlicher Sorge (15 – 20 %).

Daß in den Scheidungsverbundfällen, in denen Eltern auf dem Vermittlungswege zu einer Regelung kamen, neben der Regelung der elterlichen Sorge auch das Umgangsrecht geregelt wurde, zeigt, daß die Eltern in Vermittlung erfahren, wie wichtig für eine präventive kinderwohlbezogene Elternarbeit die Möglichkeiten und Notwendigkeiten einer Regelung von Einzelheiten eines elterlichen Miteinanders konkret und einvernehmlich sind.

Bewährt hat sich hierbei die bereits erwähnte konsequente Herangehensweise, das Gespräch grundsätzlich nur mit beiden Eltern zu beginnen. Dies hilft, den Eltern deutlich zu machen, daß es auf ihre beiderseitige motivierte Zusammenarbeit ankommt, wollen sie zukünftig für sich und für ihre Kinder verletzende Streitigkeiten und Konflikte vermeiden.

Die regelmäßig durchgeführte Supervision als Gruppensupervision war unabdingbar, um die Kompetenz der Fachkräfte für überparteiliche, neutrale, nichtbewertende Herangehensweise zu stärken und zu sichern.

Die Auswertung der ersten Praxiserprobung zeigt, daß „Vermittlung“ eine wirksame Alternative zum gerichtlichen Verfahren ist und als jugendhilferechtliches Standardangebot zur Förderung des „Wohls des Kindes“ von Eltern gewünscht wird. Reaktionen der betroffenen „Vermittlungs-Eltern“ zeigen, daß sie selbst von der Effektivität von Vermittlung überrascht sind, weil sie dies – aufgrund ihrer tatsächlichen Konflikt- und Streitsituation – zunächst nicht erwartet hatten.

Ziel der Hilfen für Kinder in und nach Trennung und Scheidung ist die funktionierende Kind-Eltern-Beziehung, in der Konflikte eigenverantwortlich und einvernehmlich von den Eltern selbst geregelt werden. Hierfür scheinen Vermittlungsverfahren geeignete Angebote zu sein.

Damit scheinen die Fragen nach der Effektivität von Vermittlungsverfahren auch in der Bundesrepublik Deutschland ähnlich positiv wie in den USA beantwortet werden zu können.

Die Beantwortung noch offener Fragen wird durch eine weitere, umfangreichere Praxis von Vermittlung und durch entsprechende Nachfragen bei den Eltern nach erfolgter Vermittlung möglich werden, die das Praxisprojekt in Jena liefern soll.

Voraussetzungen für die Einführung von Vermittlung

Vermittlungseffekte hängen ganz entscheidend – nicht anders übrigens als bei Therapie oder Beratung – von der Qualifikation der Vermittlungsfachkräfte ab. Wenn auch nicht immer leicht durchzuhalten, ist dabei wichtig, daß die Fachkräfte der sozialen Arbeit die Verantwortung von Eltern wirklich akzeptieren können. Dies ist nicht nur rechtlich wichtig, sondern es entspricht auch den psychosozialen Vorgaben für die Elternbefähigung zur Wahrnehmung ihrer elterlichen Verantwortung. Eine deutlich akzeptierende Arbeitsweise der öffentlichen und freien Jugendhilfe schafft auch bei den Eltern die Vertrauensposition sowohl zu den Fachkräften als auch zur eigenen Regelungskompetenz. Diese Kompetenz zu stärken ist wichtige Aufgabe der öffentlichen und freien Jugendhilfe.

Deshalb ist es auch nicht entscheidend, ob die Vermittlungsarbeit durch einen Rechtsanwalt oder eine Rechtsanwältin (co-) moderiert wird. VermittlerInnen müssen ja gerade deutlich machen, daß Vermittlung ein konsensuales, kommunikatives und kein juristisches Streitregelungsverfahren ist. Die für die eigenverantwortliche Streitbeilegung notwendigen – u. a. rechtlichen – Informationen müssen sich die Eltern selbst außerhalb von Vermittlung – z. B. bei eigenen Beratungsanwälten – besorgen.

Wie eine zusätzliche Auswertung der Vermittlungstrainings und Ausbildung duch den Verfasser für ca. 4000 Fachkräfte von Scheidungsprofessionen seit 1989 zeigt, ist für den Erwerb der notwendigen Vermittlungskompetenz vor allem ein praxisbezogenes Training der spezifischen Vermittlungstechniken erforderlich. Dabei ist weniger die Zahl der Tage der Ausbildung ausschlaggebend als vielmehr ein Curriculum, das die konkrete Einübung von Vermittlungskompetenzen anhand von Praxisfällen unter supervisorischer Begleitung der späteren Praxisarbeit der Vermittlungsfachkräfte garantieren kann.

Für eine effektive Einführung von Vermittlung müssen zudem interne und externe Strukturen auf Vermittlung hin ausgebildet werden.

Die Kriterien der Freiwilligkeit des Zugangs und der Akzeptanz der elterlichen Eigenverantwortlichkeit sind bereits angesprochen worden. Ob Freiwilligkeit im Vermittlungssinn noch gelten kann, wenn die Eltern durch das Gericht auf Vermittlung verwiesen werden, erscheint zweifelhaft.

Im internen Bereich müssen die Voraussetzungen geschaffen werden, daß der Datenschutz garantiert ist, und daß die Fachkräfte sich der Vermittlungsarbeit ohne zeitlichen Druck und mit genügender Vorbereitungszeit widmen können. Es muß dafür gesorgt werden, in Einzelfällen auch Co-Vermittlung anzubieten. Schließlich müssen den sozialen Fachkräften Möglichkeiten der Supervision oder Team- bzw. Fachgespräche gewährt werden, damit sie die schwierige „Gratwanderung“ der Neutralität und Unparteilichkeit zu jedem Zeitpunkt in der Vermittlungssitzung durchhalten können.

Die Kooperation mit andern Scheidungsprofessionen ist unverzichtbar. Öffentliche und freie Jugendhilfe, Richterschaft, Anwaltschaft, psychologische Gutachter sowie Beratungspersonen müssen für das gemeinsame Ziel zusammenarbeiten, das Wohl der Kinder durch die Eigenverantwortlichkeit der Eltern einzulösen.

Den *RechtsanwältInnen* als Organen der Rechtspflege fällt die entscheidende (neue) Rolle zu, den Eltern umfassende, kompetente Beratungshilfe zur Selbsthilfe zu erteilen, damit diese ihre eigenverantwortlichen Regelungen erarbeiten können.

Aufgabe der *FamilienrichterInnen* ist es, die Eltern unter Hinweis auf deren verfassungsrechtliche Pflichtenstellung gegenüber ihren Kindern zur einvernehmlichen eigenen Lösung zu motivieren und das vorhandene verfahrensrechtliche Instrumentarium dafür offensiv zu benutzen.

Psychologische *Gutachter* dürfen nicht als bloße „Gerichtshelfer" fungieren, sondern ebenfalls flankierende Hilfen zur Selbsthilfe für die Eltern geben.

Schließlich müssen die Leistungen der einzelnen Scheidungsprofessionen im Rahmen von Trennung und/oder Scheidung durch unterstützende Maßnahmen der *Öffentlichkeitsarbeit* so offensiv dargestellt werden, daß sie von den Eltern und ihren Kindern rechtzeitig erkannt und in Anspruch genommen werden können.

Besonders wichtig ist es, über die neuen Angebote und die veränderten Arbeitsweisen der einzelnen Professionen sowie deren Bedeutung für das Wohl der Kinder und der Eltern selbst zu informieren. Hier gilt es vor allem, das Profil der Jugendhilfe im Sinn einer offensiven, modernen und leistungsfähigen Dienstleistung nach innen wie nach außen deutlich zu machen und erfolgreich zu vertreten.

Die Zusammenarbeit der Professionen muß auch regelmäßige, gemeinsame Treffen einschließen, die dem Austausch von Erfahrungen und Informationen, aber auch dem gegenseitigen Kennenlernen und dem Abbau von Vorbehalten und Vorurteilen dienen können.

Grenzen von Vermittlung

Vermittlung setzt voraus, daß beide Streitpartner willens und in der Lage sind, kooperativ miteinander über ihre Streitpunkte zu reden. Sie müssen ferner willens und in der Lage sein, angesichts des anderen selbstsicher und selbstbewußt die eigenen Positionen und Interessen zu vertreten.

Wenn dies nicht gegeben ist, darf Vermittlung nicht durchgeführt werden, es sei denn, es besteht Aussicht darauf, diese Voraussetzungen durch Motivationsarbeit herzustellen.

Vor einer Entscheidung haben die Vermittler gegebenenfalls die kooperative Hilfe anderer Beratungs- und Therapieprofessionen einzubeziehen.

Zusammenfassung und Ausblick

Vermittlung ist grundsätzlich eine wirksame Alternative zur klassischen Streitregelung, wie sie im gerichtlichen Verfahren zur Verfügung steht.

Die Scheidungsprofessionen und die – öffentliche und freie – Jugendhilfe haben daher die Eltern zur Annahme von Vermittlung zu motivieren.

Die positive Erfahrung mit Vermittlung stärkt die Motivation der Eltern zur dialog-orientierten Streitbeilegung. Dies fördert gewaltfreie Beziehungs- und Erziehungsstrukturen in der Familie. Eine solche Erfahrung prägt vor allem auch die Kinder und vermag deren Konfliktregelungskompetenzen entscheidend zu fördern. So wirkt Vermittlung präventiv und entlastet gleichzeitig die Arbeit aller Fachpersonen.

„Mediation im Vorfeld familiengerichtlicher Entscheidungen zu Umgangs- und Sorgerechtsregelungen"

Ein Werkstattbericht aus dem Modellprojekt für Mediation des Hessischen Ministeriums der Justiz in der Stadt Frankfurt

Dagmar Schramm-Grüber und Roland Breinlinger

1993 begann in Frankfurt ein Modellprojekt für Mediation, welches vom Hessischen Ministerium für Justiz finanziert wird. Es ist zeitlich befristet. Dieser Werkstattbericht beschreibt das Projekt bis Anfang 1995.

Rahmenbedingungen des Projekts

Im Mittelpunkt soll die Frage stehen: Wie und mit welchen Ergebnissen kann Mediation mit den zur Verfügung stehenden und zu-schaffenden Ressourcen in einer Stadt wie Frankfurt umgesetzt werden?

Eine wichtige Ressource, auf der aufgebaut werden konnte, ist der „Arbeitskreis Partnerschaftskrise, Trennung, Scheidung e.V." in Frankfurt. Er besteht seit 10 Jahren und bietet, wie der Name deutlich macht, Partner-, Trennungs- und Scheidungsberatung bzw. -therapie an. Hier wurden auch vor etwa sechs Jahren bereits die ersten Erfahrungen mit Mediation gemacht.

Der Arbeitskreis ist ein gemeinnütziger Verein, anerkannter Träger der öffentlichen Jugendhilfe, Gründungsmitglied der Bundesarbeitsgemeinschaft für Beratung bei Familienkrisen, Trennung und Scheidung (BAG). Er unterstützte die Gründung des BAFM und ist Mitglied des Deutschen Paritätischen Wohlfahrtsverbands (DPWV) und somit eine geeignete Institution, ein Modellprojekt aufzunehmen.

Wir, Dipl. Soz. Arb. Dagmar Schramm-Grüber (Familientherapeutin und Psychodramaleiterin) und Dipl. Psych. Roland Breinlinger (systemischer Paar- und Familientherapeut, Hypnotherapeut), erstellten im Dezember 1992 ein Projektkonzept zur Trennungs- und Scheidungsmediation. Die Qualifikation zur Mediation erwarben wir bei amerikanischen und deutschen Fortbildern. Ungefähr zwei Jahre eigener praktischer Erfahrung in Mediation gingen der Ausarbeitung des Konzepts voraus.

Als Auftraggeber konnten wir nach mehreren Verhandlungen und konzeptionellen Veränderungen das Ministerium der Justiz des Landes Hessen gewinnen. Der finanzielle Rahmen beträgt 100.000,— DM pro Jahr. Es wurde ein Projektbeirat geschaffen, der sich wie folgt zusammensetzt:

die zwei Projektmitarbeiter,
ein Familienrichter vom Oberlandesgericht,
zwei Familienrichterinnen des Familiengerichts Frankfurt,
ein Vertreter des Justizministeriums,
eine Vertreterin des Landesjugendamtes,
eine Rechtsanwältin,
eine Vertreterin des Jugendamtes der Stadt,
eine Vertreterin und ein Vertreter der Wissenschaft (Universität Frankfurt und Fribourg/Schweiz).

Der Projektbeirat soll als interdisziplinäres Forum das Projekt fachlich unterstützen und erfüllt gleichzeitig eine Multiplikatorenfunktion in den verschiedenen Disziplinen.

Im April 1993 begann die praktische Arbeit im Modellprojekt: „Vermittlungsverfahren/Mediation im Vorfeld familiengerichtlicher Entscheidungen zu Umgangs- und Sorgerechtsregelungen“. Das Projekt läuft nun (März 1995) seit zwei Jahren und wird voraussichtlich um ein weiteres Jahr verlängert.

Aufgaben des Projekts

Die Aufgaben des Projekts lassen sich in drei Bereiche gliedern:

1. Öffentlichkeitsarbeit: die Mediation bekanntmachen

- in der breiten Öffentlichkeit,
- bei den von Trennung/Scheidung betroffenen Familien,
- bei den am Trennungs-/Scheidungsverlauf beteiligten Berufen und Institutionen.

2. Interdisziplinäre Zusammenarbeit und Vernetzung – d. h. Kommunikation und Kooperation der am Trennungs-/Scheidungsverlauf

beteiligten Professionen und Institutionen: RichterInnen, RechtsanwältInnen, JugendamtsmitarbeiterInnen, MitarbeiterInnen verschiedener Beratungsstellen.

3. Praktische Mediationsarbeit mit dem Ziel, die Kommunikations- und Kooperationsfähigkeiten zwischen dem Elternpaar bzw. der Familie zu entwickeln, um eine autonome Konfliktbewältigung vor allem im Interesse der Kinder zu erreichen. Die getroffenen Vereinbarungen sollten sich als dauerhaft und tragfähig erweisen. Ihr Schwerpunkt sollte vorrangig auf der Vermittlung bei Trennungs- und Scheidungskonflikten von Eltern mit Kindern aus ehelichen bzw. nichtehelichen Beziehungen liegen, unter dem besonderen Aspekt der Einbeziehung von Kindern und Jugendlichen.

Darüber hinaus sollen aber auch alle mit der Trennung bzw. Scheidung zusammenhängenden regelungsbedürftigen Themen, wie z. B. Fragen der Wohnungsaufteilung bzw. -zuteilung, des Aufenthalts der Kinder, des Familienbudgets, der Verteilung des Vermögens, des Hausrats und anstehender Unterhaltsnotwendigkeiten berücksichtigt, einbezogen und verhandelt werden.

Die von uns erarbeitete Konzeption wurde bewußt offengehalten, um nicht zu früh bestimmte Bereiche und Probleme auszuklammern und Weichenstellungen vorzunehmen, die die Perspektiven und Möglichkeiten des Projektes bzw. des Mediationsverfahrens einengen könnten.

Der Verlauf des Projektes ist in einem Erfahrungsbericht an den Auftraggeber festzuhalten. Er soll aus der Sicht des Justizministeriums folgende Fragen erhellen:

- Kann das Trennungs- und Scheidungsgeschehen, insbesondere in streitigen Fällen, nach Durchführung von Mediation komplikationsloser, rationeller und für die Betroffenen angemessener abgewickelt werden?
- In welcher Weise ist das Kindeswohl im Vermittlungsverfahren gewährleistet?
- Wie, mit welchem Erfolg und von wem, wird Mediation angenommen?
- Wie werden die rechtlichen Interessen der Betroffenen, insbesondere im Hinblick auf Rechtsberatung, in dem Verfahren sichergestellt, und wie kann sich der Mediationsprozeß durch Rechtsberatung verändern?
- Welche spezifischen Voraussetzungen und Grenzen hat die Mediation z. B. im Hinblick auf die Betroffenen, aber auch auf die spezielle berufliche Qualifikation der Mediatoren?
- Wie läßt sich die interdisziplinäre Zusammenarbeit gestalten?

Öffentlichkeitsarbeit

Wir konnten zu Beginn unserer Arbeit davon ausgehen, daß der Begriff „Mediation“ im Zusammenhang mit Trennung/Scheidung weitestgehend unbekannt ist. Die Verwechslung mit Meditation und oft sogar eine Ansiedlung im Bereich der Esoterik ist weit verbreitet. Aber auch wenn ein Zusammenhang mit Trennung/Scheidung hergestellt wurde, so doch eher im Sinne einer speziellen Form der Eheberatung oder der Rechtsberatung. Das rechtfertigt den hohen Stellenwert der Öffentlichkeitsarbeit im Projekt. Schon bei der ersten öffentlichen Vorstellung wurde deutlich, daß das Ansehen des Justizministeriums, welches zur Pressekonferenz geladen hatte, eine wichtige Voraussetzung für eine wirksame Öffentlichkeitsarbeit darstellte. Wir bekamen als Auswirkung dieser Pressekonferenz die Möglichkeit, in mehreren Fernseh- und Hörfunksendungen, sowie in Presseinterviews Mediation und Projekt vorzustellen. Die über die Deutsche Presseagentur (dpa) verbreitete Mitteilung hatte eine Fülle von weiteren Presseartikeln zur Folge. In zahlreichen Medienbeiträgen und Literaturneuerscheinungen wurde daraufhin bundesweit auf Trennungs-/Scheidungsmediation im allgemeinen und auf das Projekt in Hessen hingewiesen.

Um das Projekt bei den von Trennung/Scheidung betroffenen Familien und den mit Trennung/Scheidung beschäftigten Institutionen und Berufen (Beratungsstellen, Selbsthilfeorganisationen, Gerichten, Jugendbehörden und Rechtsanwälten) bekannt zu machen, haben wir eine Informationsbroschüre erstellt, die über den Verteilerschlüssel des „Arbeitskreises Partnerschaftskrise, Trennung, Scheidung e.V.“ in Umlauf gebracht wurde.

Die Resonanz der Öffentlichkeit war insgesamt sehr groß, was sich denn auch deutlich an der hohen Zahl der Anfragen Betroffener, aber auch anderer am Trennungs-/Scheidungsverlauf beteiligter Professionen zeigte. Besonders hervorzuheben ist, daß sämtliche Medien dazu beigetragen haben, den Begriff Mediation bekanntzumachen und ihn mit Trennung/Scheidung zu verbinden. Allerdings entbindet dies nicht davon, weiterhin ein differenzierteres Bild von Mediation in der Öffentlichkeit entstehen zu lassen. Vorstellungen, wie z. B. „Mediation bringt eine billige Scheidung“; „Mediation erspart den Rechtsanwalt“; „Mediation, eine neue Form der Trennungs-/Scheidungstherapie“ oder „Mediation ist ein erneuter Versuch, Frauen über den Tisch zu ziehen“, müssen durch anhaltende Öffentlichkeitsarbeit, aber auch durch interdisziplinären Austausch unter Fachleuten diskutiert und revidiert werden.

Interdisziplinäre Zusammenarbeit und Vernetzung

Den zweiten Projektschwerpunkt stellt die Erkundung der Möglichkeiten interdisziplinärer Zusammenarbeit und Vernetzbarkeit sämtlicher am Trennungs-/Scheidungsverlauf beteiligter Institutionen und Berufsgruppen dar.

Ein erster Schritt in diese Richtung waren Informationsveranstaltungen mit Familienrichtern im Amtsgericht, Rechtsanwälten über die Rechtsanwaltskammer, Jugendamtsmitarbeitern im Jugendamt und Mitarbeitern verschiedener Beratungsstellen im Bildungswerk des Paritätischen Wohlfahrtsverbandes.

Die vorausgegangene Öffentlichkeitsarbeit hatte zwar den Begriff der Mediation besser eingeführt, als zu Beginn des Projekts zu erwarten war. Mediation scheint aber nach wie vor Mißverständnisse und diffuse Konkurrenzbefürchtungen auszulösen, was sich auch auf die Klienten auswirkt, die z. B. über Gerichte, Rechtsanwälte, Jugendämter usw. zu uns finden.

Gericht/RichterInnen

RichterInnen aus Frankfurt stellten gleich zu Beginn die Frage „Was will man uns mit Mediation wegnehmen?“, was die Vermutung nahelegt, daß hier ein grundsätzliches Mißverständnis über Mediation besteht. Mediation, wie wir sie verstehen, will und kann nicht in das justizielle Scheidungsverfahren eingreifen, sondern versteht sich vielmehr als Hilfe zur konstruktiveren Auseinandersetzung im Vorfeld.

Was bisher von sich trennenden Partnern zur Informations- und Entscheidungssuche getan wurde, war meist parteilich und kämpferisch ausgerichtet. So nehmen etwa Eltern und Freunde einseitig Partei und orientieren sich eher an der Beziehungsdynamik. Rechtsanwälte, Steuerberater u. a. arbeiten eher auf dem Hintergrund abstrakt formalrechtlicher Bestimmungen, um die Ansprüche ihrer Mandanten durchzusetzen. Mit der Mediation kommt nun eine Dienstleistung hinzu, in der die Konfliktparteien selber Informationen und Vorstellungen, aber auch die Enttäuschungen vor der Scheidungsverhandlung austauschen und miteinander darüber verhandeln können. Das Ergebnis kann, wie bei den einvernehmlichen Scheidungen (75 % nach Angaben von Frankfurter Richtern), in das Verfahren eingebracht, vom Gericht überprüft, gegebenenfalls korrigiert und rechtsverbindlich gemacht werden.

In einem Mediationsfall zeigte sich, daß die einfühlende Empfehlung eines Richters (etwa: „Wollen Sie nicht versuchen, sich Zeit zu nehmen und die Frage der Umgangs- und Sorgerechtsregelung miteinander aushandeln? Ich traue Ihnen das zu. Es gäbe da eine Unterstützung durch Mediation...“) zu einer äußerst erfolgreichen Mediation führte, die allen Betroffenen und vor allem den Kindern einen entspannteren Umgang miteinander ermöglichte. Die Umgangs- und Sorgerechtsregelung wurde hier vom Richter ausgesetzt, bis die Eltern dem Gericht das Ergebnis mitteilten.

Zwei andere Fälle wurden uns zwar vom Gericht überwiesen, aber gleichzeitig mit der Mediationsempfehlung wurde ein neuer Verhandlungstermin bzw. ein Gutachten angeordnet. In beiden Fällen ist die Mediation gescheitert.

Der wichtigste Unterschied zwischen dem ersten und dem zweiten Vorgehen scheint uns darin zu bestehen, daß in den zwei zuletzt genannten Fällen Mediation als Instrument des justiziellen Verfahrens gesehen wurde. Ein eigenverantwortliches Verhandeln der Partner war nicht möglich, da die Fremdentscheidung schon terminiert war und beide Partner nur – ähnlich wie im justiziellen Verfahren – ihre Chancen zu „gewinnen“ erhöhen wollten.

Wir sind der Auffassung, daß Mediation weder ein Instrument des justiziellen Verfahrens sein kann, noch umgekehrt. Wenn Mediation gelingen soll, ist vielmehr eine kooperativ gleichrangige Zusammenarbeit notwendig. Hierzu müssen jedoch Vorurteile Berührungs und Konkurrenzängste zwischen den beteiligten Berufsgruppen abgebaut werden.

Wir werden den Austausch mit den RichterInnen weiter suchen und deshalb weitere Diskussions- und Informationsveranstaltungen anbieten.

RechtsanwältInnen

Ein ähnliches Bild wie in der Zusammenarbeit mit den RichterInnen ergibt sich auch mit den RechtsanwältInnen. Auch hier tauchten immer wieder Mißverständnisse und Unsicherheiten auf. Es gab z. B. RechtsanwältInnen, welche die Mediation ungeachtet einer guten Kenntnis als Konkurrenz empfanden und pauschal ablehnten. Wir glauben auch, daß wörtlich zwar gleiche, aber unterschiedlich verstandene Begriffe zu Mißverständnissen führen. So bedeuten „Prozeß“, „Vereinbarung“, „Verfahren“, „verbindlich“ juristisch nicht dasselbe wie psychologisch.

Uns ist Zusammenarbeit mit den AnwältInnen auch von seiten der

Klienten wichtig. Nach unserem Konzept ist eine der wichtigsten Regeln der Mediation die „Informiertheit". Im zu Beginn geschlossenen Mediationsvertrag, sozusagen im Dienstleistungsvertrag mit den Klienten, machen wir Mediation ausdrücklich davon abhängig, daß jede Seite kompetente Rechtsberatung zu den jeweiligen Verhandlungsgegenständen einholt. Ohne dies scheint uns ein konstruktives Verhandeln nicht möglich. Die Anwaltschaft wird also durch das Mediationsverfahren keinesfalls überflüssig, sondern nimmt eine notwendige und eigenständige parteiliche Rolle ein.

Wichtigste Unterscheidung zur gängigen Sichtweise der Klienten ist hierbei, die Rechtsanwälte als persönliche (parteiliche) Rechtsberater in einem psychologisch und paardynamisch zu verstehenden Einigungsprozeß zu sehen und nicht als Rechtsvertreter im juristischen Gerichtsprozeß. Diese Unterscheidung wird plausibel, wenn man den Grundgedanken der Mediation beachtet, nämlich das Erzielen einer selbstverantwortlichen und einvernehmlichen Regelung der sich praktisch aus der Trennung/Scheidung ergebenden Folgen, die dann öffentlich rechtswirksam bzw. rechtsverbindlich gemacht wird. Hierzu sind Rechtsberater zwingend notwendig. Diese Unterscheidung hat sich für uns praktisch bewährt, denn es gab keinen Fall, in dem sich das Hinzuziehen von Rechtsberatern auf den Mediationsprozeß so ausgewirkt hätte, daß die Mediation daran gescheitert wäre. In den meisten Fällen brachten die unterschiedlichen Rechtsinformationen nach anfänglicher Verschärfung des Konfliktes eine sachlichere und selbstsicherere Auseinandersetzung.

Fälle, in denen die Betroffenen den Rechtsanwalt als Rechtsvertreter sehen, lassen sich mit Blick auf die gemachten Erfahrungen etwa wie folgt beschreiben:

In vielen dieser Fälle standen Ohnmachtsgefühl und Rache für Enttäuschung so im Vordergrund, daß ein „starker, großer Bruder" gesucht wurde, der dem anderen „zeigt, wo's lang geht", was meist zu einer Eskalation führt, die mit juristischen Mitteln nicht zu beenden ist. Hier scheinen die jeweiligen Verhandlungsthemen, aber auch die Rechtsanwälte selbst, zu Scheingefechten benutzt zu werden.

Mißverständlich kann auch der unterschiedliche Gebrauch von „verbindliche Vereinbarung" sein. Für uns meint „Vereinbarung", daß sich die Partner nach dem Aufzeigen der unterschiedlichen Positionen und dem persönlichen Verhandeln der dahinterliegenden Interessen einer gemeinsamen Sichtweise angenähert bzw. darauf geeinigt haben. Diese wird nun im praktischen Leben beider Partner und ihrer Kinder überprüft, gegebenenfalls revidiert und als konkretes Ergebnis festgehalten, d. h. miteinander vereinbart. Die Verbindlichkeit der Vereinbarung besteht darin, daß ihr Ergebnis von allen Beteiligten als praktisch richtig, wichtig und fair angesehen wird, verbindlich als das verbindende Moment einer angenäherten Sichtweise. Die Vereinbarung kann die Form eines Protokolls, eines Memorandums oder eines Vorvertrages besitzen.

Immer wieder wird die Frage gestellt: „Wird in der Mediation nicht einer von beiden über den Tisch gezogen?" Wenn gewisse Grundprinzipien der Mediation beachtet werden, lautet die Antwort: nein.

Mediation kann nur dann zu gerechten Ergebnissen führen, wenn sich, wie bereits erläutert, beide Partner mit dem jeweiligen Sachthema allumfassend auseinandersetzen wollen und sich somit selber kompetent machen. Wichtig ist dann das kontinuierliche Durchspielen der Auswirkungen der gemachten Überlegungen, die praktische Erkundung der gefundenen Zwischenlösungen und der Interferenzen mit anderen Sachthemen. Meist muß von seiten der Mediatoren eher „gebremst" als „Gas gegeben" werden, um sicherzustellen, daß sich keine der Parteien aus irgendeinem Grund aus der Selbstverantwortlichkeit ausblendet, weil sie sich überfordert fühlt, keine Blöße geben will, es zu schmerzlich ist, nochmals genau hinzusehen, usf. Wir glauben, daß hier das Problem eher bei den Mediatoren und ihrer Qualifikation zu suchen ist. Das Aushalten von Konflikten und das allfällig notwendige Zurückholen des Paares in den Konflikt, obwohl sich gerade jetzt eine „so schöne" Lösung angeboten hätte, stellt hohe Anforderungen an sie und begründet wiederum die Notwendigkeit des fachlichen Austausches und der gemeinsamen Supervision sämtlicher am Trennungs/Scheidungsprozeß beteiligten Berufsgruppen.

Jugendamt/ASD

Die Zusammenarbeit mit dem Jugendamt/ASD Frankfurt gestaltet sich sehr gut. In relativ vielen Fällen spricht dieses eine Empfehlung zur Mediation aus, und zwar meistens dann, wenn die Sorge- und Umgangsregelung in hohem Maße mit den anderen Trennungs/Scheidungsfolgen verknüpft ist. Dies sind oft Fragen des Unterhalts, der Zu- bzw. Aufteilung der ehelichen Wohnung und Vermögensfragen.

In den entsprechenden Institutionen zeigt sich, daß eine alles umfassende Mediation von den Jugendamtsmitarbeitern aus institutionellen und zeitlichen Gründen nicht entsprechend angeboten werden kann. Die bisher sehr fruchtbare Zusammenarbeit, auch im Hinblick auf § 17 KJHG, wird in Zukunft noch vertieft werden.

Andere Beratungsstellen

Das Interesse an Überweisung von Mediationsfällen von anderen Beratungsstellen, wie z. B. PRO FAMILIA, städtischen und kirchlichen Jugend-, Ehe- und Familienberatungsstellen, setzte in letzter Zeit verstärkt ein, so daß sich auch hier die Aussicht auf eine konstruktive Zusammenarbeit bietet.

Zusammenfassend schließen wir aus der bisherigen Zusammenarbeit und Vernetzung, daß sich diese auf einen gewissenhaften Erfahrungsaustausch, auf ein Ausräumen von Mißverständnissen und auf eine klare Unterschiedsbildung zwischen den Berufsgruppen als vertrauensbildende Maßnahme konzentrieren sollte, um eine verantwortungsvolle, am Interesse der Betroffenen orientierte Kooperation zu ermöglichen.

Mediationspraxis

Rahmenbedingungen und Beginn der Mediation

Der größte Teil der Interessenten erfuhr von dem Mediationsprojekt durch die Medien (37 %). Weitere Hinweise kamen von Jugendämtern (21 %), Familiengerichten (18 %), Rechtsanwälten (16 %) und über Mund-zu-Mund-Information (8 %).

Die Anfragen erreichen uns direkt während der Telefonsprechstunden an drei Vormittagen die Woche. Diese Telefonkontakte können einerseits den Vorteil haben, daß Mißverständnisse über Voraussetzungen und Ziele der Mediation gleich ausgeräumt werden, andererseits schliessen sie die Gefahr ein, daß sich durch den einseitigen Kontakt der jeweils andere Partner benachteiligt fühlt.

Grundsätzlich fragen wir zuerst, ob beide Partner Interesse an Mediation haben. Daran anschließend führen wir ein kurzes telefonisches Orientierungsgespräch, das damit schließt, daß wir die Übersendung unserer Informationsbroschüre, des Mediationsvertrags mit den Regeln und Voraussetzungen für eine Zusammenarbeit an jeden Partner getrennt ankündigen. Wir instruieren den jeweiligen Anrufer, den Partner von dem bevorstehenden Brief, der bewußt kein persönliches Anschreiben enthält, zu informieren. Häufig ruft dieser nach Erhalt der Informationsbroschüre bei uns an, um sich einen eigenen Eindruck zu verschaffen oder bereits den Termin zu einem Vorgespräch abzusprechen.

Der sonst in der psycho-sozialen Beratung durchgängig zu beobachtende höhere Anteil von Frauen unter den Beratungssuchenden bestätigt sich in unserer Mediationspraxis nicht. Hier nehmen zwei Drittel Männer, aber nur zu einem Drittel Frauen den ersten Kontakt auf. Zum einen könnte sich dies dadurch erklären, daß Männer sich bei der Zuteilung des Sorgerechts vorweg schlechtere Chancen ausrechnen und sich somit ihre Motivation, alternative Regelungsmöglichkeiten zu suchen, erhöht. Zum andern könnte, ausgehend von den Erfahrungen, daß Frauen in Konfliktsituationen eher emotionale und Männer eher rational abstrakte Interaktionen bevorzugen, Mediation mit ihrer lösungs- und aufgabenorientierten Ausrichtung Männer stärker ansprechen.

Die Mediationen werden durchweg als Co-Mediation von einer Mediatorin und einem Mediator durchgeführt. Dieses Setting hat sich vor allem in schwierigen Verhandlungen sehr bewährt und ermöglicht Interventionen wie z. B. geschlechtsspezifisches Splitting, Reflecting-Team usf. Ein weiterer Vorteil ist die direkte Metareflexion, die wir anhand eines standardisierten Fragebogens nach jeder Sitzung vornehmen. Von vielen Elternpaaren wurde diese Art der Co-Mediation als ausgleichend in der Wirkung auf der paardynamischen Ebene angesehen.

Die Dauer einer Sitzung beträgt in der Regel 75 Minuten, der Abstand zwischen den Sitzungen zwei bis drei Wochen, was sich grundsätzlich bewährt.

Das Erstgespräch ist kostenlos. Für die weiteren Sitzungen wird ein Honorar vereinbart, welches sich an den finanziellen Möglichkeiten jedes Partners bzw. der Familie orientiert. Dies soll die Selbstverpflichtung des einzelnen in der Mediation verstärken, während die Höhe des Betrages im Projekt nicht von entscheidender Bedeutung ist.

In den Gesprächen kommen Flip-Chart und Overhead-Projektion zur besseren Veranschaulichung zum Einsatz. Wann immer möglich, d. h. auf Absprache mit dem Elternpaar, nutzen wir die Möglichkeit des Videomitschnitts der Sitzung. Dies hat den Vorteil, bestimmte Interaktionssequenzen genauer analysieren zu können, um gegebenenfalls im Fortgang Nutzen daraus zu ziehen. Außerdem stellt der Videomitschnitt auch eine gute Grundlage zur Supervision dar.

Motivation und Entscheidung für Mediation

Bei ungefähr einem Drittel der Anfragen kam es zu Vorgesprächen mit den Paaren, um herauszuarbeiten, ob Mediation in der derzeitigen Situation das geeignete Verfahren zur Konfliktregelung sein kann.

Die Vorgespräche galten zunächst der Abklärung der Zielvorstellungen der Paare. Am häufigsten wurden dabei folgende Motive für Mediation angegeben:

- „Trotz der Trennung die Verantwortung für die Kinder so optimal wie möglich regeln zu wollen";
- „Auf keinen Fall möchten wir dem Gericht die Entscheidung über die elterliche Verantwortung überlassen";
- „Wir hoffen, durch gemeinsam entwickelte Lösungen Kosten zu sparen";
- „Wir möchten mehr Klarheit über unsere Konflikte, um diese nicht noch zu verschärfen";
- „Wir möchten mit Unterstützung der Mediatoren unsere Wut und die Enttäuschung über die gescheiterte Partnerschaft überwinden, um Möglichkeiten zu konstruktiveren Verhandlungslösungen finden zu können";
- „Wir wollen keinen destruktiven Streit, wir wollen eine sanfte Scheidung".

Diese Auswahl von Motiven macht deutlich, daß Mediation nicht immer als Verfahren der Wahl angezeigt ist. Oft wird den Paaren erst im Laufe der Vorgespräche deutlich, daß eher eine andere Form der Konfliktbearbeitung in Frage käme, wie z. B. Trennungs/Scheidungsberatung bzw. -therapie oder Rechts-, Steuer-, Sozialberatung u. a.m.

Unsere Erfahrungen haben gezeigt, daß eine eigens zum Zwecke der Ziel- und Verfahrensbeschreibung erstellte Infomationsbroschüre die Notwendigkeit der individuellen Zielbestimmung in den Vorgesprächen nicht ersetzen kann. Selbst bei denjenigen, die schon ein größeres Basiswissen über Mediation mitbringen, ist es unerläßlich, das Mediationsverfahren, seine Regeln, und deren Bedeutung für die einzelnen Klienten, zu besprechen. Die damit verbundene Auseinandersetzung über die Bereitschaft zur gegenseitigen Fairneß, zur Eigenverantwortlichkeit, zur Offenlegung relevanter Informationen und Daten, zur Freiwilligkeit und zur Vertraulichkeit macht in vielen Fällen die Widersprüchlichkeit und Unerfüllbarkeit bestimmter Erwartungen an die Mediation erlebbar.

So stellte sich in einem Fall heraus, daß die Frau Angst hatte, ihr Mann könne sie wieder körperlich bedrohen, falls sie gewisse Probleme in der Mediation offen ausspräche.

Ein Mann war nicht bereit, seine Einnahmen offenzulegen.

In zwei Fällen, die uns vom Jugendamt bzw. Familiengericht „geschickt“ wurden, konnten wir die Erwartung an die Mediatoren herausarbeiten, sich wie Gutachter in den Mediationsprozeß einzubringen. Deshalb wurde erwartet, daß sie dem jeweils anderen Teil sagen sollten, was richtig und falsch ist, wer dementsprechend das Recht hat, wer die Sorge um die Kinder besser wahrnehmen kann.

Von 47 Paaren, die wir zu Vorgesprächen sahen, kamen wir mit 26 zum Ergebnis, daß Mediation das geeignete Verfahren für ihre Konfliktregelungen sein kann.

Zur Lebenssituation der Paare und Familien

Der Großteil der Paare lebte vor der Kontaktaufnahme schon getrennt. Vier Paare waren noch zusammen, vier Paare bereits geschieden, drei Paare lebten ursprünglich in nichtehelicher Lebensgemeinschaft.

Die Altersgruppe zwischen 30 und 45 Jahren ist am häufigsten vertreten. Die meisten waren 10 Jahren und länger verheiratet. Die durchschnittliche Kinderzahl lag bei zwei Kindern.

In der Klientel sind sämtliche sozialen Schichten vertreten. Die prozentuale Verteilung nach Schulabschlüssen und beruflichen Qualifikationen weist eine Häufung im höheren Bildungsbereich und in mittelständisch geprägter wirtschaftlicher Situation auf.

Auffällig ist, daß häufig die Frau oder der Mann einen pädagogischen oder psychosozialen Beruf ausübt. Es ist zu vermuten, daß Mediation deren Vorstellungen, wie Trennung vollzogen werden kann, entgegenkommt. Wir betrachten dies als ein „Einstiegsphänomen“. Menschen mit höherem Bildungsgrad scheinen zudem eher geneigt, sich auf neue Methoden einzulassen.

Regelungsbedürftige Themen

Welche Themen als regelungsbedürftig gelten und welche Streitpunkte in der Mediation geklärt werden sollen, hängt von der jeweiligen Situation des Paares ab, und davon, über was sich das Paar alleine oder mit Hilfe anderer schon geeinigt hat.

Der sonst gängige Katalog typischer Regelungsthemen weicht von dem unseres Projekts, bedingt durch das Schwerpunktthema „Vermittlungsverfahren/Mediation im Vorfeld familiengerichtlicher Entscheidungen zu Umgangs- und Sorgerechtsregelungen“ ab. Erwartungsgemäß macht die Verantwortung für die Kinder und die Kontaktgestaltung mit ihnen das Hauptthema aus.

Einzelthemen waren z. B.:

- Unterschiedliche Auffassungen über Tragweite der Begriffe „gemeinsame elterliche Sorge“ und der „alleinigen elterlichen Sorge“ im Zusammenhang mit dem Lebensmittelpunkt der Kinder.
- Absprachen über Betreuungsregelungen und Zuständigkeiten für die Kinder.
- Wohnungs- und Schulwechsel, bedingt durch den Umzug eines Elternteils.
- Wechsel des Lebensmittelpunkts eines Kindes von der Mutter zum Vater.
- Berücksichtigung der Kontakte zu der jeweiligen „Mutter-Vater-Familie“.
- Rolle der neuen Partnerin oder des neuen Partners in der Beziehung zu den Kindern.
- Umgang mit unterschiedlichen Erziehungsstilen und divergierender religiöser Auffassung.
- Pädagogische Absprachen im Alltag der Kinder, z. B. Zähneputzen, ins Bett gehen.

Es fiel auf, daß das Thema „elterliche Sorge“ sehr eng verknüpft ist mit „Sachthemen“ wie: finanzieller Ausgleich für den Elternteil, der die Kinder versorgt (juristisch: Ehegattenunterhalt) und die Klärung des notwendigen Lebensbedarfs der Kinder (juristisch: Kindesunterhalt). Interessant ist auch, daß für die meisten Väter zunächst das Thema „Kinder“ im Vordergrund stand, da sie z. B. die Sorge hatten, den Kontakt zu den Kindern zu verlieren, oder nur noch als „Zahl-Vater“ abgestempelt zu sein, während sich bei einem Gros (auch der berufstätigen) Mütter die Sorge um die „finanzielle Sicherheit“ für sich und die Kinder als das zunächst brisanteste Thema herausstellte. In einigen Fällen ging es, unabhängig von den Fragen des Lebensunterhalts, auch um finanzielle Unterstützung für eine zukünftige berufliche Weiter- oder Ausbildung der Ehefrau, oder die Übernahme außergewöhnlicher Kosten, für Kinder im Studium usw.

Bei etwa einem Drittel der Klienten stand die Vermögensaufteilung z. B. bezogen auf Einfamilienhaus, Eigentumswohnung, oder Ferienhaus zur Regelung an. Meistens ging es dabei um die Frage, für wen und wofür die gemeinsame Wohnung oder das Haus erhalten bleiben sollte; oder wie das Vermögen bewertet und so verteilt werden kann, daß beide Elternteile für sich selbst und für ihre Kinder eine ihren Wünschen und Möglichkeiten entsprechende Zukunft aufbauen können. Stets war es für uns wichtig, herauszufinden, ob die zunächst in den Vordergrund gestellte Auseinandersetzung um die Kinder im Zusammenhang mit anderen möglichen Streitthemen zu sehen sei, was tatsächlich sehr häufig der Fall war. Aus dem Kontext des familiären Budgets und der Verteilung des Vermögens oder auch der Schulden kann diese Frage nämlich in aller Regel nicht herausgelöst werden. Sich dieser Komplexität zu stellen, kann nicht nur für die Eltern, sondern auch für die Mediatoren immer wieder mit einer neuen Herausforderung verbunden sein. Wir haben wiederholt die Erfahrung gemacht, daß der Versuch, die emotionale Betroffenheit und die Konfrontation mit praktisch-ökonomischen Problemen voneinander zu trennen, häufig mit „zeitraubenden" Umwegen verbunden ist.

Einbeziehung der Kinder

Im Rahmen des Gesamtprojekts wurde der Einbeziehung der Kinder in den Mediationsprozeß besondere Bedeutung beigemessen. Im Vordergrund stand die Überlegung, Kinder und Jugendliche in einer ihrer Entwicklungsstufe angemessenen Art und Weise zu beteiligen, um ihnen die Wahrnehmung ihrer Interessen zu ermöglichen und im Gespräch mit Mediatoren und Eltern gerechte Lösungen zu entwickeln. Die Kinder sollten nicht in ihrer Abwesenheit als bloße Objekte behandelt werden, sondern die Möglichkeit bekommen, ihre Ängste und Zukunftserwartungen in Gegenwart der Eltern auszudrücken, nicht zuletzt deshalb, damit den Eltern ihre gemeinsame Verantwortung für die Kinder auch nach Beendigung der Paarbeziehung immer wieder deutlich werden sollte.

Die meisten Eltern reagierten auf unseren Vorschlag, die Kinder direkt in Mediationssitzungen miteinzubeziehen zunächst mit großer Zurückhaltung. Dies hatte seinen Grund vermutlich in der Tatsache, daß viele Paare, die in eine Mediation einwilligten, dies zunächst als eine vorläufige Entscheidung begreifen und deshalb den höheren Grad der Verbindlichkeit, der durch die Einbeziehung der Kinder entstehen kann, scheuten.

Zum andern haben die Paare zu Beginn der Mediation in aller Regel das Gefühl, allein schon durch die Probleme, die sich aus der gescheiterten Zweierbeziehung ergeben, stark belastet, wenn nicht überlastet zu sein, so daß die Einbeziehung der Kinder zwar rational eingesehen wird, aber emotional kaum zu bewältigen ist.

Nach diesen Erfahrungen wurde das Thema „Einbeziehung der Kinder in den Mediationsprozeß“ von uns mit größerer Zurückhaltung und in der Regel auch zu einem späteren Zeitpunkt eingeführt.

Es zeigte sich, daß gerade bei Paaren, die in der Anfangsphase der Mediation noch sehr in ihren Streit verstrickt waren, die Notwendigkeit bestand, in einer quasi „pädagogischen Vorarbeit“ den Unterschied zwischen der Paarebene und der Elternebene herauszuarbeiten und somit die bisher nur schwache Wahrnehmung der Bedürfnisse ihrer Kinder zu schärfen. Ist dies gelungen, bietet sich nun die Möglichkeit einer indirekten Einbeziehung der Kinder z. B. durch den Einsatz von „leeren Stühlen“, durch Rollenspiele („Eltern spielen ihre Kinder“), durch gezielte Fragen „Was würde Ihr Kind jetzt sagen?“ oder „Was könnte Ihr Kind Ihnen raten?“ oder durch Hinweise, wie andere Eltern in einer solchen Situation gehandelt haben. Dadurch können Eltern allmählich wieder Zugang zu ihren Elternressourcen finden. Interessen und Wünsche der Kinder konnten auf diese Weise mehr in den Mittelpunkt des Gesprächs rücken und es wurde den Eltern möglich, mehr über ihre eigenen Ängste zu sprechen, wie z. B.:

- Angst vor dem Alleinsein,
- Kränkung durch die Existenz eines neuen Partners der Frau, einer neuen Partnerin des Mannes (in zwei Fällen handelte es sich um eine neue gleichgeschlechtliche Partnerschaft),
- Sorge, zum „Besuchsvater“ oder zur „Besuchsmutter“ degradiert zu werden,
- Sorge, der andere Elternteil könnte das Kind an sich ziehen,
- Angst vor Rache für erlittene Verletzungen,
- Angst vor Ablehnung durch die Kinder,
- Angst, ihren Ansprüchen nicht zu genügen,
- Angst, nur „Zahlvater“ oder „Zahlmutter“ zu sein,
- Angst, in der eigenen Familie, im Freundeskreis als „Verlierer“ dazustehen,
- Angst, als „guter“ oder „schlechter“ Elternteil bewertet zu werden.

Waren unterschwellige Ängste im Zusammenhang mit den unterschiedlichen Bedürfnissen und der Auseinandersetzung der Vor- und Nachteile konkreter Gestaltungsmöglichkeiten der Eltern-Kind-Beziehung einmal benannt, bekamen die bis dahin reichlich diffusen Vorstellungen von „elterlicher Sorge“ und „elterlichem Umgang“ im Verlauf des Prozesses einen andern Stellenwert. So wurde z. B. der Verzicht auf das juristisch formale Sorgerecht nicht mit dem Verzicht auf das Kind gleichgesetzt, sondern konnte von beiden Elternteilen als ein Zurückgewinnen elterlicher Kompetenz erlebt werden, wobei die Notwendigkeit gemeinsamer elterlicher Verantwortung für die Kinder deutlich wurde, was nicht in jedem Fall gleichzusetzen ist mit dem Anspruch auf das gemeinsame Sorgerecht.

Am Ende dieses Prozesses war der größte Teil der Eltern bereit oder äusserte den lebhaften Wunsch, den Kindern gemeinsam die erarbeiteten Lösungen bzw. Elternvereinbarungen zu erklären, sei es unmittelbar im Rahmen der Mediation, oder an einem andern gemeinsam festgelegten Ort.

Zusammenfassend hat sich für uns die Frage der „Einbeziehung von Kindern“ in die Mediation gegenüber der ursprünglichen Konzeption durch die gemachten Erfahrungen wie folgt differenziert: Das Einbeziehen der Kinder in die laufenden Mediationsverhandlungen erscheint uns eher in der indirekten Form sinnvoll, da hier klar eine Elternentscheidung vorbereitet wird. Ein direkt anwesendes Kind kann leicht, vielleicht sogar zwangsläufig in einen Loyalitätskonflikt geraten und die Verantwortung für eine Lösung aufgebürdet bekommen. Ein direktes Einbeziehen der Kinder kann ferner *vor* den Verhandlungen über das Sorgerecht und die Umgangsregelung zur Entlastung aller, bzw. *nach* getroffener Elternentscheidung zur gemeinsamen Absprache, angezeigt sein.

Da dieser Bereich noch weitgehend unerforscht ist, ist auch für uns die Frage in vieler Hinsicht noch offen, wie die Belange der Kinder im Mediationsprozeß am besten berücksichtigt werden können.

Ergebnisse der Mediation

Der Versuch, ganzheitlich auf die beidseitigen Bedürfnisse und Interessen einzugehen, um miteinander einvernehmliche Regelungen zu entwickeln, wurde von einem großen Teil der Paare angenommen und positiv bewertet. Nicht wenige Paare verabschiedeten sich am Ende des Weges mit etwas „verstecktem“ Stolz und einige auch mit Verwunderung über das, was sie „geschafft“ haben. Denn zu Beginn dieses „Experiments“ konnten sie sich kaum ein Bild davon machen, was es bedeutet, „Mediations-Klient“ bzw. „Mediations-Klientin“ zu sein. Durch strukturierte Gesprächsführung und das Bemühen, jedem Partner und jeder Partnerin so viel Raum und Zeit zu geben, wie es braucht, um die eigene Sichtweise zur Geltung zu bringen und Erwartungen und Vorstellungen an den Partner oder an die Partnerin zu formulieren, half mit, verhärtete Positionen und Mißtrauen abzubauen, sowie verschüttete bzw. blockierte Kommunikationsmöglichkeiten wieder in Gang zu bringen. In einem Fall z. B. waren beiden Eltern gemeinsame Regelungen für ihre Kinder wichtig. Doch konnte die verhärtete Position des Ehemannes, keinen Unterhalt mehr an seine Frau bezahlen zu wollen, erst aufgeweicht werden, nachdem ihm der Raum gegeben wurde, seine Kränkung und Wut bezüglich des neuen Partners seiner Frau und die damit verbundenen Vorstellungen aussprechen zu können. Seine Sorge war, bis in „unendliche" Zeiten seiner Frau Unterhalt bezahlen zu müssen. Durch entsprechende Klärungen können Probleme in einen andern Zusammenhang gebracht und neu definiert werden. Festgefahrene Vorstellungen werden aufgebrochen und geben den Partnern neue Möglichkeiten, die Wahrnehmung über sich und den andern zu verändern und unter Umständen das gemeinsame Leben in der Vergangenheit nicht abzuwerten, sondern eine neue Ebene der gegenseitigen Wertschätzung zu entwickeln.

Um das Gleichgewicht zwischen den „äußeren Regelungen" und der Verarbeitung auf der intrapsychischen und der Beziehungsebene herzustellen, muß genügend Zeit belassen werden. Dem Druck ungeduldiger Partner oder Partnerinnen nicht nachzugeben, bedeutete für alle Beteiligten immer wieder eine Gratwanderung zwischen Abbruch des Mediationsprozesses und Fortsetzung. In Abschlußgesprächen konnten wir immer wieder hören, wie wichtig die Verlangsamung des Prozesses war, damit einerseits die äußeren und inneren Veränderungen der Trennung verarbeitet werden konnten, zum andern die Möglichkeit eröffnet wurde, ein größeres Repertoire von Lösungsideen kennenzulernen und für sich zu entwickeln.

Paare, die sich in einer bestimmten Phase für eine andere Form der Konfliktlösung entschieden hatten, drückten später ihr Bedauern aus, das Mediationsangebot nicht vollständig angenommen zu haben. Aber auch von ihnen war zu erfahren, daß sie inzwischen besser zwischen Partnerkonflikten und Elternkonflikten unterscheiden konnten und den Zusammenhang zwischen den ökonomischen Schwierigkeiten der Trennung und dem Thema „Kinder" besser erkannten.

Von allen Beteiligten wurde darauf hingewiesen, daß sie ein Modell der Konfliktaustragung und -regelung kennengelernt hätten, welches sie weiterhin praktizieren möchten.

Von den in diesem Erfahrungsbericht erfassten 26 Paaren hatten etwa 50 % die Mediation mit einer gemeinsamen Vereinbarung abgeschlossen. Bei ungefähr 40 % war der Mediationsprozeß noch im Gang, bzw. durch Teilvereinbarungen unterbrochen. In 10 % der Fälle wurde die Mediation explizit abgebrochen.

Bei den Fällen, die mit einer gemeinsamen Vereinbarung endeten, wurden bei ungefähr der Hälfte die gesamten Streitthemen als „Gesamtmediation" verhandelt und vereinbart. In anderen Fällen gab es Elternpaare, die, um das „Mediationspaket" abzuschließen, lediglich noch detaillierte Elternvereinbarungen und die Entscheidung über die elterliche Sorge regeln mußten, während andere mit der Trennung bzw. Scheidung zusammenhängende Punkte, wie z. B. Vermögensaufteilung und Unterhalt, schon geklärt waren. Wichtig war für einen großen Teil der Betroffenen, untereinander zu klären, wie in der Zukunft die anwaltliche Beteiligung sein wird und wann der Scheidungsantrag gestellt wird.

Über Form und Verbindlichkeiten der Vereinbarungen haben die Partner selbst entschieden. In aller Regel wurden die Ergebnisse in Zusammenarbeit mit den Mediatoren zusammengefaßt und anschließend haben einige Paare den Entwurf zu den Vereinbarungen selbst formuliert, im Mediationsprozeß miteinander abgestimmt, mit ihren Unterschriften versehen und je nachdem von Anwälten oder Notaren in eine rechtsverbindliche Form bringen lassen. Nur bei einer Minderheit unterstützten wir Mediatoren die Elternpaare bei der Formulierung ihrer Vereinbarungen.

Im Laufe der gemeinsamen Mediationsarbeit wurde uns verstärkt deutlich, daß zur realen Auseinandersetzung von Trennung bzw. Scheidung die schriftliche Fixierung der gemeinsam erarbeiteten Ergebnisse der Elternpaare notwendig ist.

In sogenannten Teilmediationen, z. B. über den Kontakt mit den Kindern und die Klärung des Unterhalts, wurden von einigen Paaren „Trennungsvereinbarungen" oder „vorläufige Vereinbarungen" formuliert und als Selbstverpflichtung für einen begrenzten Zeitraum unterschrieben.

Zweimal schloß die Mediation mit Elternvereinbarungen, wobei die Eltern darauf hinwiesen, die weiteren Trennungsfolgen alleine miteinander klären zu können.

Unterbrochen wurde der Mediationsprozeß aus unterschiedlichen Gründen:

- In einem Fall entschied sich die Frau zunächst für eine Einzeltherapie zur emotionalen Stabilisierung und Aufarbeitung ihrer Kränkungen und Enttäuschungen über die Trennung ihres Mannes und die Existenz einer neuen Partnerin.
- In einem andern Fall suchte der Ehemann einzeltherapeutische Unterstützung, um die psychische Trennung besser verarbeiten zu können.
- In mehreren Fällen benötigten die Betroffenen Zeit, um z. B. die Regelungen für die Kinder praktisch zu erproben.
- Eine Verlangsamung oder zeitweilige Unterbrechung des Prozesses konnte bei einigen Paaren festgestellt werden, als es um das Ein-

holen von Informationen, z. B. beim Anwalt, Steuerberater oder Immobilienschätzer ging. Die Erfahrungen haben gezeigt, daß sich vor allem Frauen in der Auseinandersetzung mit Fakten und Zahlen oft überfordert fühlen. In einem Fall konnte eine Frau wegen der Komplexität des Sachverhalts trotz aller Bemühungen nicht den Überblick gewinnen, so daß sie im gegenseitigen Einverständnis die Verantwortung an einen Anwalt abgab und sich bezüglich der Vermögensaufteilung vertreten ließ.

- Einem andern Paar wurde durch die Arbeit an den Trennungsfolgen und der Auseinandersetzung mit den finanziellen Tatsachen die „Endgültigkeit" ihrer Ehe erst bewußt, was sie bewog, ihr Beziehungsproblem in einer gemeinsamen Paartherapie zu behandeln und die Trennungsentscheidung noch einmal neu zu überdenken.
- Da, wo der Mediationsprozeß ohne Vereinbarungen abgebrochen wurde, stellte sich in einem Fall heraus, daß bei einem Mann das Mißtrauen und die negativen Erfahrungen mit seiner Frau und ihrer Familie unüberwindbar waren und er sich in seiner tiefen Unsicherheit durch eine anwaltliche Vertretung entlastet und besser vertreten fühlte.
- Einmal mußte die Mediation abgebrochen werden, da die Frau die Offenlegung notwendiger Unterlagen bezüglich eines Erbes verweigerte.
- Bei einem sehr zerstrittenen Elternpaar, das zu Beginn des Projekts über das Oberlandesgericht (OLG) an uns verwiesen wurde und dort seit neun Jahren Sorgerechtsstreitigkeiten austrug, wollten wir als psychosoziale Mediatoren beweisen, daß wir auch mit solch schwierigen Fällen arbeiten können, mußten jedoch recht bald erleben, daß das Paar kein Interesse an gemeinsamer Entscheidungsfindung hatte, sondern die anstehenden Entscheidungen an die drei Kinder im Alter zwischen 7 und 11 Jahren delegieren wollten. Die Mediatoren sollten lediglich für den jeweiligen Interessensstandpunkt in Anspruch genommen werden.

Die von uns begleiteten Fälle benötigten zwischen zwei und vierzehn Sitzungen. Die Dauer des Mediationsprozesses variierte zwischen drei Wochen und dreizehn Monaten, bei den meisten Paaren lag sie zwischen vier und neun Monaten.

Zusammenfassend stellen wir fest, daß Dauer und Ergebnisse der Mediation von sehr vielen Faktoren abhängen. Ein die Möglichkeiten begrenzender Faktor ist der Stand der psychischen Verarbeitung des Scheiterns einer Beziehung durch die Beteiligten. Wir machten die Erfahrung, daß vor allem die „Verlassenen" über einen längeren Zeitraum hinweg nur schwer in der Lage sind, sachliche Lösungen anzustreben, ohne diese mit Gefühlen von Wut, Enttäuschung, Haß, Rache ... zu verweben. Hier sind oft nur kurzfristige, die aktuelle Krise bewältigende Lösungen machbar gewesen, was zwangsläufig zu einem „Portionieren“ der Mediationsthemen führte. Bei Paaren schließlich, die ihre Trennung schon in Therapie oder Beratung aufgearbeitet oder bei denen noch keine „institutionellen Eingriffe“ (seitens der Gerichte, Jugendämter, Gutachter) stattgefunden hatten, war eine geringere Konfliktintensität im Mediationsprozeß festzustellen.

Anfängliche Vermutungen, Unterschiede im Bildungsgrad und in der Artikulationsfähigkeit könnten einen starken Einfluß auf den Verlauf des Mediationsverfahrens und den Mediationserfolg ausüben, haben sich nicht bestätigt. Grundsätzlich scheint das Verfahren für Paare aus allen Schichten geeignet, auch wenn im Augenblick mehr Paare aus den für neue Erfahrungen aufgeschlosseneren, mittleren Bildungsschichten davon Gebrauch machen.

Aufgrund der geringen Erfahrungszahlen und der kurzen Erprobungszeit kann die Frage nach der „Haltbarkeit“ von Vereinbarungen ebenso wenig abschließend beantwortet werden, wie heute schon eine Prognose gestellt werden kann, ob und inwieweit Mediation geeignet ist, gerichtliche Auseinandersetzungen zu verkürzen.

Bedeutung, Evaluation, Indikation und Rahmenbedingungen von Scheidungsmediation

Eine Übersicht

Reiner Bastine, Gabriele Link und Bernhard Lörch

Zunächst werden Bedeutung, Ziele und Abgrenzung der Scheidungsmediation dargestellt, um die wesentlichen Merkmale dieses Ansatzes zu identifizieren. Dann stehen drei Themenstellungen im Zentrum:
- Eine Zusammenfassung der Ergebnisse der bisherigen Mediationsforschung im Hinblick auf Fragen, die sich aus der Mediationspraxis stellen;
- die Diskussion der Indikationsfrage;
- sowie die Einflüsse gesellschaftlicher, institutioneller und rechtlicher Rahmenbedingungen auf die Scheidungsmediation.

Bedeutung, Ziele und Abgrenzungen der Scheidungsmediation

Untersuchungen haben immer wieder gezeigt, daß Scheidung ein bedeutsamer Risikofaktor für psychische und gesundheitliche Probleme bei Erwachsenen und Kindern ist (z. B. Bloom, Asher, White 1978.; Kitson, Holmes 1992; Lehmkuhl 1991;). Dabei ist für die Kinder die Konflikthaftigkeit der Beziehung zwischen den Eltern von größerer Bedeutung als die Trennung selbst (Amato, Keith 1991; Bastine 1990, S. 251–254; Fincham 1994; Hofmann-Hausner, Bastine 1995; Rutter 1981). Zumindest für die Kinder, wahrscheinlich aber auch für die Eltern sind daher sämtliche Hilfen, die das Ausmaß und die Intensität der interparentalen Streitigkeiten und Konflikte während der Scheidungsauseinandersetzungen reduzieren, nicht nur aktuell entlastend, sondern auch für die weitere persönliche Entwicklung in höchstem Maße erwünscht (Emery 1994; Gloor

1993; Griebel, Siefert, Herz 1991; Hodges 1991; Kitson, Holmes 1992; Niesel 1991; Schmidt-Denter, Beelmann, Trappen, 1991).

Eine der wichtigsten Hilfen zur Konflikt- und Problembewältigung, die in den Sozialwissenschaften in den letzten Jahren konzeptuell und praktisch entwickelt wurde, ist die Scheidungsmediation (Bienenfeld 1983; Emery, Wyer 1987a; Folberg, Milne 1988; Haynes 1981; Haynes, Haynes 1989; Haynes, Bastine, Link, Mecke 1993; Kelly 1983; Krabbe 1991; Proksch 1989; Witte, Sibbert, Kesten 1992).

Begriffliche Abgrenzungen

Scheidungsmediation ist ein Ansatz, mit dem die aus der familiären Trennung oder Scheidung entstehenden Probleme in eigener Verantwortung, aber mit Unterstützung von neutralen Dritten gelöst werden. Diese Probleme können u. a. folgende Bereiche betreffen: die Gestaltung des Sorge- und Umgangsrechts, die Aufteilung von Vermögen bzw. von Schulden, Vereinbarung zum Ehegatten- und Kindesunterhalt sowie Vereinbarungen über unterschiedliche Auffassungen zur (religiösen, schulischen usw.) Erziehung. Juristische oder psychologische Inhalte können dabei mehr oder weniger im Vordergrund stehen – bei der Gestaltung des Kontaktes mit den Kindern sind psychologische Aspekte meistens bedeutsamer, während juristische Aspekte beispielsweise bei Unterhaltsvereinbarungen eine größere Rolle spielen. Da psychologische und juristische Gesichtspunkte bei der Scheidungsmediation häufig eng miteinander verknüpft sind, wird sie als ein interdisziplinärer Ansatz verstanden, in dem psychologische und juristische Inhalte miteinander zu verbinden sind. Wenn von „Trennungs- und Scheidungsmediation“ gesprochen wird, werden meistens auch Regelungen von Problemen einbezogen, die sich vor oder nach einer Scheidung oder bei der Trennung unverheirateter (Eltern-)Paare ergeben. Im Unterschied dazu bezeichnet die *Familienmediation* die Regelung sämtlicher Arten familiärer Krisen, Konflikte und Probleme, also beispielsweise auch von Konflikten zwischen Eltern und Jugendlichen, in Stief- und Adoptivfamilien, in Erbschaftsangelegenheiten usw. Als übergreifender Begriff schließt die Familienmediation also die Mediation von Problemen bei Trennung und Scheidung ein.

Ziele der Scheidungsmediation

Im Prozeß der Scheidungsmediation werden vor allem drei Zielsetzungen verfolgt:

- Entwickeln von konsensualen Vereinbarungen über konkrete Scheidungsprobleme
  Für die konkreten Probleme und Aufgaben, die sich aus der Trennung und Scheidung ergeben und deren Bewältigung dem Paar aus eigenen Kräften nicht gelingt, sollen gemeinsam mit dem Paar Regelungen erarbeitet werden. Die Lösung soll sich an den Bedürfnissen und Interessen aller Beteiligten (den „Eigeninteressen"), den neuen Realitäten der geschiedenen Familie und dem Gerechtigkeitsempfinden der Beteiligten orientieren.
- Förderung der Kooperation
  Durch das mediative Vorgehen sollen konfliktfördernde Kommunikations- und Interaktionsweisen der Partner abgebaut und konstruktive Umgangsformen aufgebaut werden. Das Paar soll damit in die Lage versetzt werden, die getroffenen Vereinbarungen langfristig einhalten und diese gegebenenfalls von sich aus an neue Lebensumstände anpassen zu können.
- „Sich als Paar trennen, aber Eltern bleiben"
  Beide Elternteile sollen ihre elterlichen Aufgaben erfüllen und ihre Beziehung zu den Kindern pflegen und entwickeln können. Aus der Sicht des Kindes soll dies langfristig dazu führen, daß der Kontakt zu beiden Eltern verläßlich aufrechterhalten bleibt.
  Scheidungsmediation zielt also auf die *ergebnisbezogene Lösung* der Probleme ab, die durch eine Trennung oder Scheidung ausgelöst werden. Um diesen Prozeß in Gang setzen zu können, müssen beide Partner wenigstens in Ansätzen bereit sein, miteinander nach einer gemeinsamen Lösung zu suchen. Das Ergebnis dieses Prozesses wird in einer Vereinbarung („memorandum of understanding" oder „Scheidungsvereinbarung") festgehalten, in der die gemeinsam erarbeiteten Regelungen aufgeführt sind.

Interdisziplinäre Abgrenzungen

Damit ist dieser Ansatz als eine freiwillige, aufgabenbezogene, zielgerichtete, interpersonale und konsensuale Entscheidungsfindung für Scheidungsfamilien zu charakterisieren. Die Grundlagen für diesen

Ansatz wurden vor allem in der sozialwissenschaftlichen Verhandlungsforschung geschaffen (vgl. Bastine 1995) und in der Praxis der Trennungs- und Scheidungsberatung weiterentwickelt. In ihren Zielsetzungen und im Vorgehen unterscheidet sie sich damit sowohl von der Psychotherapie wie vom traditionellen justitiellen Vorgehen, obwohl partielle Überlappungen bestehen. Gegenüber der Psychotherapie liegen die Unterschiede vor allem darin, daß in der Scheidungsmediation eine aufgabenbezogene Lösung der Trennungsfolgen angestrebt wird (Folberg 1983). Die kognitiv-emotionale Bearbeitung der Beziehungskonflikte des Paares, der persönlichen Enttäuschungen oder der Beziehungsgeschichte bleibt dagegen der Einzel-, Paar- oder Familientherapie vorbehalten. Sofern solche Aspekte in der Scheidungsmediation aufgegriffen werden, erfolgt dies vorwiegend aus instrumentellen Gründen, beispielsweise dann, wenn sonst der eigentliche Prozeß der konsensualen Entscheidungsfindung blockiert würde.

Gegenüber den traditionellen Formen juristischer Konfliktregelung stellt die Scheidungsmediation einen Ansatz dar, die miteinander vernetzten Scheidungsfolgen auf der Basis der jeweiligen Eigeninteressen durch außergerichtliches Verhandeln zu regeln. Sie greift damit zurück auf die Vorstellung von einem eigenverantwortlich ausgeübten, wechselseitig getragenen und selbst regulierten Vertragsrecht, in dem die „beste Lösung“ in einem gemeinsamen Prozeß zwischen den Parteien ausgehandelt wird.

Praxisrelevante Fragen an die Mediations-Forschung

Seit den frühen Achzigerjahren rückte die Scheidung in das Interessenfeld sozialwissenschaftlichter Forschung. Diese hat der Verbreitung von Mediation ebenfalls den Weg geebnet, indem sie das Verständnis für die Bedingungen, den Verlauf und die Verarbeitung von Scheidungen in den letzten Jahren deutlich vergrößert hat (vgl. u. a. Ahrons 1994; Bray, Hetherington 1993; Emery 1994; Fthenakis, Niesel, Kunze 1982; Kitson, Holmes 1992).

Mit der Verbreitung der Mediation verknüpfen sich Hoffnungen auf eine selbstbestimmtere und konfliktfreiere Zukunft für die von der Scheidung betroffenen Erwachsenen und Kinder. Ob die Mediation in der Lage ist, diese Erwartungen zu erfüllen, kann nur anhand ihrer systematischen wissenschaftlichen Evaluation beantwortet werden.

Bei der Diskussion um Vorgehen und Nutzen der Scheidungsmediation werden immer wieder eine Reihe von Fragen gestellt, die sich – wenigstens zum Teil – anhand vorliegender Untersuchungen beantworten lassen. Wir beziehen uns dabei vor allem auf angloamerikanische Untersuchungen, die die Auswirkungen der Mediation jeweils mit Kontrollgruppen verglichen und außerdem den Verlauf untersuchten (kontrollierte Längsschnittstudien). Es handelt sich insbesondere um drei große Untersuchungen:

- das „Denver Custody Mediation Project" (CMP) (Pearson, Thoennes 1984, 1985),
- das „Divorce Mediation Research Project" (DMRP) (Pearson, Thoennes 1988, 1989),
- die am „Northern California Mediation Center" durchgeführte Studie (Kelly 1989).

In diesen Untersuchungen wurden jeweils unterschiedliche methodische Zugänge gewählt, um Mediations-Teilnehmer mit Personen zu vergleichen, die den üblichen gerichtlichen Weg gegangen waren (für eine ausführlichere Darstellung vgl. Link, Bastine 1991).

Eine weitere Studie zu den Auswirkungen von Mediation über elterliches Sorge- und Umgangsrecht („child custody mediation") ist kürzlich von Emery und Mitarbeitern publiziert worden (vgl. Emery, Matthews, Kitzmann 1994; Kitzmann, Emery). In Deutschland gibt es bislang erst eine Pilotstudie (Proksch 1992).

Folgende Fragen waren unter anderem Gegenstand der Forschung:

Können die Scheidungspaare in der Mediation eine Vereinbarung aushandeln?

Eine Übersicht über die Mediations-Studien ergibt, daß etwa 50–75 % aller Klienten in der Mediation eine Übereinkunft aushandeln können (vgl. Emery, Wyer 1987a); ein Ergebnis, das mit den Erfahrungen an unserer Beratungsstelle übereinstimmt (Bastine, Gabriel, Link 1992; Bastine, vom Kolke, Link 1994).

Aber auch Mediationen, in denen keine Übereinkunft erzielt wurde, sind nicht notwendigerweise als fehlgeschlagen zu beurteilen. So konnten z. B. in der CMP-Studie neben den 60 % der Paare, die direkt in der Mediation eine Vereinbarung erarbeiten konnten, weitere 20 % noch vor der gerichtlichen Verhandlung eine Übereinkunft aushandeln (Pearson, Thoennes 1988).

Darüber hinaus ist interessant, inwieweit sich diese Vereinbarungen inhaltlich von den Regelungen unterschieden, die vom Familiengericht getroffen wurden. Die empirischen Befunde zeigen, *daß aus der Mediation eher Regelungen mit einem gemeinsamen Sorgerecht resultieren* (Pearson, Thoennes 1988, 1989; Emery, Wyer 1987b). Außerdem ergab die CMP-Studie, daß bei alleinigem Sorgerecht dem anderen Elternteil in der Mediation ein großzügigeres Umgangsrecht eingeräumt wurde als in den gerichtlichen Regelungen. Dieses Ergebnis konnte allerdings in der DMRP-Studie nicht bestätigt werden.

Bezüglich der finanziellen Vereinbarungen sind die Ergebnisse eher uneinheitlich. So berichten Pearson und Thoennes (1988) in der CMP-Studie, daß Väter, die an einer Mediation teilgenommen hatten, insgesamt mehr Kindesunterhalt zahlen und auch eher bereit sind, außergewöhnliche finanzielle Belastungen für ihre Kinder zu übernehmen. Emery und Wyer (1987b) dagegen fanden diese Unterschiede nicht. In beiden Studien wurden allerdings die finanziellen Regelungen nicht direkt in der Mediation verhandelt.

Wie haltbar sind die in der Mediation erarbeiteten Regelungen?

Bei einem Vergleich mit der gerichtlichen Gruppe ergaben sich in der Mediationsgruppe bis zu zwei Jahre nach der Scheidung weniger Meinungsverschiedenheiten, die ausgehandelten Besuchsregelungen wurden eher eingehalten, der vereinbarte Kindesunterhalt eher gezahlt und die Gerichte seltener wiederangerufen (Pearson, Thoennes 1988; Emery, Matthews, Kitzmann, 1994).

Wie zufrieden sind die Klienten mit der Mediation?

Unabhängig von dem Erreichen einer Vereinbarung sind etwa 70–90 % mit der Mediation zufrieden, würden sie an Freunde weiterempfehlen und denken, daß sie für Personen in ähnlichen Lebensumständen verfügbar sein sollte. Dagegen sind nur 40–50 % mit dem gerichtlichen Verfahren zufrieden (Kressel, Pruitt 1987). Die Mediation wird insgesamt als persönlicher, selbstbestimmter und weniger kontrollierend wahrgenommen als das kontradiktorische Verfahren (Pearson, Thoennes 1985).

Unabhängig von dieser globalen Zufriedenheit berichten allerdings etwa die Hälfte der Mediations-Klienten, daß sie die Sitzungen als spannungsgeladen empfanden, sie während der Sitzungen oft wütend waren und sich von ihrem Partner häufig in die Defensive gedrängt gefühlt hätten (Pearson, Thoennes 1988). Insgesamt führt die Mediation zur Zufriedenheit, wenn auch das Verfahren selbst als belastend erlebt werden kann.

Werden Frauen durch die Mediation benachteiligt?

Da die Mediation auf dem Prinzip des Verhandelns zwischen autonomen Partnern basiert, ist zu untersuchen, ob Frauen aufgrund ihrer oft stärkeren finanziellen Abhängigkeit durch die Mediation benachteiligt werden.

Diese Befürchtung läßt sich wegen der uneinheitlichen empirischen Befunde weder bestätigen noch widerlegen. Die Ergebnisse von Emery und Wyer (1987) sprechen eher für eine Benachteiligung der Frauen in der Mediation im Vergleich zum gerichtlichen Verfahren. Die Untersuchung von Kelly und Gigy (1989) brachte dagegen gerade ein umgekehrtes Ergebnis: Frauen in der Mediationsgruppe waren mit der Regelung insgesamt zufriedener und hatten ein signifikant erhöhtes Gefühl von Selbstwirksamkeit als Frauen, die den traditionellen gerichtlichen Weg gegangen waren. Zu diesen divergenten Ergebnissen könnte beigetragen haben, daß der „traditionelle gerichtliche Weg" sich in den beiden Untersuchungen sehr unterschieden hat, aufgrund der jeweils unterschiedlichen gesetzlichen Regelung der Scheidungsfolgen in dem Bundesstaat Virginia, in dem die Untersuchung von Emery und Wyer stattfand, und dem Bundesstaat Kalifornien, wo Kelly und Gigy ihre Studie durchführten (vgl. auch Emery, Matthews, Kitzmann 1994). Eine weitere mögliche Erklärung dieser voneinander abweichenden Ergebnisse könnte in der unterschiedlichen inhaltlichen Konzeption der durchgeführten Mediationen liegen: Während bei Emery und Wyer nur das Sorge- und Umgangsrecht verhandelt wurde, wurden bei Kelly und Gigy darüber hinaus auch die finanziellen Probleme in einem insgesamt länger dauernden Verfahren geregelt. Möglicherweise kann durch das Einbeziehen der ökonomischen Aspekte der Scheidung ein besserer Ausgleich zwischen den früheren Lebenspartnern getroffen werden, durch den das Gefühl der Benachteiligung bei den betroffenen Frauen nicht auftritt.

Allgemeiner wäre zu klären, inwieweit die Mediation für Paare geeignet ist, zwischen denen ein Machtungleichgewicht besteht. Für die Mediations-Praxis wird gefordert, daß der Mediator auf ein

Machtgefälle zwischen den Partnern achten muß und versuchen sollte, dies durch bestimmte Strategien auszugleichen („power balancing“: Haynes 1988). Wenn ein solcher Machtausgleich nicht erreichbar ist, empfehlen wir den Klienten in unserer Mediations-Praxis, ihre Regelungen von Anwälten aushandeln zu lassen. Denn der Mediator kann nicht die Aufgabe übernehmen, das Anliegen des Schwächeren dauerhaft zu vertreten, da er sonst parteilich wird.

Wie wirkt sich Mediation auf die Beziehung zwischen den Partnern aus?

In einer Reihe von Untersuchungen konnte gezeigt werden, daß Mediation einen positiven Einfluß auf die Beziehung zwischen den ehemaligen Partnern hat. Im Vergleich zur gerichtlichen Gruppe berichteten Mediations-Teilnehmer nach Abschluß der Mediation häufiger:

- daß eine Kooperation mit dem Ex-Partner möglich sei, sich insgesamt die Beziehung verbessert habe und Mediation der Beziehung wenig Schaden zugefügt habe (Pearson, Thoennes 1988),
- daß ihnen das Verfahren geholfen habe, vernünftiger miteinander umzugehen und die Kommunikation nicht verschlechtert wurde (Kelly 1989).

Andererseits zieht die Arbeitsgruppe um Emery aus ihren eigenen Untersuchungen den Schluß, daß „... wenig Belege dafür vorliegen, daß Mediation mit einer Abnahme im allgemeinen elterlichen Konflikt, in Depression oder in einer unbewältigten Verbindung zum ehemaligen Partner verbunden ist ...„ (Kitzmann, Emery 1994).

Die meisten Ergebnisse beruhen auf Befragungen, die direkt nach Abschluß der Mediation bzw. bis zu einem Jahr danach durchgeführt wurden. Inwieweit diese positiven Auswirkungen auf die Nach-Scheidungsbeziehung über größere Zeiträume hinweg beständig bleiben, ist noch zu untersuchen.

Hat Mediation einen positiven Einfluß auf die betroffenen Kinder?

Aus der Scheidungsfolgen-Forschung ist bekannt, daß ein wichtiger Prädiktor für das Wohlergehen der Kinder das Ausmaß der Konflikte zwischen den geschiedenen Eltern ist: Es geht den Kindern umso besser, je geringer die Konflikte zwischen den Eltern sind (vgl. Amato,

Keith 1991). Da durch die Mediation die Konflikte zwischen den Eltern verringert werden, besteht die Hoffnung, daß es den Kindern, deren Eltern an einer Mediation teilgenommen haben, besser geht als den Kindern, deren Eltern den traditionellen gerichtlichen Weg eingeschlagen haben.

Eine Studie, in der das Ergebnis der Scheidungsmediation anhand der Angaben der betroffenen Kinder selbst bewertet wurde, ist uns nicht bekannt. Eine Befragung der Eltern in der DMRP-Studie erbrachte für Kinder, deren Eltern an einer Mediation teilgenommen hatten, im Vergleich mit der gerichtlichen Gruppe bessere Werte auf der „Child-adjustment-scale" von Achenbach und Edelbrock (1981). Allerdings war dieses Ergebnis statistisch nicht signifikant und die genauere Analyse ergab, daß die Unterschiede vermutlich auf andere Faktoren zurückzuführen sind, wie z. B. das Alter der Kinder oder das Ausmaß an physischer Gewalt in der Ehe (Pearson, Thoennes 1988). Auch in der Untersuchung von Emery und Mitarbeitern ließen sich keine Unterschiede in den Problemen von Kindern nachweisen, deren Eltern an Mediation teilnahmen im Vergleich zu Eltern, die ihre Sorgerechtsstreitigkeiten gerichtlich zu lösen versuchten. Allerdings wurden die psychischen Probleme der Kinder auch in dieser Untersuchung leider nicht direkt oder durch unabhängige Beurteiler, sondern durch die Angaben ihrer Eltern erfaßt (Kitzmann, Emery 1994). Die beiden Autoren führen aber selbst eine Reihe von methodischen Gründen an, die die Tragweite ihrer Ergebnisse beeinträchtigen können (z. B. die kleinen Stichprobengrößen) und fordern weitere Untersuchungen, in denen insbesondere die Bedeutung fortbestehender Konflikte zwischen den Eltern auch nach der Scheidung überprüft werden müßte (vgl. auch Hofmann-Hausner, Bastine 1995).

Wird die Mediation eher von unproblematischen Fällen gewählt?

In Untersuchungen, in denen den Scheidungspaaren die Wahl zwischen Mediation und adversialem Verhandeln angeboten wurde (in denen also keine zufällige Zuordnung erfolgte), zeigte sich ein sehr überraschendes Ergebnis: Die beiden Personengruppen unterschieden sich nämlich nicht in einer Reihe von Aspekten, in denen eigentlich Unterschiede erwartet wurden. Es ließen sich keine Unterschiede in der Ehegeschichte, im Ausmaß des ehelichen Konfliktes, der Adäquatheit der ehelichen Kommunikation, der Gründe für die Scheidung, der ehelichen Kooperation und anderen Aspekten der Interaktion feststellen. Diese Beobachtung läßt die Forschungsgruppe zu der folgenden Schlußfolgerung gelangen: „Der Glaube – der häufiger von der juristischen Profession vertreten wird –, daß die Paare, die in Mediation gehen, 'friedlichere' Ehen haben oder weniger ärgerliche, zivilisiertere und 'leichtere' Klienten seien, bewahrheitet sich nicht" (Kelly, Gigy, Hausman 1988. Ü.d.A.).

Welches Verhalten des Mediators führt zu erfolgreichen Mediationen?

Um diese Frage zu klären, wurden unterschiedliche Herangehensweisen gewählt: Pearson und Thoennes (1985, 1989) ließen in ihren beiden Studien die Teilnehmer nachträglich das Verhalten ihres Mediators beurteilen; Slaikeu, Pearson und Thoennes (1988) und Donohue, Allen und Burrell (1985) analysierten Tonbänder von Mediationssitzungen, indem sie die Häufigkeit bestimmter Mediator-Äußerungen bei erfolgreichen und nicht erfolgreichen Mediationen verglichen (eine Mediation galt dann als erfolgreich, wenn eine Übereinkunft erreicht wurde). In diesen Studien wurden u. a. folgende Bereiche untersucht:

Der Umgang mit Gefühlen

Die Ergebnisse zu diesem Bereich sind eher widersprüchlich. In der CMP-Studie ergab eine Nachbefragung der Mediationsteilnehmer, daß die Mediation dann eher erfolgreich war, wenn der Mediator den Klienten Einsicht in die eigenen Gefühle vermitteln konnte und half, die Gefühle der Kinder und des Ex-Partners besser zu verstehen (Pearson, Thoennes 1989). In einer anderen Untersuchung wurde anhand von Tonbandanalysen festgestellt, daß eher dann eine Vereinbarung erreicht wurde, wenn emotionale Inhalte vom Mediator seltener aufgegriffen wurden (Slaikeu, Pearson, Thoennes 1988). Diese widersprüchlichen Ergebnisse können eventuell an den unterschiedlichen Erhebungsmethoden liegen. Nach unserer eigenen Erfahrung könnten sie aber auch darauf zurückzuführen sein, daß in der Mediation oft beide Aufgaben realisiert werden müssen: Einerseits sind die subjektive Perspektive und Bewertung beider Partner aufzugreifen, um ein Verständnis für die geäußerten Interessen gemeinsam zu entwickeln. Andererseits muß das Paar immer wieder auf die konkret zu lösenden Fragen zurückgeführt werden.

Die Erfahrung des Mediators

In der CMP-Studie konnten bei erfahrenen Mediatoren (mit mehr als sechs Mediationen) bis zu 64 % der Paare eine Übereinkunft erreichen, bei unerfahrenen Mediatoren dagegen nur 30 % (Pearson, Thoennes 1985). Das Ergebnis läßt sich dahingehend interpretieren, daß die Scheidungsmediation ein Prozeß ist, der hohe Anforderungen an die Qualifikation der Mediatoren stellt. Das hat u. a. auch eine Bedeutung für die Ausbildung von Mediatoren und deren berufsbegleitender Supervision.

Förderung der Kommunikation zwischen den Partnern

Insgesamt hatte die Fähigkeit des Mediators, den Kommunikationsprozeß zwischen den Partnern zu fördern, einen positiven Einfluß auf das Erreichen einer Vereinbarung (Pearson, Thoennes 1989). Es wurde auch dann eher eine Übereinkunft erzielt, wenn der Mediator stärker die Gemeinsamkeiten zwischen den Partnern betonte und für kooperatives und konstruktives Verhandlungsverhalten positive Verstärkungen setzte (Slaikeu, Pearson, Thoennes 1988).

Strukturierung und Kontrolle des Prozesses

Die Klienten konnten eher eine Vereinbarung aushandeln, wenn der Mediator stark strukturierende Interventionen verwendete (Donohue, Allen, Burrell 1985) und die Bedingungen genauer diskutierte, die in die endgültige Vereinbarung aufgenommen werden sollten (Slaikeu, Pearson, Thoennes 1988).

Obwohl wir aus diesen Evaluationsstudien bisher noch über ein recht unvollständiges Bild über die Auswirkungen der Mediation verfügen, zeichnet sich doch ab, daß Mediationsteilnehmer im Vergleich zur gerichtlichen Gruppe mit dem Verfahren insgesamt zufriedener sind. In erfolgreichen Mediationen sind die Scheidungspaare auch mit der von ihnen ausgehandelten Regelung zufriedener und halten sich eher an die Vereinbarung. Darüberhinaus kann sich die Mediation positiv auf die Beziehung zwischen den ehemaligen Partnern auswirken. Die Evaluationsstudien belegen aber auch, daß nicht alle Scheidungspaare in der Mediation eine Vereinbarung erreichen konnten, was die Frage der Indikation aufwirft.

Zur Indikation der Scheidungsmediation

In Hinblick auf die Indikation der Scheidungsmediation stellt sich zunächst die Frage, welche Paare für Mediation geeignet oder ungeeignet sind (selektive Indikation) und anhand welcher genereller Kriterien diese Eignung festgestellt werden kann (zur Indikation allgemein: Bastine 1981; Zielke 1981). Als nächstes ist zu klären, welche Form von Mediation für bestimmte Paare geeignet ist (differentielle Indikation) und schließlich wie der Mediationsprozeß an bestimmte Paare angepaßt werden soll (adaptive Indikation).

Selektive Indikation

Das Problem der selektiven Indikation wäre einfach zu lösen, wenn es eindeutige Kriterien gäbe, für welche Paare Mediation ein geeignetes Mittel zur Konfliktregelung ist. Leider gibt es diese Kriterien bisher nicht.

Mit der Entscheidung für oder gegen die Mediation werden zwei verschiedene Arten von Risiken eingegangen:

- für Mediation geeignete Fälle werden fälschlicherweise abgelehnt (Fehlertyp a),
- für Mediation ungeeignete Fälle werden fälschlicherweise angenommen (Fehlertyp b).

Diese Fehlertypen verhalten sich gegenläufig. Würde beispielsweise bei allen Paaren eine Mediation durchgeführt, dann würde Fehlentscheidung nach Typus (a) vollständig entfallen, die Fehlerquelle (b) dagegen maximiert werden.

Fehlertyp (a)

Werden für Mediation geeignete Fälle fälschlicherweise abgelehnt, so wird in der Regel der gerichtliche Weg – in einigen Fällen vielleicht Paartherapie – eingeschlagen.

Gerichtlicher Weg bedeutet für das Paar die Abgabe von Eigenverantwortung; es werden dann weitere Personen aus verschiedenen Berufsgruppen am Verfahren zur Konfliktregelung beteiligt.

Als Kosten einer gerichtlichen Regelung können auftreten:

- Eskalation der Konflikte durch das kontradiktorische Verfahren (Maccoby, Buchanan, Mnookin, Dornbusch 1993; Proksch 1989c).

– Das Erleben von Gewinn-Verlust-Situationen (Niesel 1991), von Diskrepanz zwischen „gerechtem“ richterlichen Urteil und subjektiven Gerechtigkeitsvorstellungen und daraus resultierende Unzufriedenheit mit der richterlichen Entscheidung.
– Das Rekurrieren auf am abstrakten Durchschnittsfall orientierten Standard-Regelungen, statt kreativen Einbeziehens der besonderen Umstände des jeweiligen Paares (Witte, Sibbert, Kesten 1992).
– Das Fortbestehen von (Nachscheidungs-)Konflikten mit negativen Auswirkungen auf die Verarbeitung der Scheidung bei den Partnern und den Kindern.
– Finanzielle Kosten und Überstrapazierung der Justiz durch Fortführung der gerichtlichen Auseinandersetzung.

Diese Überlegungen legen nahe, daß eine Ablehnung von Mediation eine Reihe von ungünstigen Konsequenzen nach sich ziehen kann.

Fehlertyp (b)

Der Fehlertyp (b) besteht darin, daß für Mediation ungeeignete Fälle dennoch mediiert werden. Die Konsequenz ist das Scheitern der Mediation.

Scheitern einer Mediation wird häufig daran gemessen, daß keine Scheidungsvereinbarung erzielt wurde. Die Kosten für das Paar liegen im vergeblichen Einsatz von zeitlichen und ökonomischen Ressourcen. Diese Kosten sind zu relativieren, da die Untersuchung von Pearson und Thoennes (1988) zeigte, daß selbst Mediationen, in denen keine Scheidungsvereinbarung erzielt wurde, positive Effekte auf das nachfolgende Gerichtsverfahren haben können.

Gravierender erscheinen uns die aus dem Fehlertyp (b) resultierenden Kosten, wenn Scheitern eine durch die Mediation bedingte oder ermöglichte Eskalation der Konflikte bedeutet. Erfahrungsgemäß ist aber eine solche Eskalation im Rahmen einer Mediation seltener als beim gerichtlichen Vorgehen. Sollte schließlich eine Mediation wirklich scheitern, so steht dem Paar immer noch der gerichtliche Weg offen.

Von juristischer Seite wird häufig gegen Mediation vorgebracht, daß eine Vereinbarung erzielt werden kann, die von außen betrachtet „ungerecht“ erscheint oder die von einem der Partner zu einem späteren Zeitpunkt als unbefriedigend erlebt wird. Diser Einwand ist nur verständlich, wenn den durch das Recht objektivierten Gerechtigkeitsvorstellungen gegenüber dem subjektiven Gerechtigkeitserleben Vorrang gegeben wird. Handeln wir unter dem Primat der Förderung der Eigenverantwortlichkeit, so können im Mediationsprozeß auch Ergebnisse erzielt werden, die u. U. stark von den im juristischen Verfahren erzielbaren Ergebnissen abweichen. Gerade aber das ist eine Stärke der Mediation. Sollte eine Einigung später zu Unzufriedenheiten bei einem der Partner oder zu anderen negativen Konsequenzen führen, so stehen dem Paar wieder zwei Möglichkeiten offen: Die Konflikte können erneut mediiert werden oder es kann der gerichtliche Weg eingeschlagen werden.

Übereinstimmend wird als optimale Voraussetzung zur Mediation angesehen, wenn „informierte" Partner aufeinander treffen, die ihre berechtigten Interessen angemessen vertreten können. Jeder Partner sollte also wissen, welche Vor- und Nachteile – auch im Vergleich mit den auf gerichtlichem Weg erzielbaren Ergebnissen – mit einer spezifischen Einigung verbunden sind.

Indikationskriterien für die Scheidungsmediation

Nach unserer Erfahrungen sind zwei Kriterien Mindestvoraussetzung für die Durchführung einer Mediation: Die Bereitschaft der Klienten zur Verhandlung und die Verhandlungsfähigkeit.

Die Verhandlungsbereitschaft hat zwei Komponenten: Die Bereitwilligkeit zu gemeinsamen Treffen und das Interesse, sich konstruktiv auf den zielgerichteten Problemlösungsprozeß einzulassen. Grundlegend ist die Einsicht, daß Kooperation in vielerlei Hinsicht für alle Beteiligten günstiger ist als eine weitere Eskalation der Konflikte.

Zur Verhandlungsfähigkeit gehören wiederum zwei unterschiedliche Voraussetzungen, nämlich sich in der Verhandlung „firm and fair" verhalten zu können (Tetlock, McGuire, Mitchell 1991). Mit der notwendigen Festigkeit („firm") ist gemeint, daß jeder Verhandlungspartner in der Lage sein sollte, seine zentralen Interessen wahrzunehmen und zu vertreten. Zugleich soll jeder bereit sein, einen gerechten Interessensausgleich zu entwickeln und vornehmen zu können („fair").

Die angemessene Vertretung der eigenen Interessen kann beispielsweise dann gefährdet sein, wenn die Realität der Trennung nicht akzeptiert wird und ein Partner durch massive Zugeständnisse den anderen für eine Fortführung der Ehe (wieder-)gewinnen will. Ein anderer für Mediation nicht geeigneter Fall liegt vor, wenn wegen eines extremen Machtungleichgewichtes oder aus Angst vor Gewaltandrohung ein Partner seine Interessen nicht vertreten kann.

Zur Fairness gehören Kooperationsbereitschaft, die Bereitschaft zur Offenheit und das Anerkennen der berechtigten Interessen des Anderen. Ein Fall von fehlender Fairness liegt dann vor, wenn ein Partner nicht bereit ist, seine Position aufzugeben und seine Interessen ausschließlich auf Kosten des anderen durchsetzen möchte.

Diese Voraussetzungen versuchen wir, jeweils in einem ausführlichen Aufnahmegespräch zu überprüfen. Um diese im Gespräch gewonnenen Informationen besser abzusichern, wären diagnostische Verfahren zu entwickeln und zu validieren. Obwohl die genannten Merkmale relativ eindeutig sind, handelt es sich bei der Indikationsentscheidung um einen sehr komplexen Prozeß: Besonders günstig für die Mediation ist, wenn beide Kriterien bei beiden Partnern in relativ hoher Ausprägung vorliegen. Falls dies nicht der Fall ist, muß das Verteilungsmuster der Kriterien berücksichtigt werden.

Differentielle Indikation

Für die Entscheidung, welche Form von Mediation angeboten wird (differentielle Indikation), müssen als Voraussetzung verschiedene Arten von Mediation verfügbar sein und ein Wissen darüber bestehen, welche Art von Mediation für welches Paar erfolgversprechend ist.

Die Mediationsarten lassen sich anhand formaler Merkmale unterscheiden. Mediation kann von einer Person oder von einem Mediator-Paar (*Co-Mediation*) durchgeführt werden. Die Mediatorinnen oder Mediatoren können Personen aus dem psychosozialen oder aus dem juristischen Bereich sein (zu den Kooperationsmodellen s. u.).

Generell ist ein Modell mit einer weiblichen und einer männlichen Person in Co-Mediation vorzuziehen. Die Anwesenheit eines Mediatorenpaares signalisiert bereits vor Beginn der ersten Sitzung, daß weibliche und männliche Perspektiven gleichranging im Mediationsprozeß repräsentiert werden. Außerdem kann die für Mediatoren geforderte Neutralität leichter realisiert und kontrolliert werden. Bedauerlicherweise fehlen hierzu bislang empirische Daten. Dieses Co-Mediationsmodell stößt aber, abhängig von den institutionellen Rahmenbedingungen, häufig auf ökonomische Grenzen. Eine Lösung könnte darin liegen, „einfachere" Fälle von einem Mediator, „schwierigere" Fälle von einem Mediatoren-Paar mediieren zu lassen. Relevante Bedingungen für die Einteilung in „einfachere" und „schwierigere" Fälle können sein: Personenmerkmale, situative Bedingungen wie Ressourcen des Paares oder Merkmale der Interaktion (beispielsweise Motivation, Verhandlungsfähigkeit, Dauer und Intensität interparentaler Konflikte usw.).

Adaptiv-prozessuale Indikation

Für eine effektive Anpassung des mediativen Vorgehens an ein bestimmtes Paar in einer bestimmten Situation könnte eine Prozeßtheorie der Mediation entscheidende Hilfestellung leisten. Diese sollte beinhalten, in welchen Situationen bestimmte mediative Strategien und Techniken indiziert sind.

Darüber hinaus sollten aus einer Prozeßtheorie Antworten auf eine Reihe weiterer Fragen ableitbar sein, etwa: In welchen Fällen soll eine stark strukturierte, in welchen Fällen eine eher schwach strukturierte Vorgehensweise gewählt werden? In welchen Situationen oder bei welchen Paaren soll die emotionale Grundlage der verschiedenen Positionen fokussiert und aufgearbeitet werden? Wann und inwieweit ist eine Thematisierung der Beziehungsgeschichte notwendig? Wann sollen bestimmte Interaktionsregeln festgelegt werden? Wann sollen bestimmt Fragetechniken, beispielsweise „reflexives Fragen“ (Tomm, 1994), eingesetzt werden?

Gesellschaftliche, institutionelle und rechtliche Rahmenbedingungen der Scheidungsmediation

Scheidung im Spannungsfeld gesellschaftlicher Bewertungen

Die bis vor kurzem ständig steigenden Scheidungsziffern signalisieren eine Veränderung der Werte hinsichtlich Familie, Partnerschaft und persönlicher Lebensziele (vgl. Nave-Herz et. al. 1990). Einerseits erscheinen die Nähe und Geborgenheit in einer befriedigenden Partnerschaft und Familie als höchst erstrebenswert, andererseits – oder gerade deshalb – werden Ehen nicht mehr „unter allen Umständen“ aufrechterhalten. Entgegen der großen Verbreitung von Ehescheidungen wird diesem Phänomen nach wie vor eine ablehnende oder zumindest ambivalente Haltung entgegengebracht. Scheidungen werden oft nur verschämt eingestanden; Geschiedene empfinden sich als „Opfer“ (des Partners oder unglücklicher Umstände); die Auseinandersetzung mit Gefühlen der Scham und der Schuld nimmt erlebnismäßig häufig großen Raum ein. Zusätzlich zu den nachvollziehbaren Belastungen durch den notwendigen Prozeß der Neubesinnung, durch die neue Gestaltung des eigenen Lebens und durch die emotionale Verarbeitung des Verlustes des Lebenspartners erschweren soziale Wertungen den Bewältigungsprozeß der Scheidung, weil die Beteiligten unter Rechtfertigungsdruck geraten und sich gegenüber offenen, verdeckten und vermeintlichen Schuldvorwürfen zu schützen versuchen. Immer noch ist die begrüßenswerte Aufhebung des Schuldrechts in Scheidungsangelegenheiten der gesellschaftlichen und der subjektiven Bewertung ein Stück voraus. In anderen Punkten hinken die rechtlichen Rahmenbedingungen jedoch deutlich hinterher: Beispielsweise bei der noch nicht einmal gesetzlich verankerten Regelung des gemeinsamen Sorgerechts in Deutschland, wie auch in Hinblick darauf, daß das alleinige Sorgerecht nicht als Ausnahme, sondern als Regelfall eingeführt ist. Zweifellos begünstigen solche Rahmenbedingungen, zusammen mit der Vernetzung von Unterhaltsregelungen mit Sorgerechtsentscheidungen, den für alle Beteiligten oft katastrophalen „Kampf ums Kind".

Institutionalisierung: Unabhängigkeit

In Ergänzung zu dem, was früher bereits über die Institutionalisierung gesagt wurde[1], noch dies:

Prinzipiell kann die Scheidungsmediation in verschiedenen Einrichtungen institutionalisiert werden. In Frage kommen unter anderem interdisziplinär besetzte freie Mediationspraxen, Einrichtungen unabhängiger Vereine, Beratungsstellen kommunaler, kirchlicher und anderer Träger, die sozialen Dienste der Jugendämter und alle Einrichtungen, die Familiengerichten angeschlossen sind.

Zentrale Leitidee bei der Institutionalisierung der Scheidungsmediation muß die Unabhängigkeit und Vertraulichkeit des Mediationsprozesses sein, da sonst die Eigenverantwortlichkeit der Partner entscheidend beeinträchtigt würde. Mediatoren dürfen keine Informationen an das Familiengericht (oder andere Einrichtungen) weitergeben, die Parteien im streitigen Fall nicht vor Gericht vertreten und für sie auch nicht gutachterlich oder psychotherapeutisch tätig werden (vgl. die „Richtlinien der BAFM" S. 118 ff.). Um die Vertraulichkeit der Mediation zu stärken, sollten die Partner vor deren Beginn in einem Mediationsvertrag darauf verpflichtet werden, die Informationen nicht vor Gericht gegeneinander zu verwenden. Das justitielle und das mediative Verfahren müssen strikt voneinander getrennt sein (s. Haffke, S. 81 ff. und 103). Daher müssen auch für gerichtsangegliederte Einrichtungen oder für Jugendämter, in denen Mediation angeboten wird, besondere Vorkehrungen getroffen werden, um die Unabhängigkeit der dort tätigen Mediatoren zu gewährleisten.

Interdisziplinarität und multiprofessionelle Kooperation

Die Scheidungsmediation bewegt sich darüber hinaus im Spannungsfeld verschiedener Disziplinen, insbesondere zwischen psychologischer Beratung und Psychotherapie auf der einen und justitiellem Vorgehen auf der anderen Seite. Dabei gibt es im Mediationsprozeß durchaus Aufgaben, bei denen die eine oder die andere Seite überwiegt: Das Auflösen von emotionalen Blockaden bei zerstrittenen Paaren, der allmähliche Aufbau von gegenseitigem Vertrauen, von Lösungsbereitschaft und von Vertrauen in die Verläßlichkeit des Anderen, das Entwickeln einer kooperativen Arbeitsbeziehung zur konstruktiven Konfliktlösung, das Herausarbeiten von Bedürfnissen und Interessen, das Führen von Verhandlungen usw. sind eminent wichtige psychologische Aufgabenstellungen der Mediation. Andererseits können und sollen Fragen zur Regelung von Unterhaltsansprüchen, der Haushalts- und Vermögensaufteilung u.ä. nicht ohne fundierte juristische Sachkompetenz gelöst werden. In der Regel werden bei streitigen Auseinandersetzungen die emotionalen und paardynamischen wie die juristischen Aspekte stark miteinander vernetzt sein; dies macht gerade in diesen Fällen die Schwierigkeit aus, eine akzeptable und haltbare Lösung der Konflikte zu entwickeln.

Um die Vertretung sowohl der juristischen wie der psychologischen Sachkompetenz im Verfahren der Scheidungsmediation sicherzustellen, müssen in der Weiterbildung zum Mediator wie in der Kooperation der Berufsgruppen bestimmte Voraussetzungen geschaffen werden. Für die professionelle Kooperation lassen sich verschiedene Modelle und Settings unterscheiden (vgl. Folberg, Milne 1988).

(1) Mediation durch eine Person, die psychologische und juristische (anwaltliche) Sachkompetenz in sich vereint;

(2) Mediation durch eine Person mit juristischer oder psychologischer Grundausbildung (und Berufserfahrung), die sich in Mediation und den jeweils fehlenden Kompetenzen weitergebildet hat; dieses Modell ist in den USA stark verbreitet;

(3) Professionell gemischte Co-Mediation durch ein Mediatoren-Paar, das den gesamten Mediationsprozeß gemeinsam trägt und von denen eine Person juristisch, die andere psychologisch ausgebildet ist;

(4) Indikative professionelle Co-Mediation in zwei Varianten:

(a) Mediation durch eine psychologisch ausgebildete Person; bei bestimmten Fragen wird ein Anwalt hinzugezogen, der im Auftrag der Einrichtung das Paar juristisch berät;

(b) Mediation durch eine juristisch ausgebildete Person; bei bestimmten Fragen wird ein Psychotherapeut hinzugezogen, der im Auftrag der Einrichtung das Paar psychologisch berät; die gerichtliche Vertretung des Paares im Scheidungsverfahren erfolgt durch andere, unabhängige Anwälte;

(5) Psychologische Mediation mit externer juristischer Beratung: die Mediation erfolgt durch eine psychologisch ausgebildete Person, wobei die Parteien jeweils getrennt anwaltlich beraten und vor dem Familiengericht vertreten werden. [2]

Die gesetzlichen und berufsrechtlichen Rahmenbedingungen werden gegenwärtig daraufhin überprüft, inwieweit sie die sachgerechte Zusammenarbeit zwischen den Berufsgruppen unterstützen oder behindern (vgl. Haffke S. 73 ff. und welche Schlußfolgerungen für erforderliche Veränderungen daraus zu ziehen sind. Darüber hinaus wäre es jedoch sehr nützlich, die verschiedenen Modalitäten auch hinsichtlich ihrer empirischen Vor- und Nachteile zu überprüfen, d. h. beispielsweise die verschiedenen Rahmenbedingungen in Modellversuchen hinsichtlich ihrer Vor- und Nachteile für die Betroffenen zu untersuchen.

Anmerkungen

1 Vgl. S. 35 ff.

2 Zur rechtlichen Absicherung der einzelnen Modelle siehe Haffke, S. 65 ff.

Unaufhaltsamer Aufstieg oder unüberwindbare Stagnation?

Die Frage nach dem Schicksal der Familienmediation

Laura Cardia-Vonèche und Benoit Bastard[1]

1992 veröffentlichte die Zeitschrift „Familiendynamik" den von uns vor sieben Jahren geschriebenen Beitrag „Die unaufhaltsame Verbreitung der Familienmediation"[2]. Damals konnten wir eine rasche Entwicklung der Familienmediation in allen westlichen Ländern nachweisen. Die Familienmediation entstand zu Beginn der 70er Jahre in den Vereinigten Staaten. Nachdem sie in den angelsächsischen Ländern Fuß gefaßt hatte, begann sie sich in Europa zu verbreiten und weckte bis heute ein sehr großes Interesse. Die Mediation bei Scheidung erschien zudem lediglich als ein Zweig einer breiteren Bewegung, die auf einen anderen Umgang mit allen möglichen Konfliktarten abzielt – ein sehr junger Zweig, aber auch ein vielversprechender: Eröffnet sich angesichts der anwachsenden Scheidungszahlen nicht ein besonders aussichtsreicher Bereich für diese Art von Praxis?

In der Tat sahen sich die Fachleute des Rechts und der Familie mit einer wachsenden Zahl von Konfliktsituationen konfrontiert, für welche die Mediation eine besonders geeignete Antwort zu sein schien. Dank der Anwesenheit eines Dritten, stellt Mediation eine Art der Konfliktlösung dar, die darauf abzielt, eine Gesprächsstruktur zu ermöglichen, durch die zwei Erwachsene mindestens als Eltern miteinander auch nach Trennung und Scheidung in Verbindung bleiben. Zwar sind sie durch tiefe Meinungsverschiedenheiten getrennt und trotzdem dazu aufgerufen, auf längere Zeit hinaus noch Beziehungen als Eltern aufrechtzuerhalten.

Aus diesem Grund ist sowohl das Interesse vieler Fachleute des Rechts und der Familie an der Mediation als auch die schnelle Verbreitung des Konzepts mit Hilfe von Zusammenkünften, fachlichem Austausch und Tagungen verständlich und gerechtfertigt. Der Verbreitung folgte die Schaffung besonderer Ausbildungen, die Eröffnung von Mediationsstellen, die Gründung von Verbänden und von Zeitschriften, der Erlaß von Gesetzen, welche im Scheidungsverfahren eine Mediationsetappe integrieren.

Wo stehen wir heute? Die Landschaft scheint sich ziemlich verändert zu haben. Bei genauerem Hinsehen hat sich die Mediation nicht in dem Maße verbreitet, wie man es hätte erwarten können. Ohne daß diese Beobachtung leicht systematisch abzustützen ist, liegt die Vermutung nahe, daß die Praxis stagniert.

Die Ausbildungen hatten und haben immer noch großen Erfolg. Hunderte von Fachleuten wurden ausgebildet. Wie später noch ausgeführt wird, hat sich hingegen der Markt für die Ausbildung als stärker erwiesen als jener für die Praxis, welche den frisch ausgebildeten Fachleuten nicht die erwarteten Berufsaussichten beschert.

In der Tat scheint die Mediation bei den Paaren in Scheidung keinen großen Andrang ausgelöst zu haben, und das nicht nur in Frankreich, wie es scheint, sondern auch anderswo in Europa und vielleicht sogar in den Vereinigten Staaten. Es ist, als hätte die Mediation ihr Publikum nicht erreicht und ihre Kundschaft nicht gefunden.

Wieso wohl? Was ist passiert? Was ging schief? Weshalb konnte eine großartige Idee, die so offensichtlich den Fragen entsprach, die sich bei der Scheidung stellen, nicht Fuß fassen? Wo liegt der Fehler? Bei den Mediatoren, die ihr „Produkt“ nicht richtig anbieten, oder dessen Botschaft nicht genügend deutlich machen konnten? Oder waren sie schlicht nicht auf der Höhe der Funktion, welche sie sich zu erfüllen vornahmen? Oder liegt es an den Umständen, oder an Widerständen, an mangelnder Unterstützung, an fehlender Finanzierung, am Widerstand der Fachleute, welche im Bereich der Scheidung bereits tätig sind? Oder ist es „der Fehler“ der Partner, die für Gründe, welche noch zu untersuchen wären, dem Vorschlag, der ihnen mit der Mediation gemacht worden war, nicht folgen konnten oder wollten.

Solche Fragen möchten wir hier stellen und sie durch die gegenwärtige Situation der Mediation bei Scheidung und Trennung in Frankreich beleuchten. Dafür greifen wir einerseits auf ältere Daten zurück, welche wir bereits über die Mediationsstellen zusammengetragen hatten, andererseits benützen wir jüngere Ergebnisse aus einer Studie über die Treffpunkte zur Ausübung des Besuchsrechts (Bastard et al. 1994)[3]. Dann werden wir uns auf eine Bestandsaufnahme beziehen, welche wir kürzlich für das französische Justizministerium durchgeführt haben (Martin 1994). Ferner greifen wir einige Elemente auf, welche wir bei der direkten Teilnahme an mehreren Ausbildungen (besonders im Rahmen der Nationalen Richterschule und bei Sozialarbeitern) und während Kolloquien sammeln konnten. Schließlich hat einer von uns beiden in einer Kommission im Rahmen der Vereinigung zur Förderung der Familienmediation

(APMF) mitgewirkt, was zur Abfassung der Europäischen Charta für die Bildung von Mediatoren im Bereich von Scheidung und Trennung geführt hat (Charte européenne)[4].

Um unser Material zu ordnen, gehen wir zunächst auf die praktischen Gründe ein, welche die Entwicklung der Mediation in Frankreich haben beeinflussen können. Anschließend behandeln wir die eher theoretischen Aspekte, welche mit dem Konzept der Mediation selber verbunden sind. Beide Male werden wir uns fragen, welche Hemmnisse auftraten, und ob sie, eventuell miteinander kombiniert, die relative Stagnation der Praxis erklären.

Hindern praktische Gründe die Entwicklung der Mediation?

Diesen Frage unterteilen wir in verschiedene andere Fragen:

Kommen die Schwierigkeiten daher, weil Richter und Gesetzgeber zuwenig Unterstützung bieten?

Was einem als erstes einfällt, um die langsame Entwicklung der Mediationspraxis abzuschätzen, ist, ob sie vielleicht von seiten der Institutionen, besonders aber der Justiz, nicht jene Unterstützung erhalten hat, welche möglich und nötig gewesen wäre.

Tatsächlich ist es so, daß nicht alle Richter sofort von der Mediation angetan gewesen sind. Im Anfangsstadium mindestens haben die „Richter in ehelichen Angelegenheiten“ (die mit der am 1. Januar 1995 in Kraft getretenen Reform „Richter in Familienangelegenheiten“ geworden sind) bestimmte Vorbehalte zum Ausdruck gebracht. Wird die Mediation dem Richter nicht seine Rolle bei der Behandlung der Scheidung wegnehmen? Man muß wissen, daß in Frankreich der Zivilrichter in sehr unmittelbarem Kontakt mit den Parteien steht und ihm sehr viel daran liegt, daß die Partner untereinander eine einverständliche Lösung finden. Auch andere Zweifel wurden zum Ausdruck gebracht: Waren die Mediatoren genügend qualifiziert? Wird die Mediation nicht die Kosten der Scheidung vergrößern? Angenommen, daß sie vom Richter angeordnet wird, kommt dann die Mediation nicht zu spät im ganzen Prozeß der familiären Krise?

Es wurden verschiedene Gesetzesvorlagen eingebracht, die der Praxis der Familienmediation nicht immer angemessen waren. Nach verschiedenen Mißerfolgen wurde schließlich ein Gesetz angenommen, welches es dem Richter erlaubt, die Parteien an einen Mediator zu überweisen. Unter bestimmten Bedingungen – eigentlich den gleichen wie für den Rechtsbeistand – müssen die Kosten der Mediation übrigens zulasten des Staates gehen.[5] Es ist anzunehmen, daß dieses neue Gesetz die Richter darin ermutigen wird, die scheidenden Paare in die Mediation zu schicken.

So wie die Dinge liegen, ist es schwer zu sagen, ob die Zeit, welche nötig war, damit der Staat die Mediation anerkennen konnte, im wesentlichen dafür verantwortlich war, um die langsame Entwicklung der Praxis zu erklären. Es gab auch Richter, welche die Parteien bereits zu einem Anwalt schickten, als es noch kein entsprechendes Gesetz gab. Sie stützten sich dabei auf jene Verordnungen, welche auf die Notwendigkeit Gewicht legten, bei einer Scheidung wenn immer nur möglich irgendeine Form von Mediation zu finden. Einige Richter in ehelichen Angelegenheiten haben die Schaffung von Mediationsstellen denn auch stark unterstützt.

Man könnte sich nun auch denken, daß mangels genügender Unterstützung von seiten der Richter oder des Gesetzgebers die Mediation sich im privaten Bereich hätte entwickeln können, als eine Antwort auf die Schwierigkeiten der Trennung, die sich vor der Zeit des eigentlichen juristischen Scheidungsverfahrens ergeben. Doch das hat sie nicht getan. Man ist deshalb veranlaßt, andere Hindernisse zu suchen, welche die Entwicklung der Familienmediation beeinträchtigt haben.

Kommen die Schwierigkeiten aus dem Widerstand der Anwaltschaft?

Ohne Zweifel hat die Anwaltschaft die Schatten der Entwicklung von Mediation zu spüren bekommen. Diese erscheint nämlich als ein Signal dafür, daß die Scheidung ihr Wesen verändert hat. Ihre rechtlichen Belange haben an Wichtigkeit verloren: Seit der Gesetzesreform von 1975 geht es nicht mehr darum, die Ursachen der Entzweiung zu finden oder die jeweiligen Verantwortlichkeiten der Partner festzustellen, sondern darum, praktische Lösungen zu finden, welche sicherstellen, daß für die Kinder gesorgt wird und diese die Gewähr haben, persönliche Beziehungen mit beiden Eltern behalten zu können. Die Frage nach dem Kindeswohl wird ebenso zentral wie die

Suche nach einer Übereinkunft zwischen den Eltern. Deshalb stellt sich die Frage, ob die Zuständigkeit des Anwalts nicht dem Risiko unterliegt, daß seine Kenntnisse für all diese Fragen weniger ausreichend sind als jene spezielle Verhandlungskompetenz, welche vom Mediator zu erwarten ist.

Ohne sich in einen offenen Widerstand gegen die Mediation einspannen zu lassen, haben sich die Anwälte häufig passiv gewehrt, was sich darin zeigte, daß nur wenige Anwälte Paare an die Mediation verwiesen haben. Das ließ sich vom Moment an feststellen, als Mediation bekannt wurde. Und trotzdem hat es die ersten Entwicklungen einer Praxis nicht verhindert. Auch später haben die Anwälte keinen Widerstand artikuliert. Im Gegenteil haben sich einige von ihnen für die Mediation interessiert (was umgekehrt von den Sozialarbeitern nicht immer geschätzt wurde), bildeten sich aus oder setzten für ihre Kollegen und Kolleginnen Ausbildungen in Gang und beteiligten sich an der Förderung von Vereinigungen der Mediation. Anders gesagt, haben die Befürchtungen, welche die Mediation bei den Anwälten hervorrufen, offenbar nicht dazu beigetragen, die Entwicklung der Mediation zu bremsen.

Stammen die Schwierigkeiten aus der Ausbildung der Mediatoren?

In Frankreich, wie in den meisten Ländern des europäischen Festlandes, stieß die Ausbildung von Mediatoren auf bestimmte Schwierigkeiten. Zu Beginn haben die angebotenen Ausbildungen, welche auf Initiative einiger Pioniere zustande kamen, sich im wesentlichen auf die Mithilfe von franko-kanadischen Mediatoren gestützt und beschränkten sich auf eine „Sensibilisierung“ etwa während einer Woche. Später wurden die Ausbildungen intensiver. Sie dauerten mehrere Wochen oder wurden von Universitäten über ein Jahr oder länger angeboten, so z. B. von der katholischen Universität Lyon oder von der Universität von Nanterre in der Nähe von Paris. Sehr viele, besonders aus dem Bereich der Sozialarbeit, haben diese Ausbildungen mitgemacht.

Trotz der Verlängerung der Ausbildungszeit bestehen weiterhin Schwierigkeiten, die besonders das praktische Lernen der Mediation betreffen. Während zwar alle sich darin einig sind, daß dieser Teil von großer Bedeutung ist, bestehen erhebliche Schwierigkeiten, einen Praktikumsplatz zu finden. Die Ausbildungskandidaten werden denn auch eher aufgrund ihrer intellektuellen Kompetenzen oder ihrer

Fähigkeit ausgewählt, die Mediation in verschiedenen anderen Bereichen, in denen sie beruflich engagiert sind, anzuwenden, z. B. in der allgemeinen Sozialarbeit oder im Schulbereich.

Trotz dieser Schwierigkeiten in der Ausbildung[6] muß man anerkennen, daß viele ausgebildete Mediatoren heute in der Lage sind, zu praktizieren, und daß es Mediationseinrichtungen in zahlreichen französischen Städten gibt. Es ist nicht die berufliche Kompetenz der Mediatoren, welche für die Verbreitung der Mediation Probleme schafft. Unserer Kenntnis nach gibt es keine Beschwerden oder Klagen über Fehler in der Mediationspraxis. Mit anderen Worten sind es nicht Schwierigkeiten der Ausbildung, in denen die Ursache für die schleppende Entwicklung der Mediation zu suchen ist.

Kommen die Schwierigkeiten aus den internen Konflikten der Mediation selbst?

Könnte man die Gründe des Unbehagens in den inneren Spannungen und Schwierigkeiten der Mediationsbewegung selber suchen? Diese Spannungen gibt es, und zwar in allen europäischen Ländern, in welchen das Aufkommen von Mediation Interessen weckt. Dazu kommen öfters auch Konflikte zwischen Institutionen oder Personen, welche die Scheidungsmediation vertreten.

In Frankreich geraten die Mediationsverbände häufig in Konkurrenz. Wir sprechen hier nur von der Mediation bei Scheidung und Trennung, lassen also die „Generalisten" der Mediation außer acht, welche sich auch mit anderen Familienkonflikten im weiteren Sinne befassen.

Es gibt eine Vereinigung zur Förderung der Familienmediation, deren Ziel durch ihren Namen deutlich wird. Doch sie hat einige Probleme, ihre Autorität durchzusetzen. Sie trat vor allem in Erscheinung durch die Veröffentlichung von Richtlinien oder eines Ehrenkodexes, durch Intervention bei politischen Behörden und durch jene Kommission für die Ausbildung, welche schon einmal erwähnt wurde.

Ein anderer Verband, das nationale Komitee der Mediationsdienste, vereinigt in sich die Zusammenschlüsse und Institutionen, welche Mediation anbieten. Die Rivalitäten beziehen sich kaum auf das Verständnis von Mediation selber. Man ist sich in Frankreich nämlich der Tatsache wenig bewußt, daß es innerhalb der Mediationsbewegungen verschiedene Strömungen gibt. Theoretische Auseinandersetzungen sind ebenfalls wenig entwickelt. Auch gibt es kaum Gelegenheiten des Austausches über die Praxis. So wird z. B. unter Mediatoren keine Diskussion darüber geführt, wie man damit umgeht, wenn bei einem Paar Gewalt eine Rolle spielt, ganz im Unterschied zu dem, was man in angelsächsischen Ländern beobachten kann.

Die Meinungsverschiedenheiten und internen Spannungen der Mediationsbewegung betreffen vor allem die Fähigkeit eines bestimmten Verbandes, die Mediatorinnen und Mediatoren zusammenzuschließen oder zu repräsentieren. Zwar bleiben diese Differenzen der an der Mediation interessierten Öffentlichkeit ziemlich verborgen und tun dem Bild, welches diese von der Mediation hat, kaum Abbruch.

Zusammengenommen können die bisher vorgebrachten praktischen Gründe offensichtlich nicht ausreichen, die langsame Verbreitung der Mediation zu erklären. Vielleicht müßten andere praktische Probleme überprüft werden, wie z. B. das zögerliche „Marketing" der Mediationsstellen. Trotzdem scheint es uns, daß der Grund der Schwierigkeiten, welchen sich die Mediatoren stellen müssen, anderswo gesucht werden muß.

Finden sich die Gründe für die Stagnation der Mediation im Konzept der Mediation selbst?

Kommen die Schwierigkeiten daher, daß die Mediation einen informellen Prozeß zur Behandlung der Scheidungs- und Trennungsprobleme darstellt?

Seit langem wird auf die Probleme hingewiesen, welche sich aus der Inanspruchnahme von Mediation als alternativem Modell zur Lösung von Konflikten ergeben können. Die Kritik ist bekannt, und zwar sowohl jene, die eher allgemein ist und von seiten der Theoretiker des sozialrechtlichen Bereichs kommt, als auch jene der VertreterInnen familiärer Belange, vor allem von seiten der Feministinnen.

Wie jedes informelle Vorgehen zur Beilegung von Streitigkeiten trägt die Mediation das Risiko in sich, die gesetzlichen Garantien zu beschränken, von denen die Parteien profitieren können, wenn sie ihren Streit vor den Richter bringen (Abel 1982, Auerbach 1983). Bei Familienangelegenheiten besteht vielleicht die Angst, daß einer der Partner, der in der Ehe dominant ist und dem andern viel Unrecht angetan hat, damit fortfahren könnte, auch im Verhandlungsprozeß seinen Willen durchzusetzen. Das Risiko bestünde dann darin, daß die Ungleichheiten in der Ehe sich sogar mit Unterstützung des Mediators während der Scheidung fortsetzen, und zwar besonders dann, wenn es Gründe zur Annahme gäbe, es spielten Gewalttätigkeiten besonders des Mannes gegen die Frau eine Rolle. Was in diesem Zusammenhang an der Mediation kritisiert wird, ist, daß sie ihre „Versprechen" nicht zu halten imstande sei. Kann sie wirklich in solchen Situationen einen neutralen Raum herstellen und sichern, innerhalb dessen jeder der Partner sich angstfrei ausdrücken kann? Die gleiche Kritik wird in noch stärkerem Maße rechtlichen Systemen gegenüber gemacht, innerhalb derer die Mediation verpflichtend ist (Grillo 1991). Die informelle Behandlung von Konflikten ist da ja zugunsten ihrer Bearbeitung im herkömmlichen gerichtlichen und gesetzlich Rahmen infrage gestellt.

Allerdings muß man darauf hinweisen, daß solche Warnungen und Kritiken in Frankreich kaum weit verbreitet sind. Wenn sie überhaupt ein Echo fanden, dann besonders in universitären Milieus, nicht bei den Praktikern, noch weniger bei den Kunden der Mediation selber. Das heißt, daß man der Mediation im Hinblick auf ihre Eignung, auf Schwierigkeiten der Partner in Scheidung zu antworten, gar nicht mißtraut. Die Gründe, weshalb von seiten scheidender Partner wenig Nachfrage nach Mediation besteht, sind deshalb anderswo suchen.

Liegen die Gründe im Paradox selbst, welches in der Idee einer Mediation anläßlich von Scheidung und Trennung liegt?

Nachdem die Schwierigkeiten für die Entwicklung der Mediation weder aus praktischen Gründen noch von den Risiken, die mit ihrer Anwendung verbunden sind, herrühren, bleibt uns letztendlich noch die Frage zu überlegen, ob die geringe Nachfrage mit der Ausgangslage des Unternehmens selber zusammenhänge. Nehmen Paare deshalb Mediation nicht häufiger in Anspruch, weil sie vielleicht gar nichts davon wissen, was ein Fehler im „Marketing" wäre? Oder zögern sie, obwohl sie sie kennen, deshalb, weil der Mediationsprozeß voraussetzt, daß jeder sich den Standpunkt des andern anhört und ihn zu verstehen sucht? Hat es nicht etwas Paradoxes, ja Unbegreifliches an sich, den ganzen Entscheidungsprozeß auf einer solchen Verständnisbereitschaft aufzubauen, während man sich doch in einem akuten Konflikt befindet, der es unmöglich macht, dem andern was auch immer zuzugestehen?

Sich in eine Mediation zu begeben, heißt definitionsgemäß Kompromisse zu akzeptieren, dem andern etwas zu geben, – zum Beispiel Geld –, mit ihm seine Sorgen zu teilen, besonders was die Kinder betrifft. Wer die Grundlagen der Mediation anerkennt, gibt damit seinem Partner, von dem er sich trennt, zu verstehen, daß er an ihn gebunden ist und bleibt. Denn das ist ja wohl das Ziel von Mediation, etwas vom zerbrochenen sozialen Band aufrechtzuerhalten. Genau das ist jedoch für Menschen in Scheidung unannehmbar. Wie soll es denn tatsächlich denkbar sein, daß Konfliktpartner, welche die Existenz ihrer Beziehung verneinen, oder die zu sehr unter der Idee leiden, diese könnte fortgesetzt werden, sich das Ansinnen der Mediation zu eigen machen? Wie läßt es sich vorstellen, daß Eheleute, welche jede Verbindung miteinander abbrechen wollen, freiwillig eine Interventionsart wählen, die genau auf die Aufrechterhaltung eines sozialen Bandes abzielt?

Einzig für jene Paare könnte Mediation wünschbar erscheinen, die sich darüber einig sind, bei der Festlegung der praktischen Folgen ihrer Scheidung zusammenzuarbeiten, weil sie bezüglich einiger praktischer Punkte und Meinungsverschiedenheiten Hilfe brauchen. In unserem familiensoziologischen Jargon würden wir sagen, sie verhielten sich nach einem „Beteiligungsmodell". In den anderen Fällen scheint eine Inanspruchnahme von Mediation wenig wahrscheinlich, sofern sie nicht vorgeschrieben ist, was aber die bereits erwähnten Risiken nur erhöht. Eine von Gesetzes wegen erfolgende Außenregelung, die der Familie auferlegt wird, scheint vielen leichter akzeptierbar.

Zusammenfassung

Wir fassen unsere Analyse zusammen. Sicher ist die Mediation noch wenig bekannt und es könnte mehr dafür getan werden, um sie bekannter zu machen. Doch selbst wenn sie bekannter wäre, ist es nicht sicher, daß alle Schwierigkeiten überwunden wären, welche hier erwähnt wurden. Es wäre interessant, in den Vereinigten Staaten, wo große Anstrengungen gemacht wurden, Mediation bekannt zu machen und zu verbreiten, genau hinzuschauen, ob eine bedeutende Zunahme der Mediationen zu beobachten sei. Unsererseits haben wir den Eindruck, daß auch dort die Praxis stagniert.

Was ist aus unserer Analyse zu folgern ? Welche Zukunft hat die Scheidungsmediation? Wird meinen, daß die Mediation bei Trennung und Scheidung eher eine Randerscheinung bleiben muß, weil sie auf einer übertrieben optimistischen Annahme beruht, die Partner seien guten Willens und hätten das Bedürfnis, die Schwierigkeiten der Nachscheidung selber zu regeln. Auch geht sie davon aus, die Partner seien von vornherein davon überzeugt, das „Elternpaar“ könne das „Ehepaar“ überleben. Mediation versteht sich in der Perspektive des gegenseitigen Gebens und Nehmens und des teilweisen Weiterbestehens der Beziehung zwischen den Ex-Gatten. Genau das fordert aber von diesen einen sehr hohen Preis.

Dieser pessimistische Ausblick auf die Zukunft der Mediation in Sachen Scheidung und Trennung muß aber ergänzt werden durch den Hinweis auf den außerordentlich hohen Einfluß, den sie auf soziale Tätigkeiten in andern Bereichen haben kann.

Es wurde bereits erwähnt, daß der „Ausbildungsmarkt“ sich als stärker erwies als die Praxis. Es ist durchaus möglich, daß die Mediation in ihrer „reinen Form“ zurückgeht, wie es bei Innovationen im sozialen Feld häufig der Fall ist. Und trotzdem könnte sie eine große Verbreitung ihres Konzepts, sozusagen ihrer Philosophie, in sehr unterschiedlichen Bereichen und Formen erleben.

Anmerkungen

1 Übersetzung aus dem Französischen von Josef Duss-von Werdt.

2 S. *Familiendynamik* (1992), 4, S. 319–346.

3 In Frankreich gibt es ein ausgedehntes Netz sogenannter Treffpunkte zur Ausübung des Besuchsrechts. Hier können Eltern freiwillig oder auf Verfügung des Richters ihre Kinder einander übergeben, sie allein sehen, mit ihnen sich aufhalten. Darüber hinaus wird ihnen auch beraterisch und erzieherisch Hilfe angeboten. Ähnliche Treffpunkte gibt es auch in der Schweiz. (Anm. der Herausgeber).

4 „Europäische Charta für die Ausbildung von Praktikern der Mediation bei Trennung und Scheidung“. Geschäftsstelle: APMF, Espace XV, 14, rue des Frères Moranes, F-75015 Paris (deutsch in Schweizerischer Beobachter [1984] S. 57 ff.)

5 Gesetz Nr. 95–125 vom 8. Februar 1995 betreffend die Organisation der Rechtsprechung und des zivilen, strafrechtlichen und administrativen Verfahrens. Die Artikel 21 bis 26 dieses Gesetzes beschäftigen sich mit der „Versöhnung und der richterlichen Mediation“. Sie legen die Bedingungen fest, unter welchen der Richter eine „dritte Person bestimmen kann“, um eine Versöhnung oder eine Mediation zu erreichen. Zur Zeit stehen die Ausführungesbestimmungen für die Anwendung des Gesetzes noch aus.

6 Von diesen Schwierigkeiten war jüngst im Rahmen der Zusammenkünfte der Kommission die Rede, welche mit der Anwendung der europäischen Charta für die Ausbildung in der Mediation beauftragt ist.

Das Erlernen des friedlichen Konflikt-managements: Erziehung zur Mediation und Mediation in der Erziehung

Ein Bericht aus den USA

Noa Zanolli Davenport

Der Bericht gibt einen Überblick über die Entwicklung und die rasche Ausbreitung der Mediationsbewegung in den Schulen der USA und beschreibt einzelne Programme und deren Einzug in den Schulalltag. Hinweise auf theoretische Grundlagen, inhaltliche Schwerpunkte und offene Fragen werden zur Diskussion gestellt. Grundsätzlich wollen die Programme die Konfliktfähigkeit der Schüler fördern, mit dem Ziel, Streitigkeiten in der Schule zu vermindern und die Erziehung generell zu verbessern, in der Annahme, daß die Schüler zu konfliktfähigeren Erwachsenen werden und zur Eindämmung der Gewalt in unserer Gesellschaft beitragen.

Einleitung

Fallbeispiel „Ich muß jetzt gehen"
Cindy Mitchell, Mutter von vier Kindern, erzählte mir im November 1994 folgende Geschichte:

„Ich habe vier Kinder in zwei Altersgruppen: zwei ältere Mädchen, 13 und 16, aus meiner ersten Ehe und zwei jüngere Mädchen, Jennifer (7) und eine vierjährige Tochter, aus meiner jetzigen Ehe. Die älteren streiten sich ständig und tragen ihre Streitigkeiten verbal und oft heftig aus. Kürzlich hörte ich Jennifer mit ihrer jüngeren Schwester streiten, doch plötzlich sagte sie: „Das ist ein Konflikt, und ich muß jetzt gehen." Ich war völlig verblüfft und nahm an, daß sie diese Kommunikations- und Verhaltensweise in der Schule gelernt haben mußte … von uns hatte sie das jedenfalls nicht mitbekommen! Was sie meinte, war, daß sie sich nicht weiter auf ein Streitgespräch einlassen wollte, weil dies offenbar im Moment zu nichts führte, und daß

sie eine Abkühlungsphase und Distanz brauchte. Später bestätigte sie mir, sie habe in der Schule gelernt, mit Konflikten umzugehen."

Cindy erzählte mir dann weiter, wie sehr sie von Jennifers Verhalten beeindruckt war, vor allem im Hinblick auf ihr eigenes Verhalten in Konfliktsituationen: „Ich wuchs in einer sehr streitbaren Familie auf. Ich war die jüngste, das einzige Mädchen mit vier Brüdern. Mein Onkel gab mir Geld, wenn ich einen Streit mit meinen Brüdern physisch austrug. Ich wurde effektiv belohnt, wenn ich mich behaupten konnte. Als junge Mutter ließ ich auch meine Töchter ihre Differenzen zumindest verbal und oft auch handgreiflich austragen. Ich wußte nicht, daß es auch andere Wege gibt. Nun bin ich weiser geworden und finde es wunderbar, wie die Kinder lernen, ihre Gefühle zu erkennen, im Gespräch mit ihren Gefühlen umzugehen, Differenzen zu analysieren und Lösungen zu entwerfen. Wenn ich das auch als Kind gelernt hätte, hätte ich mich vielleicht nicht scheiden lassen", fügte Cindy halb im Spaß und halb ernst hinzu.

Dieses Beispiel zeigt, welchen Einfluß die Umgebung und das frühe Erlernen des friedlichen Konfliktmanagements auf die Konfliktfähigkeit der Kinder haben kann, und erklärt, warum sich die Erziehung zum friedlichen Konfliktmanagement und die Mediationsbewegung in Amerikas Schulen rasch entwickelt und ausbreitet. Die Erfolge im Alltag sind vielversprechend; in Einzelfällen bringen Kinder ihr „Konfliktwissen" nach Hause und verändern sogar die Umgangsformen im Elternhaus.

Hypothesen

Auf welchen Hypothesen baut das friedliche Konfliktmanagement in den Schulen auf? Welches sind die Inhalte verschiedener Ansätze?

Das friedliche Konfliktmanagement in den Schulen – durch Mediation oder im direkten Dialog – beruht auf einer Vielfalt von Annahmen, die bisher wenig erforscht sind, aber oft die stillschweigende Grundlage für die meisten Modelle bilden.

Die wichtigsten Hypothesen lauten in etwa wie folgt:

- Die Grundelemente für das Aushandeln von Konflikten können schon sehr früh, d. h. im Kindergarten-Alter, gelernt werden.
- Der Konfliktlösungsprozeß ist ein eigentlicher Heilungsprozeß und bedeutet eine echte Lernerfahrung.

- Der Prozeß fördert das Verstehen und Annehmen einer anderen Sicht- und Verhaltensweise und trägt somit zur Toleranzförderung bei.
- Durch friedliches Konfliktmanagement wird Zusammenarbeit im Gegensatz zum Wettstreit gefördert.
- Die Fähigkeit, mit Konflikten konstruktiv umzugehen, trägt zu einem größeren Selbstbewußtsein und Selbstwertgefühl bei. Kinder und Jugendliche mit einem gesunden Selbstwertgefühl sind weniger anfällig, sich dem Druck Gleichaltriger auszusetzen und allenfalls mit Drogen zu experimentieren oder sich irgendwelchen Banden anzuschließen.
- Lehrer und Erwachsene geben Verweise und Strafen, die nur begrenzt wirksam sind. Durch das friedliche Konfliktmanagement lernen die Schüler, die Situation zu analysieren, sich selbst zu erkennen, und können ihre Reaktionen und die der anderen in Zukunft besser meistern. Konflikte werden somit in eine positive Lernerfahrung umgewandelt, und die Schüler stellen fest, daß sie ihre Konflikte ohne die Erwachsenen lösen können. Dadurch wird auch ihre Eigenständigkeit gestärkt.
- Kinder, die ermächtigt werden, ihre eigenen Lösungen zu finden, ohne die Eltern oder Lehrer zu Hilfe zu rufen, werden nicht nur in ihrem Selbstwertgefühl gestärkt; sie werden dementsprechend konfliktfähigere Erwachsene und damit auch bessere Partner und bessere Eltern. Somit tragen sie zu einer friedlicheren Gesellschaft bei. Letztlich, so besteht die Hoffnung, mag dies auch Auswirkungen auf globaler Ebene haben.
- Konfliktfähigere Erwachsene haben mehr Erfolg am Arbeitsplatz. Die Fähigkeit, konstruktiv mit Konflikten umzugehen, trägt zum eigenen Wohlergehen und somit zu erhöhter Produktivität bei. Dazu kommt noch, daß das Arbeitsklima generell verbessert werden kann durch bewußten und konfliktarmen Umgang mit Kollegen, Untergebenen oder Chefs.
- Schließlich liegt allen Modellen zugrunde, daß aggressives Verhalten nicht auf genetisch programmierte Instinkte zurückgeht, sondern in der Regel eine Konsequenz unbefriedigter Bedürfnisse darstellt. Falls andererseits aggressives Verhalten als Instinktverhalten angenommen wird, so kann solches Verhalten durch Erziehung zum friedlichen Konfliktmanagement zumindest in Schranken gehalten werden.

Vielen Erziehern leuchten diese Überlegungen, Annahmen und theoretischen Ansätze intuitiv ein. Es gibt jedoch bis heute, wie schon angedeutet, wenig solide Forschungen oder gar Längsschnittstudien, die diese Zusammenhänge auch bekräftigen.[1]

Geschichte, Verbreitung und Begründung

Seit den 60er Jahren haben Erzieher, Friedensaktivisten und speziell Quäker-Gruppen damit begonnen, Schüler und Studenten, Bürger und Arbeiter in die Kunst des gewaltfreien Umgangs einzuführen. Es ist anzunehmen, daß auch ein direkter Zusammenhang mit Dr. Martin Luther Kings gewaltfreien Idealen und der Anti-Vietnamkrieg-Bewegung besteht. Zunehmend mehr Erzieher begannen Lehrmaterial für die friedliche Konfliktlösung in den Schulalltag einzubauen. Zahlreiche Initiativen entstanden, und eine Fülle an Lehrmaterial wurde produziert, unterstützt von Kirchen, Gemeindemediationszentren, einzelnen Lehrern, Elterngemeinschaften, Schuldistrikten und Juristen. 1984 begann eine Gruppe von Aktivisten, Erziehern und Mediatoren diese diversen Gruppierungen in einem Netzwerk zu verbinden. So entstand „The National Association for Mediation in Education, NAME". NAME funktioniert als Clearinginstitut für Informationen, Beratungsstelle, Video- und Büchervertrieb und offeriert Ausbildungs- und Fortbildungsprogramme für Erzieher in ganz Nordamerika. Eine jährliche mehrtägige Konferenz führt Erzieher aus Nordamerika und vermehrt auch aus Übersee zusammen. Die Zielsetzungen von NAME sind die Förderung des Konfliktmanagements im Erziehungswesen, die Förderung der Wertschätzung von Menschen unterschiedlicher Kulturen, Herkunft, Erscheinung und Lebensführung, die Förderung von Forschungsvorhaben und von Publikationen wie z. B. das gehaltvolle Mitteilungsblatt „The Fourth R". NAME trägt wesentlich dazu bei, daß die friedlichen Konfliktlösungsmodelle sich weiterhin effizient im Erziehungswesen aller US-Bundesstaaten durch eine regionalisierte Organisationsstruktur verbreiten können. Das ursprüngliche Netzwerk hat sich inzwischen in eine namhafte und führende Organisation mit nationalen und internationalen Mitgliedern entwickelt.[2]

Insgesamt hat sich das friedliche Konfliktmanagement in den Schulen seit den 80er Jahren und vor allem seit den 90er Jahren rapide entwickelt. Gemäß NIDR (National Institute for Dispute Resolution) haben ca. 12 % aller US-Schuldistrikte an ihren Schulen Konfliktlösungsprogramme eingeführt.[3] Aber es gibt auch Schuldistrikte, die Programme in sämtlichen Schulen eingeführt haben.[4] Einzelne Bundesstaaten haben die Förderung des friedlichen Konfliktmanagements in den Schulen sogar gesetzlich verankert, so z. B. Kalifornien und Iowa.

Wie ist diese weite und vor allem in den letzten Jahren beschleunigte Verbreitung der friedlichen Konfliktlösungsansätze in Amerikas Schulen zu erklären? Berichte von Jugendgewalt gehören zum US-Alltag. In jedem Monat sterben 420 Jugendliche durch Handfeuerwaffen. Deborah Prothrow-Stith, eine Autorität auf dem Forschungsgebiet Jugendgewalt, betrachtet diese Erscheinung als eine Epidemie und als öffentliches Gesundheitsproblem.[5] Die Angst vor der rasant zunehmenden Gewaltanwendung in Amerikas Jugend, und zwar nicht nur in den Ghettos der Großstädte, sondern sogar im eher ländlichen und friedlichen Iowa, versetzt Eltern, Erzieher und Politiker gleichermaßen in Angst und Schrecken.[6] Um Lösungen wird gerungen. Der Ruf nach Prävention und nicht nach Strafmaßnahmen wird immer lauter. Man hält das Problem für so gravierend, daß es einen prominenten Platz auf der nationalen Agenda hat und ein wesentliches Thema in staatlichen und nationalen Parteiprogrammen und Wahlkämpfen geworden ist. Die öffentlichen Fernseh-Anstalten strahlten während der ersten Januarwoche 1995 an vier Abenden eingehende Berichte über Jugendgewalt und Erfolgsgeschichten über deren Bekämpfung aus. US-Präsident Bill Clinton bezeichnete die Jugendgewalt in seinem Bericht zur Lage der Nation von 1995 als ein massives Problem.

In einem solchen Kontext werden die Modelle zur friedlichen Konfliktlösung als ein vielversprechender Ansatz im Kampf gegen Gewalt in der amerikanischen Jugend angesehen. Wie weiter oben erwähnt, besteht die Annahme darin, daß die Befähigung von Schülern, selbst mit ihren Konflikten umzugehen, zu einem gestärkten Selbstbewußtsein beiträgt, und daß das Erlernen der Zügelung von starken Emotionen wie Wut und Eifersucht sowie das Einhalten strukturierter Kommunikationsabläufe wesentliche Methoden sind, um Handgreiflichkeiten oder mit Waffen ausgetragenen Streitigkeiten entgegenzuwirken.

Im Schulalltag geht es in der Regel um wenig komplexe Konfliktursachen. Die daraus entstehenden Konflikte sind mit den vorgeschlagenen Modellen in der Regel lösbar. Ursachen für Konflikte sind z. B. der Gebrauch/Mißbrauch/Verlust von persönlichem Eigentum, Fragen der Sitzordnung, Vordrängeln in einer Warteschlange, Gerüchte über einen Mitschüler, einander Anöden, bewußtes oder versehentliches Anstoßen, respektloses Verhalten, Eifersucht, nicht eingehaltene Versprechen, rassistisch geprägte Äußerungen. Solche Situationen können zu ernsthaften Auseinandersetzungen führen, in die auch andere Schüler einbezogen werden und die in Handgreiflichkeiten ausarten.

Ist es demnach gerechtfertigt, die Techniken und Strategien friedlicher Konfliktlösung als Mittel zu betrachten, die Jugendgewalt zu bekämpfen? Die Frage kann, in Anbetracht zahlreicher vorhandener

Daten, mit Ja beantwortet werden. Diese Daten legen den Schluß nahe, daß solide und gut geführte Programme einen wesentlichen Beitrag zur Gewaltverminderung leisten. Die Frage muß aber auch mit Nein beantwortet werden, wenn man diese Programme als ausschließliches Heilmittel ansieht und die Ursachen für die Gewalteskalation unter Jugendlichen nicht differenziert betrachtet. Die Entwicklung der Gewalt in der amerikanischen Gesellschaft und Jugend hat eine komplexe Geschichte, und sie kann nur aus unterschiedlichen und miteinander verbundenen Ursachen erklärt werden. Dazu gehören z. B. das politische-ökonomische System, die sehr hohe Scheidungsrate (in den Vereinigten Staaten enden vier von zehn Ehen in Scheidung) und demzufolge immer mehr Alleinerziehende. Die gleichzeitige Verarmung kann zur Verwahrlosung von Jugendlichen beitragen. Dazu kommt das direkte Erleben elterlicher Gewalt, das Drogenproblem, die Verherrlichung des monetären Reichtums und eines Gesellschaftsteils, der auf Konsum und Luxus ausgerichtet ist, ganz abgesehen von der Verherrlichung der Gewalt im Fernsehen sowie in der Film- und Musikindustrie bis hin zu den Zeichentrickfilmen für vorschulpflichtige Kinder. Wo gewalttätiges Verhalten und Waffenbesitz als jugendkulturelles Image, als „Macho-Posturing“, gilt, können Ansätze zur friedlichen Konfliktlösung wohl wenig Erfolg zeitigen. Trotzdem ist anzufügen, daß auch von unerwarteten Erfolgen unter sich bekriegenden Banden aus Chicago und Los Angeles berichtet wird, die mit Hilfe eines von allen anerkannten Schlichters einen Eid abgelegt haben, sich zumindest nicht mehr gegenseitig umzubringen und zu bekriegen.

Modelle und Inhalte

Sie seien anhand von Beispielen dargestellt, da es inzwischen sehr verschiedene Modelle gibt.

Iowa und die friedliche Konfliktlösung in den Schulen, eine staatlich unterstützte Initiative[7]

Das Iowa Peace Institute (IPI) ist eine halbstaatliche Einrichtung, die die friedliche Konfliktlösung in Iowa fördert. Ein wesentlicher Programmteil in diesem Bestreben ist das School-Based Conflict Management Program, das sich über ganz Iowa erstreckt. Sein Ziel ist, bis zum Jahr 2000 jedem Schulkind die Möglichkeit zu geben, die Kommunikationsstrukturen und Prozesse zu erlernen, die es befähigen, Konflikte entweder selbst auszuhandeln, oder ihm Zugang zu in Mediation geschulten Mitschülern zu ermöglichen, die ihm helfen können, einen Streit zu schlichten. Speziell besteht das Programm darin, Schülern aller Altersstufen, vom Kindergarten bis zum Highschool-Abschluß, die Grundelemente der friedlichen Konfliktlösung zu vermitteln und diese im Schulalltag zu üben.

Die Rolle des Iowa Peace Institute (IPI) besteht darin, einen ständigen Informationsaustausch zu ermöglichen und durch Planungsgruppen, jährliche Tagungen und mehrere jährliche ein- bis mehrtägige Weiterbildungs-Workshops, an denen Lehrer aus allen Schuldistrikten teilnehmen, zu fördern. Es entstand ein Netzwerk von über 50 gut ausgebildeten Lehrern und Beratern, die ihrerseits in den verschiedenen Schulkreisen Kollegen ausbilden. Die staatliche University of Northern Iowa, die rund 45 % der angehenden Lehrer ausbildet, hat die Grundelemente des friedlichen Konfliktmanagements in den obligatorischen Lehrplan eingebaut und ein Demonstrationsmodell in der der Universität angegliederten Grundschule eingeführt.[8]

Mehrere Schuldistrikte haben inzwischen ihr eigenes Programm entwickelt und sind kaum mehr auf das IPI angewiesen. Der Erfolg der einzelnen Programme wird gemessen an der Abnahme von Disziplinarstrafen, an der Anzahl erfolgreich geschlichteter Konflikte, an der Abnahme der Verweise durch den Schulvorsteher und qualitativ in Äußerungen von Lehrern, die eine generelle Verbesserung des Lernklimas hervorheben.

Erstaunlich ist, daß immer wieder in etwa die gleichen Zahlen berichtet werden, und zwar ebenfalls auf landesweiter Ebene. In der Regel gehen die Verweise durch den Schuldirektor um 75 % zurück, und es werden 90–95 % aller geschlichteten Streitigkeiten erfolgreich und mit bleibendem Resultat gelöst, d. h. zur Zufriedenheit der streitenden Parteien. Das sind zweifellos erstaunliche Zahlen.

Die Gelder für die Teilnahme der Lehrer an diesen Kursen werden zum Teil aus dem Fortbildungsbudget der einzelnen Schuldistrikte, aber auch zunehmend von den bundesstaatlichen Programmen zur Drogenbekämpfung übernommen.

Obwohl keine neuen Daten vorliegen, nehmen wir an, daß ein gutes Viertel aller Schüler Iowas das Grundwissen zur friedlichen Konfliktlösung entweder gelernt oder zumindest selber erfahren hat.[9]

Iowas Beispiel ist nur insofern interessant, als das Iowa Friedensinstitut eine staatlich unterstützte Verbreitung ermöglichte und die geographischen und demographischen Umstände (Iowa hat 3 Millionen Einwohner) das Programm relativ überschaubar und koordinierbar machen und so zur raschen Verbreitung beitragen.

Zu den Grundelementen der Lerninhalte der meisten Modelle zählen das aktive Zuhören, der Umgang und die adäquate Mitteilung der mit dem Konflikt verbundenen Gefühle, wie Wut, Angst, Frustration, Eifersucht etc., sowie das Erlernen einzelner Schritte, die die friedliche Konfliktlösung im Dialog, mit oder ohne Hilfe Dritter, ermöglicht.

Obgleich es zahllose Modelle für den Konflikt-Dialog und die Struktur des Mediationsprozesses gibt, kann man diesen Prozeß schematisch wie folgt darstellen:

A und B haben einen Konflikt.

Phase 1: A und B entscheiden sich für die friedliche Lösung und sprechen aus, daß sie den Konflikt lösen und sich gegenseitig nicht unterbrechen wollen.

Phase 2: A erzählt seine/ihre Geschichte, Sichtweise und Gefühlslage. B hört zu. B erzählt seine/ihre Geschichte, Sichtweise und Gefühlslage, und A hört zu.

Phase 3: A und B klären Unstimmigkeiten und konzentrieren sich auf Übereinstimmungen und Gemeinsamkeiten. Dieser Prozeß führt oft erstaunlich reibungslos in die nächste Phase über.

Phase 4: A und B entwerfen mögliche Lösungen und entscheiden sich für die praktischste, d. h. für ein Verhalten, das sie auch wirklich befolgen können.

Phase 5: A und B versprechen, sich an die Lösung zu halten oder allenfalls das Gespräch wieder aufzunehmen. In einigen Schulen legen die Mediatoren die Vereinbarungen schriftlich nieder, und A und B unterschreiben.

Dieser Ablauf wird auch von den Schüler-Mediatoren verwendet. In der Regel helfen zwei Schüler-Mediatoren A und B, den Konflikt auszuhandeln, wobei die Struktur des Prozesses die oben beschriebene bleibt. Die Mediatoren werden angehalten, keine Lösungen vorzuschlagen, sondern das Gespräch gemäß der vorgegebenen Struktur zu leiten.

Der Struktur nach lassen sich grundsätzlich zwei Ansätze unterscheiden. Zum einen geht es in dem, was man „Lehrplanansatz" nennen kann, um das in den Lehrplan eingebaute Material, mit dem alle Schüler die Grundlagen des friedlichen Konfliktmanagements erlernen, sei dies nun durch das Einüben des Konfliktdialogs oder die

Befähigung, einen Mediationsprozeß anzuwenden, mit dem sie den Streit unter Freunden schlichten können. Dieses Modell befähigt und ermächtigt jeden Schüler/jede Schülerin, friedliches Konfliktverhalten zu erlernen.

Ein grundsätzlich anderer Ansatz besteht darin, eine ausgewählte Schülergruppe, meist zwischen 30 und 60 Schülern, für ein Schulhaus mit rund 600 Schülern (oder in etwa 5–10 % der Schüler) in ca. 15 Lehrstunden als Schülermediatoren auszubilden (Interventionsansatz). Dieses Modell dient primär der Intervention und ist nur für die speziell ausgewählte und ausgebildete Schülergruppe gedacht. Wohl gibt dieses Modell den streitenden Schülern eine alternative und in der Regel positive Erfahrung, die sie, so nimmt man an, auch in Zukunft bestärken wird, die Hilfe von Mediatoren in Anspruch zu nehmen. Allerdings erlernen sie in diesem Prozeß nicht, die Techniken selbst anzuwenden.

Es gibt gute Argumente sowohl für den Lehrplan-Ansatz als auch für das Interventionsmodell. Die Überzeugung scheint sich jedoch seit den 90er Jahren durchzusetzen, daß ein Gesamtansatz wohl die wirksamste Methode ist, d. h. eine Kombination von Lehrplan und Interventions-Modell. Darüber hinaus sind nun auch Bestrebungen im Gang, das gesamte Schulpersonal, Eltern und Vertreter der Gemeinden, einschließlich der Polizei, der Kirchen und Politiker, einzubeziehen, damit die friedliche Konfliktlösungsbewegung nicht nur in der Schulkultur gefördert wird, sondern auch in der die Schüler allgemein umgebenden Kultur. Es leuchtet ein, daß dieser erweiterte Ansatz wohl der sein wird, der auf längere Sicht am erfolgversprechendsten sein wird, um eine gewaltfreiere, friedliche und vielleicht sogar gerechtere Gesellschaft aufzubauen.

Aus dem reichhaltigen Angebot der bestehenden Schulmodelle sollen hier vier weitere Modelle herausgegriffen und kurz mit ihren Eigenheiten vorgestellt werden.

The Community Board Program, San Francisco

Starken Einfluß hat ein Programm ausgeübt, das in San Francisco durch Dr. Raymond Shonholtz, einen Anwalt, entwickelt wurde, der sich vor allem seit 1976 mit Nachbarschaftsmediation befaßt hat. Der Name „Community Board“ stammt daher, daß Nachbarschafts-Vertreter als Mediatoren ausgebildet wurden und als Freiwillige Streitigkeiten in Nachbarschaften schlichteten. In der Regel waren es mehrere Mediatoren unterschiedlicher Herkunft, die als Gruppe arbeiteten (daher der Name „board“), um den Vertretungen der verschiedenen ethnischen Gruppen gerecht werden zu können. Daraus ging dann der Plan hervor, Präventionsarbeit zu leisten, d. h. den Mediationsprozeß in die Erziehung zu tragen. Das Community Board Programm leistete damit in den USA Pionierarbeit, und viele Ansätze entstanden nach seinem Vorbild. Das Modell war zunächst als Interventionsmodell konzipiert, mit dem Schüler vom 3. Schuljahr an für Schlichtungen auf dem Pausenhof ausgebildet wurden. Ältere High-School-Schüler und Mittelschüler werden in einen etwas komplexeren Prozeß eingeführt. Diese Schülermediatoren haben an bestimmten Tagen Dienst und stehen dementsprechend streitenden Schülern zur Verfügung. In der Regel werden Mediationen in einem eigens dafür reservierten Raum während der Unterrichtszeiten durchgeführt. Man braucht daher das Verständnis und die Mitarbeit der gesamten Lehrerschaft. Das Community Board Program begann Ende der 80er Jahre gleichzeitig ein Lehrplan-Modell anzubieten, und heute stellt es auch BeraterInnen zur Verfügung, die einem ganzen Schuldistrikt helfen, einen ganzheitlichen Ansatz zu entwerfen.[10]

Peace Works: The Peace Education Foundation, Inc.

Peace Works entstand aus einer privaten Stiftung in Florida mit dem Ziel, in Dayton County (Miami), einem Schulkreis mit Schülern verschiedener ethnischer Herkunft und mit rasant ansteigender Jugendgewalt, eine Alternative anzubieten. Peace Works entwickelt ausgezeichnetes und attraktives Lehrmaterial und bildet Lehrer in mehrtägigen Kursen aus. Das Lehrmaterial ist für Schüler vom Kindergartenalter an bis hin zu Adoleszenten abgefaßt.[11]

The Children's Creative Response to Conflict (CCRC)

CCRC hat auf dem Gebiet der friedlichen Konfliktlösung in den Schulen Pionierarbeit geleistet. Die Organisation ging aus der Quäkerphilosophie der friedlichen Konfliktbewältigung hervor. CCRC hat ein klar strukturiertes Lernsystem entwickelt, das auf fünf Grundelementen aufbaut:

Zusammenarbeit
Kommunikation
Anerkennung (affirmation)

Konfliktlösung und Mediationsprozesse
Vorurteilsbewußtsein.

Das Lehrmaterial besteht in Einzel- und Gruppenübungen, die diese Grundelemente einüben und als Grundhaltung im Umgang mit anderen propagieren. Die Übungen bringen in spielerischer Form Bewußtsein und Verhalten in Einklang. Obwohl die Übungen für Kinder vom Kindergartenalter an bis hinauf zur Highschool gedacht sind, werden sie oft auch mit Erwachsenen-Gruppen durchgeführt.[12]

David und Roger Johnsons Modell „Schüler als Friedensstifter" (Students as Peacemakers Program)

David und Roger Johnson sind führende Wissenschaftler und Praktiker auf dem Gebiet „Zusammenarbeit und Wettstreit" (cooperation and competition). Sie haben die Theorien von Morton Deutsch verfeinert und in mehreren Studien Grundlagenmaterial für ihre Theorien zusammengestellt und in praktische Lehrprogramme umgesetzt. Auf der einen Seite fördern ihre Programme das systemische Lernen und das Lernen in Teams. Als weiteres Element bauen sie das Konfliktgespräch in den Unterricht ein (constructive/academic controversy). Sie lassen die Schüler historische oder heutige Konfliktsituationen oder solche aus der Literatur im Rollenspiel – und mit vertauschten Rollen – durchspielen, ein Ansatz, der die Schüler vertieft die Realität verschiedener Sichtweisen erfahren läßt. Zudem propagieren die Johnsons zunehmend ebenfalls einen Gesamtansatz.[13]

Wie diese vier ausgewählten Beispiele zeigen, können Lehrer und Schulbehörden aus einer Vielzahl bestehender Modelle wählen oder Ansatzpunkte wahlweise aus diversen Programmen kombinieren, um sie ihren speziellen Umständen und Präferenzen anzupassen.

Obgleich diese Ansätze unterschiedliche Schwerpunkte haben, bauen sie alle auf vier Säulen auf:

– Umgang mit Gefühlen, d. h. Bewußtwerden der eigenen Gefühle und Einüben von adäquatem, d. h. nicht aggressivem Verhalten; angemessene Mitteilung von Emotionen. Die Annahme besteht darin, daß Schüler nicht gewalttätig werden müssen, um ihren Gefühlen Luft zu verschaffen und „gehört" zu werden. Die Schüler lernen, ihre Gefühle in Sprache umzusetzen, die es dem anderen ermöglicht, Empathie zu zeigen.
– Grundregeln: Der ausgesprochene Wille, den Konflikt lösen oder zumindest managen zu wollen, und ein Versprechen, sich an die

Regeln der guten Kommunikation durch aktives Zuhören, ohne zu unterbrechen, zu halten.

- Die Förderung klarer Kommunikation durch Mitteilung von Gefühlen, Bedürfnissen und Sichtweisen.
- Das Einhalten eines klar strukturierten Prozesses, der sich in drei bis sechs klar von einander abgegrenzten Schritten einüben läßt.

Es geht bei allen Modellen letztlich darum, das Problem zu identifizieren, d. h. die andere Partei nicht als Feind zu betrachten, sondern eher als „Konfliktpartner", d. h. das Problem in den Mittelpunkt zu stellen und nicht die Person anzugreifen.[14]

Den Schülern soll das Konzept eines Prozesses vorgestellt werden, an das sie sich wie an ein Kochrezept halten können.

Die Programme dienen auch der Lehrer-Weiterbildung. Lehrer können ihre Fähigkeiten verbessern und zum besseren Klima in der Schule beitragen, indem sie lernen, sich als Rollenvorbilder für die Prozesse zu verhalten. Sie sind vermehrt in der Lage, Konflikte untereinander auszutragen. Es gibt vereinzelt Schulen, die Konflikte zwischen Lehrern und Schülern durch die Mediatoren-Schüler schlichten lassen. Ich weiß sogar von einem Fall an einer Schule in Iowa, wo zwei Lehrer einverstanden waren, für einen ihrer persönlichen Konflikte die Hilfe der Schüler-Mediatoren in Anspruch zu nehmen. Dies zeugt vom Vertrauen, das eine Schule in die Fähigkeiten der Schüler und in den Prozeß hat.

Mehrere Schulen haben auch begonnen, Schüler und Eltern gleichzeitig auszubilden. Es gibt eine gute „How-to"-Literatur, die sich direkt an Eltern wendet und sie in die gute Gesprächsführung und Problemlösung mit ihren Kindern einführt, damit sie das friedliche Konfliktmanagement vorzuleben lernen.

Kritik und offene Fragen

Die Kritik an bestehenden Programmen kommt von zwei Seiten. Es gibt vereinzelte Stimmen aus dem ultrakonservativen Lager, die die in der Erziehung praktizierten friedlichen Konfliktlösungsansätze verurteilen, weil sie ihrer Ansicht nach die Autorität der Eltern und Lehrer unterminieren. Diese Stimmen sind zwar lautstark, in der Regel aber in der Minderzahl und nicht laut genug, um wesentlichen Einfluß auf die Bewegung zu nehmen.

Eine andere Kritik kommt von Akademikern, die befürchten, daß Mediationsprogramme im Erziehungswesen von Politikern und

Erziehern als relativ billige und effiziente Lösungen für gesellschaftliche Malaise und Gewaltbekämpfung und als „Allerweltsheilmittel" angesehen werden, wo doch viel radikalere gesellschaftliche Veränderungen am Platz wären.

Die Fragen, die sich aus diesen Erfahrungen ergeben und die zu erforschen sich lohnen würde, lassen sich wie folgt zusammenfassen:

1. Sind Schüler, die in der Grundschule die Mediationstechniken lernen oder erfahren, konfliktfähiger als andere, die diese Erfahrungen nicht gemacht haben?
2. Sind Schüler, die die Fähigkeiten in den oberen Grundschulklassen oder erst in den späteren Schuljahren gelernt haben, ebenso konfliktfähig wie solche, die schon in den unteren Klassen die Techniken und Verhaltensweisen gelernt haben?
3. Haben Schüler, die diese Fähigkeiten lernen oder Mediationserfahrung haben, größere Chancen, eine Ehe oder Partnerschaft zu führen, die nicht in Scheidung endet?
4. Werden Schüler, die diese Fähigkeiten lernen und eingeübt haben, eher Berufe und Funktionen in Bereichen wählen, die von ihnen eine hohe Mediations- und Konfliktfähigkeit erfordern, wie z. B. in Personalmanagement, Diplomatie, Arbeitsverbänden, öffentlicher Verwaltung, Erziehung und Politik?

Zusammenfassung und Schlußfolgerungen

Das Erlernen der friedlichen Konfliktlösung hat seinen eindeutigen Platz in der Schule. Aber die Programme können keinen Jugendlichen von einer gewalttätigen Handlung abhalten, die nicht auf einen Konflikt zurückzuführen ist, wie z. B. von einem Raubüberfall mit oder ohne Handfeuerwaffe. Wo Konflikte jedoch auf Meinungsverschiedenheiten und auf unterschiedliche Interessen zurückzuführen sind – und das sind die meisten –, helfen diese Techniken die Konflikte im besten Fall sogar zu verhindern und in der Regel eine Lösung zu erarbeiten, die es jedem der beiden Partner ermöglicht, sein Gesicht zu wahren und die Beziehung sogar zu verbessern.

Ungeachtet dieser wesentlichen Fragen, denen man in Zukunft bestimmt sehr ernsthaft wird nachgehen müssen, steht der raschen Verbreitung der Mediationsbewegung in der Erziehung wenig im Wege. Viele Erzieher, Organisationen und Schulbehörden stehen hinter ihrer auf Intuition und eher qualitativen Daten gründenden Überzeugung, daß diese Ansätze vielversprechend sind und letztlich zu einer besseren Gesellschaft beitragen werden. Fragt man die Jugendlichen selbst, wie sie diese Programme erfahren, hört man sehr viel positive Komentare. Wenn es darum geht, Freiwillige zu finden für die Schüler-Mediationsaufgaben, haben die Programmleiter in der Regel die größte Mühe, aus einer Unzahl von Interessenten eine kleine Gruppe auszuwählen. Ich glaube, das gibt zu großen Hoffnungen Anlaß.

Die folgenden Äußerungen von Schülern im Alter von 16 bis 18 Jahren über ihre Erfahrungen im Mediationsprozeß sprechen für sich:

„Ich spreche lieber mit einem Mitschüler ... wenn du mit einem anderen Teenager sprichst, können sie dich verstehen, speziell jemand, der ähnliche Erfahrungen gemacht hat.“ (L.)

„Du willst etwas lösen mit der Person, mit der du im Konflikt bist. Es würde nichts helfen, wenn du das Problem irgend jemand anderem erzählst. Du mußt mit der Person reden, mit der du den Konflikt hast. Du willst nicht von der Schule suspendiert werden; du willst lieber zur Mediation gehen und die Dinge bereden und ihnen auf den Grund gehen.“ (L.)

*„Du streitest und du empfindest dich der anderen Person gegenüber feindselig. Und wenn du im Mediationszimmer bist, gehst du unter die Oberfläche. Du findest den wirklichen Grund für den Streit. Wenn du mit der Person allein bist, bist du in der Regel verärgert und aufgeregt ... Die Mediation hilft dir, in die Tiefe zu gehen. Die Wahrheit ist häufig das Gegenteil von dem, was du dir vorgestellt hast.“ (*T.)

„Du fängst einfach zu reden an und dann versteht man sich gegenseitig besser ... Wenn du ein bißchen verstehst ... das hilft dir sehr viel zu verstehen. Es ist fast verwirrend .. Wenn ich zu kommunizieren anfange ... dann beginnt eine Veränderung, eine Veränderung in meiner Sichtweise.“ (B.)

„Du lernst diese Person kennen. Später verstehst du sie besser. Du verstehst sie und lernst dich den Erfahrungen der anderen zu öffnen. (L.)

„Du lernst auch zu verlieren. Du lernst, wenn du im Unrecht bist. Du lernst, daß es nicht alles ihr Fehler war. Es könnte dein Fehler sein.“ (V.)

„Du realisierst, daß die meisten Leute diese Art der Kommmunikation kennen sollten. Du realisierst, daß die andere Person eine andere Denkweise hat, und daß in der Regel ein Grund besteht, warum sie sich in einer bestimmten Art verhält. Ich dachte früher, ich würde manche Leute niemals, nicht in tausend Jahren, gern haben oder verstehen. Jetzt tue ich es. Wir sind Freunde. Wenn wir nicht Freunde

sind, reden wir zumindest miteinander und gehen freundlich miteinander um. Es hat meine ganze Sichtweise verändert." (T.)

„Ich kann jetzt besser als früher einem Kampf oder Streit ausweichen. Ich habe gelernt, das Problem zu bereden." (A.)[15]

Anmerkungen

1 Obgleich zur Zeit keine Längsschnitt-Studien vorliegen, gibt es – unpubliziert – quantitativ und qualitativ genügend Daten über die positiven Auswirkungen der Schülermediationsprogramme in einzelnen Schulen und ganzen Schuldistrikten. Allzuoft sind diese Daten jedoch nicht untereinander vergleichbar. Für detailliertere Angaben über vorhandene Forschung und Evaluationen von Programmen siehe Dan Kmitta 1994, S. 28, sowie Aufsätze, die im Mediation Quarterly (Journal of the Academy of Family Mediators) erscheinen. Eine der wenigen sich über drei Jahre hinaus erstreckende Studie (1992–1995) untersucht das Philadelphia Peer Mediation Program mit differenzierten Kriterien. Ein Zwischenbericht von Tricia Jones und Diane Carlin (Dept. of Rhetoric and Communication, Temple University, Philadelphia) bekräftigt insgesamt positive Resultate.

2 Die Adresse von NAME lautet: 205 Hampshire House, Box 33635, University of Massachusetts, Amherst MA 01003–3635, Tel. 413/545–2462, Fax 413/545 –4802.

3 Sherman, Robert (1994), Nr. 25, S. 1.

4 Als Beispiel möchte ich Des Moines erwähnen, die Hauptstadt von Iowa. Alle 64 öffentlichen Schulen im Des Moines-Schuldistrikt haben ein Konfliktprogramm eingeführt. Insgesamt handelt es sich dabei um rund 30000 Schüler (in einer Stadt mit 250000 Einwohnern), die Zugang zu einem Konfliktprogramm haben.

5 Deborah Prothrow-Stith (1994).

6 Ich verzichte darauf, in diesem Zusammenhang präzise Statistiken anzugeben und verweise auf das Buch von Deborah Prothrow-Stith „Deadly Consequences" (1991) sowie auf die Statistiken, die vom US- Department of Justice erhältlich sind.

7 Von 1989 bis 1993 leitete ich das School-Based Conflict Management Program am Iowa Friedensinstitut (Iowa Peace Institute, IPI) und war an der Entwicklung der Bewegung in Iowa direkt beteiligt.

8 In diesem Zusammenhang kann noch angeführt werden, daß sich die Mediationsbewegung auch in Colleges und Universitäten ausbreitet, wobei Studenten, Professoren und administratives Personal als Schlichter ausgebildet werden. 1990 wurde auch eine Association for Campus Mediation gegründet.

9 Vgl. Noa Davenport, Susan J. Koch (1993), S. 16–17.

10 The Community Board Program, 1540 Market Street, Suite 490, San Francisco, CA 94102, Tel. 415/552–1250.

11 Peace Works: The Peace Education Foundation, Inc., 22627 Biscayne Blvd. Miami, FL 33137, Tel. 305/576–5075, Fax 305/576–3106.

12 Children's Creative Response to Conflict, Box 271, Nyack, NY 10960, Tel. 914/358–4601.

13 Cooperative Learning Center, 202 Pattee Hall, University of Minnesota, 150 Pillsbury Drive S.E., Minneapolis, MN 55455, Tel. 612/624–7031.

14 Dieser in allem Lehrmaterial vorhandene Ansatz geht auf Roger Fisher und Wil-

liam Urys Klassiker in der amerikanischen Konflikt-Literatur „Getting to Yes“ (deutsch: Das Harvard-Konzept) (1981) zurück.

15 Alle Zitate stammen aus Ray Pastorino (1991) und wurden von der Verfasserin ins Deutsche übersetzt.

Nachdenken über Mediation

Die meisten Autorinnen und Autoren der Beiträge dieses Buches haben die Mediation seit deren Anfängen praktisch erprobt, sich darin weitergebildet, sie theoretisch und methodisch für andere vorgedacht.

Es ist nach dieser nun abgeschlossenen Pionier-Phase die Zeit für Nachgedanken gekommen, damit die Mediation nicht bloß als eine „Technik" oder gar ein Wundermittel betrachtet werde. Sie läßt sich durchaus modisch so handhaben. Nur wird dabei nicht wahrgenommen, daß ihr Ansatz nicht einfach das Instrumentar des Handels bei Streitsachen ergänzt, sondern von andern Hintergründen und Zielvorstellungen ausgeht als die üblichen Modelle. In diesem letzten Kapitel wird darüber unter zwei Gesichtspunkten etwas genauer nachgedacht.

In jedem Handlungskonzept von und mit Menschen stecken Menschen und Beziehungsbilder. Ihnen nachzugehen ist eher eine philosophische Angelegenheit. Sie soll hier bruchstückhaft in Angriff genommen werden.

Mediation ist in zweiter Hinsicht eine besondere Art der Interaktion im Dreieck. Sie läßt sich deshalb in den Raum des systemisch-interaktionellen Ansatzes und des erkenntnis- und kommunikationstheoretischen Denkens, z. B. im Sinne des Konstruktivismus, stellen. Von beiden profitiert sie zum Teil ja auch in ihrer Praxis. Auch dazu werden einige Fragmente angedacht, die wie von selbst wieder zu den Menschenbildern zurückführen und in Bereiche einer (demokratischen) Beziehungsethik vorstoßen. Und darin liegt wohl auch das Innovative der Mediation.

Bilder von Menschen und Beziehungen in der Mediation

Josef Duss-von Werdt

„Drei Wege zur Konfliktlösung gibt es: kämpfe/prozessiere; verhandle/feilsche; ersinne einen Ausweg. Den Kontrahenten stehen nur die beiden ersten Möglichkeiten offen. Der dritte Weg, der Weg des Entwerfens, erfordert eine dritte Partei, die in der Lage ist, das Ganze gleichsam von außen zu betrachten. Deshalb führe ich das Konzept des dreieckigen Denkens ein. Diese dritte Partei ist weder Richter noch Vermittler, sondern ein kreativer Planer.“ (De Bono 1987, S.8)

Mediation wird in der Regel als Methode der Konfliktlösung beschrieben. Das griechische Wort „Methode“ bedeutet Weg zu etwas hin, Weg, um etwas zu erreichen. Wie jede Methode hat auch die Mediation ihre „Instrumente“:

- *Fertigkeiten* oder „Techniken“ des/der MediatorIn,
- *Wissen* und Sachverstand bei allen Beteiligten,
- *Mediative Haltung* als zwischenmenschliche Beziehungsqualität bei allen Beteiligten.

Nicht allein die „Technik“ macht also die Methode der Mediation aus. Ein Vergleich: Um den Hobel kundig zu führen, braucht der Schreiner Holzkenntnisse, innere Gestaltungskraft und Respekt vor seinen Dingen, dem Holz und dem Werkzeug. Hobelt er einfach drauf los, sind das Holz, das Werk und die Idee bald gründlich verpfuscht. Das „Holz“ der Mediation sind die regelungsbedürftigen Inhalte, das „Werk“ die sachkundigen und zielgerichteten Verhandlungen, die „Idee“ schließlich das Erreichen einer fairen Lösung. Gestaltungskraft und Respekt sind die Kennzeichen der Haltung.

Die Grundfigur der Scheidungs-Mediation ist das Beziehungsdreieck zwischen einem Paar A und B und dem Mediator M. Als komplexes Beziehungsgefüge wird das Dreieck durch A, B und M geschaffen. Gleichzeitig unterziehen sich die drei den vorgegebenen Strukturen und Gesetzmäßigkeiten der Mediation, das heißt sie lassen sich in der Mediation entsprechende Beziehungsrollen und -muster einbinden.

Das folgende Nachdenken geschieht unter drei theoretischen Grundannahmen:

- Das mediative Dreieck bildet eine Ganzheit, die mehr ist als die bloße Summe ihrer drei Einheiten A, B und M (Systemische Sicht).
- A, B und M stehen zueinander in einer Wechselseitigkeit, die ihr Wahrnehmen, Verhalten, Denken, Fühlen und weitere Formen des Handelns mitbedingt. Daraus entstehen Beziehungsformen im spezifischen Kontext der Mediation (Interaktionelle Sicht).
- Durch ihre Interaktionen entstehen in einem komplexen Prozeß von Wahrnehmung und dessen innerem Verarbeiten bei A, B und M Bilder voneinander, die sich wieder in ihren Interaktionen auswirken (Erkenntnistheoretische Sicht im Sinne des sog. Konstruktivismus).

Die drei Sichtweisen werden in den folgenden Ausführungen nicht getrennt, sondern immer wieder neu kombiniert. Sie bedienen sich einer Sprache, die nicht jene der Mediation selber ist, sondern über diese spricht.

Die Sprache der Mediation

Da Mediation ihre eigene Sprache hat, seien ein paar sprachphilosophische Überlegungen dazu angebracht.

Mediation ist sprachliches Handeln, Ver-Handeln. Philosophisch kann man ganz allgemein sagen: Was „zur Sprache kommt", wird (erst) dadurch zum Gegen-Stand, zu Etwas: Es wird herausgehoben, benannt, steht in meinem und der andern Bewußtsein gegenüber und wird verhandelbar. Die Sprache *schafft* somit Gegenstände und gibt ihnen dadurch Realität. Es kann auch anders gesagt werden: Sprache schafft bewußte Wirklichkeit – Bewußt-Seins-Gegenstände.

Wirklichkeit wird etwas für uns erst dadurch, wenn wir es in irgend einer Form wahrnehmen, wenn es auf uns „wirkt". Wie etwas unabhängig von unserer Wahrnehmung „ist", können wir grundsätzlich nicht wissen. Wie sollten wir es erkennen können ohne irgend eine der Arten unseres Erkennens (durch die Sinne, das Fühlen usf.)? Dies ist die Grundfrage des sog. Konstruktivismus, und die Antwort lautet: Es ist unmöglich.

Indem Wirklichkeit auf diese Weise für uns entsteht, bekommt sie dadurch auch diese oder jene Be-Deutung. Diese ist jeweils an die Situation oder den Kontext gebunden, in dem wir sie zur Sprache bringen. „Jeder Text hat seinen Kon-Text". So ist es auch in der Mediation.

Wenn wir sprechen, „benützen" wir Worte, die wir gelernt haben und die je nach Situation ihre Bedeutung verändern können. (Ab und zu bringen wir Neuschöpfungen zustande, die einer Bewußtseinswirklichkeit entsprechen sollen, welche durch bereits vorhandene Vokabeln nicht repräsentiert zu sein scheint.) Wenn ein Schweizer Historiker des 19. Jahrhunderts von Mediation spricht, meint er damit die „Mediation" als jene Periode von 1803–1813, während welcher die von Napoleon verschriebene „Mediationsakte" als Verfassung der Schweiz in Kraft war.

Beim Wort genommen gehört Mediation zum lateinischen Stamm von „medeor, mederi", heilen, ganz machen. Die gleiche Wortwurzel findet sich bei Medizin, Medium und Meditation. Mediation gehört also in den Formenkreis des Heilens. Der Heilung voraus gehen Kranksein, Störung, Verwundung, Spaltung, Konflikt, Unheil. Heil ist das Ganze, Eine, in dem alles seinen (ge)rechten Platz hat.

Dann stecken laut Wörterbuch im Wort auch das Adjektiv „medius", mitten, dazwischenliegend, in der Mitte stehend, neutral, unparteiisch, sowie das Substantiv „medium", Mitte, Gemeinwohl.

Das Wort Mediation, das allerdings ebenso wie Mediator, im Lateinischen nicht geläufig gewesen zu sein scheint, birgt einen großen Bedeutungsreichtum. Es ermöglicht viele Assoziationen, z. B. das Bild eines heilenden Prozesses, der durch Kampf um Leben und Überleben geht, vergleichbar damit, daß der kranke Mensch an Körper und/oder Seele einen Widerstreit in sich zwischen den gesunden und den angeschlagenen Teilen durchlebt. Auch kann von einer medialen Haltung der MediatorInnen gesprochen werden. Sie sind „medial" tätig, mitten ein, was verloren, am Rand, aus dem Blickfeld geraten war. „Mediale" Begabung muß nicht bloß ein paar esoterischen Sonderlingen eigen sein.

Die im medialen Dreieck interagierenden Personen bilden zwei Subsysteme: A und B, die sich im Konflikt miteinander befinden und M, der oder die mediiert. Für A und B sind verschiedene Namen gebräuchlich. Sie sind Konflikt-„Parteien". Der Herkunfts-Kontext dieses Ausdruckes ist das kontradiktorische (Gerichts-)Verfahren, und ist unter diesem Gesichtswinkel der Mediation nicht gerade angemessen. Näher liegt ihr der Ausdruck „Konfliktpartner". Partnerschaft gehört in den Kontext von Gleichberechtigung ohne Über- und Unterordnung und kann deshalb als Zielvorgabe der Mediation angesehen werden. „Klienten" oder „Kunden" hat von Haus aus einen ökonomischen Bezugsrahmen und läßt Mediation als ein weiteres

Marktangebot unter andern erscheinen. Daran ändern auch deutelnde Purzelbäume wenig, welche Kunde mit Sich-kundig-Machen verbinden. „Medianten“ ist ein künstliches Wort und müßte sprachlogisch wohl eher durch „Mediianden“ (zu Mediierende) ersetzt werden, analog zum Analysanden des Analytikers. Im Blick auf das mediative „Setting“ kann in Anlehnung an systemische Konzepte von einem „Problemsystem“ (Ludewig 1992) gesprochen werden, welches durch das Problem entsteht und durch dessen Lösung wieder verschwindet. Die drei Systemmitglieder könnten als „Problembeteiligte“ angesprochen werden.

Im herkömmlichen Scheidungsverfahren sind Mann und Frau „Gegner“ und „Gegnerin“. Die schweizerische Rechtssprache kennt „Kläger/in“ und „Beklagte/r“, rückt also Scheidung nach wie vor nahe an den Strafprozeß, von dem her die Rollen definiert werden. Mann und Frau lassen sich je durch Gegen-Anwälte oder Gegen-Anwältinnen vertreten.

Die *subjektive Verarbeitung* der Scheidung durch die betroffenen Männer und Frauen konstruiert wieder ihre eigenen Rollenbilder und hat ihre eigene Terminologie. So spricht man z. B. von schuldigen und unschuldig Geschiedenen, selbst wenn in der Rechtsprechung das Schuldprinzip außer Kraft ist. Man erlebt sich als „Opfer“ und sieht den andern als „Täter“ oder als „Gewinnerin“ und sich als „Verlierer“. Wie wir uns und andere benennen, das „sind“ wir auch. Es hängt mit dem jeweiligen Bezugsrahmen zusammen, in dem wir gesehen und behandelt werden oder handeln.

Menschenbild – Beziehungsbild

Mediation als eine „dreieckige“ Beziehungsform entwirft ihr eigenes Menschen und Beziehungsbild. Von einem Rollenkonzept her kann man sagen, daß A, B und M mehrere Rollen in die Mediation mitbringen, weshalb es zu Rollenhäufung und Rollenverwirrung kommen kann. A und B z. B. sind Mann und Frau, Vater und Mutter, Sohn und Tochter, Ehefrau und Ehemann usw.

Welches sind die Rollenbilder für A, B und M aus dem Bezugsrahmen der Mediation? Es lassen sich deren drei unterscheiden:

a. Das *Selbstbild*: Wer ist A, B, M für sich?

b. Das *Fremdbild*: Wer ist A für B und M, B für A und M, M für A und B?

c. Das *Beziehungsbild* der Mediation: Wie sind die Interaktionen in den drei Dyaden A – B, A – M, B – M und in der Triade A – B – M?

Die drei Bildarten gehören zusammen und sind wechselseitig voneinander abhängig. Sie werden deshalb hier nicht einzeln untersucht.

Allgemein kann keine von keinem wissen, wie er oder sie „an sich“ ist, sondern sie können sich grundsätzlich nur infolge der Beziehungen, die sie miteinander haben, ein Bild von sich und ihr(ihm) machen. Auch Selbstbilder entstehen immer in Beziehungen und Beziehungsbilder haben in den Selbstbildern gleichsam ihre Rückseite. A erhält in der Interaktion mit B ein anderes Selbstbild, als in jener mit M zum Beispiel.

Beim (Mit-)Menschenbild der Mediation können wir jeden als nur relativ in sich abgegrenzt sehen, weil er stets auf zwei andere bezogen ist und von diesen wahrgenommen sich wahrnimmt. Diese Wahrnehmungswirklichkeiten nennen wir Personen.

In der Theatersprache bedeutet „Person“ (von per-sonare, hindurchtönen) die Rolle, unterschieden von ihrem Darsteller. Diese Unterscheidung von Darsteller, Rollenträger und Rolle ist hier nützlich, denn wir sind je nach Kontext in andern Rollen und stellen deshalb andere Personen dar, die sich in Interaktion und in konkreten räumlichen und zeitlichen Kontexten je anders konstellieren. Die sog. „Persönlichkeit“ ist in dieser Sicht das „Ergebnis“ der Interaktionsgeschichte eines Individuums. An den Mediationspersonen A und B ist M ebenso mitbeteiligt, wie diese an der von M. In noch viel stärkerem Maße gilt das für A und B mit ihrer mehr oder weniger langen gemeinsamen Geschichte. Wir werden immer innerhalb der Begrenzungen unserer Interaktionsfelder Paar, Familie, Freundschaft, Kollegenkreis und so weiter zu jenen Interaktionspersonen, die wir für andere und uns „sind“: Ein Paar besteht aus der Einheit von zwei „Interaktionspersonen“, die sich treffen oder verpassen, begegnen oder „vergegnen“ (Buber) können. Was ich (geworden) bin im Prozeß der Beziehungsgeschichte mit meiner Partnerin, ist intersubjektives Mit-Werden, Ko-Evolution (Willi 1985) Was A von B sagt, sagt mehr über ihn aus, als über B. Die Eigenschaften, welche A von B zugeschrieben werden, sind geronnene Beziehungserfahrungen und daher immer auch Selbstbeschreibungen. Auf die darin enthaltene Erkenntnistheorie komme ich am Schluß nochmals zurück. Vorderhand kann das Gesagte auf die Mediation als komplexes Geschehen zwischen Interaktionspersonen einer (ehelichen) „Zweierbeziehung“ und einer extradyadischen Person M angewendet werden.

Zur Entstehung des Bildes von A, B und M im Prozeß der Mediation

Menschen- und Beziehungsbilder sind implizit im Konzept der Scheidungsmediation selber vorhanden. Sie bilden sozusagen die Gußformen, in welche A, B und M durch die Mediation idealtypisch eingepaßt werden. Etwas anderes ist die Frage, welche Bilder die drei innerhalb des Mediationsverfahrens von sich selber und voneinander haben, wie diese entstehen und sich verändern. Man könnte auch anders fragen: Wie nimmt jeder sich und den andern wahr und wie geht er damit um?

Bilder vom andern entstehen durch unmittelbare Wahrnehmung in der Begegnung oder vermittelt durch das Hörensagen, durch Informationen schriftlicher oder visueller Art usw. Würde man das, was in einer Beziehungsgeschichte abläuft oder in einem Mediationsprozeß sich ereignet, bildlich festhalten, ergäbe sich ein Film, in welchem Veränderungen, Verfestigungen, Festlegungen und Gleichsetzung von Bildern mit der sogenannten Realität des andern sichtbar würden. Im Lichte einer konstruktivistischen Erkenntnistheorie kann folgende Überlegung versucht werden:

Was bei A die Wirklichkeit von B ausmacht, ist das *Bild, das A von B hat*, und das sich ihm im Verlaufe seiner Beziehungsgeschichte ergibt. Dasselbe gilt von B zu A. Andersherum: die Wirklichkeit von A besteht für B im Bild, das er sich von ihm macht. Er selber ist deshalb in diesem Bild ebenso enthalten wie A und er kann grundsätzlich nicht wissen, wie A unabhängig von ihm „ist“. Die Wahrnehmung von B ist selbstrückbezüglich (selbstreferentiell). Durch seine Wahrnehmung filtert er gleichsam die Wirklichkeit von B für sich heraus. Die Wahrnehmung im Konflikt geht durch den Filter, welcher durch den Konflikt selber strukturiert wird.

Allgemeiner gesagt ist uns keine Wirklichkeit zugänglich, es sei denn über unsere Wahrnehmung, die aber immer subjektiv ist. Wenn ich zu dir sage, „du bist so und so“, muß sofort ergänzt werden, *„für mich„*. Daran, wie A „ist“, ist B beteiligt. Wie du „an sich“ bist, kann keiner wissen – nicht einmal du selber, denn wir sind uns zu nahe – und können insofern nicht anders, als „der eigene Richter und die Partei zu sein“. In Beziehungskrisen ist es nun aber häufig so, daß ich den andern insofern abschreibe, als ich ihn losgelöst von mir qualifiziere, bzw. disqualifiziere: Du bist so und so und so ... ein für alle Male, „objektiv“.

Objektivität in der zwischenmenschlichen Wahrnehmung ist nicht möglich. Einander erkennen heißt sich begegnen, ist also immer an

Intersubjektivität gebunden. Das Sprichwort „Sage mir, mit wem du umgehst, und ich sage dir, wer du bist" stimmt auf diese Situation: Indem A mit B umgeht, kann A nur wissen, wer B ist in der Beziehung zu ihm. Er wird vielleicht leicht feststellen können, daß A in der Beziehung zu M, D, E, X „anders" ist. Wenn A M über B etwas erzählt, so weiß M über B nur, wie A ihn (B) sieht, aber nicht, wie B unabhängig von A ist. Aber auch das Bild, das M sich von A macht, ist sein Bild, von dem er nie wissen kann, ob es „in sich" stimmt.

Eine naive Übertragung von (Natur-)Wissenschaftlichkeit auf Beziehungen ist immer wieder versucht worden, um Beziehungsabläufe, Beziehungsmuster, „Wahrheit" und „Wesen" des Menschen wissenschaftlich-objektiv zu erfassen. Damit werden unter der Hand Subjekte zu Objekten und in letzter Analyse ihrer Menschenwürde beraubt. Die alttestamentliche Warnung, sich kein Bild von Gott zu machen, trifft insofern auch auf den Menschen zu, daß unsere Bilder, die wir – allerdings notgedrungen – voneinander machen, nie endgültig, sondern selbstrückbezüglich auf uns und relativ in der Zeit sind. Wer im (Zwischen-)Menschlichen Objektivität beansprucht, wendet Gewalt an.

Jemanden verstehen bedeutet im Lichte dieser Sicht, mich jeweils mit dem momentanen Bild (der „Momentaufnahme") identifizieren zu können, das sich in mir von ihm bildet. In der Mediation setzt sich M mit den Bildern von A und B und damit mit sich selber auseinander. Neutralität bedeutet, die Bilder nicht einzufrieren oder zu einer Art von Dingen oder Tatsachen zu machen, sondern offen zu sein auf ihre ständige Veränderung, an der M keineswegs unbeteiligt ist, was vorher schon interaktionstheoretisch angedeutet wurde. Wenn der Mediator in sich Raum schafft für A und B, so beinhaltet das eine ständige innere Distanz von den bereits entstandenen und immer wieder neu entstehenden Bildern, die durchaus bisherige bestätigen aber auch erweitern, korrigieren oder ihnen widersprechen können.

Im Dreieck der Mediation sind für alle je drei Personwirklichkeiten aktiv, die sich voneinander unterscheiden – und zu Recht bestehen. Wenn die sogenannte Akzeptanz von Unterschiedlichkeit gelingt, lassen M, A und B die jeweilige Sicht, die sie voneinander und sich selbst haben, gelten („stehen"). Sie halten die Unterschiede aus. Verständigung erfolgt nicht dadurch, daß einer den andern von seiner Sicht überzeugt, sondern daß sie darin übereinkommen, die Unterschiede ernst zu nehmen und daraus den Schluß zu ziehen, was jetzt für sie gilt. Konstruktivisten sagen deshalb, daß Wirklichkeit auf einem Konsens beruhe. Eine Mediationsvereinbarung gründet auf einem solchen Konsens und gibt eine reale Basis für Handlungskonsequenzen ab. Handeln folgt nicht einfach dem Sein, sondern einer

Einigung über das „Sein". Kommt keine Einigung zustande, führt das *auch* zu Handlungen, aber zu andern, weil die Basis eine andere ist. Der Konsens führt zur Ehe, der Dissens zur Scheidung. Mediation hebt den Dissens nicht auf, schafft aber in ihm Raum für Bereiche des Konsenses. Sie kann nicht erreichen, was „an sich" richtig wäre, sondern im besten Fall, was *intersubjektiv stimmig* ist.

Paarbild und Mediationsdreieck

Wenn ein Paar in die Mediation kommt, bringt es eine mehr oder weniger eingespielte und momentan meist konflikthafte Paardynamik mit. Sie erhält durch die Anwesenheit eines Dritten eine eigene Tönung. Es verändert sich nämlich eine Dyade immer, wenn sie Bestandteil einer Triade wird. Insofern ist der/die MediatorIn *nicht neutral*. Das könnte sie nur sein, wenn sie überhaupt nicht vorhanden wäre. Georg Simmel hat einmal gesagt, es gebe keine Triade, in welcher der Dritte nicht eine aktive Rolle spiele. Diese Rolle drücke sich nicht notwendigerweise durch Worte aus. Eine Geste, eine Art hinzuhören, die Art zu sein, welche sich aus der besondern Person ergebe, würden genügen, um die Beziehung zwischen zwei Individuen zu verändern (Wolff 1950). Entsprechend einem Grundgesetz der Kommunikationstheorie „kann man nicht nicht kommunizieren". Abgewandelt: „Man kann nicht nicht interagieren." Schon die bloße Anwesenheit eines Menschen ist Kommunikation und Interaktion. Daraus ist zu folgern, daß es auf diesen Beziehungsebenen keine Neutralität geben kann.

In der Logik dessen, was über die Interaktionspersonen gesagt wurde, gilt ferner, daß auch die Erfassung eines Paares nur durch einen Außenbeobachter möglich ist. Was einer der beiden Partner von sich aus über seine Beziehung sagen kann, ist lediglich eine einseitige Beschreibung, in der er selber (als) Partei und Betroffener (beschrieben) ist. Nach Gregory Bateson (Bateson 1982) bedarf es zur Erfassung einer Beziehung einer „doppelten Beschreibung". Nur ein Dritter kann sie leisten, bleibt aber auch dann (intersubjektiv eingebunden) subjektiv.

Von Paaren gibt es unterschiedliche theoretische Konzepte. Theorie heißt „Sichtweise", und so vermittelt denn auch sie ein Bild, wie es ihr Verfasser hat.

Paarbild und Ort der Mediation

Ein solches Bild des Paares soll es nun ermöglichen, Gegenstand und Ort der Mediation genauer zu bestimmen. Denn wie in der Therapie z. B., aber auch in der anwaltlichen Praxis, schafft man sich durch das Bild, das man von der Situation hat, auch den Gegenstand seines Handelns. Es herrscht unter psychosozialen und Anwalts-MediatorInnen immer noch einige Unklarheit, um was es denn in der Mediation gehe. Das liegt am unterschiedlichen Bild vom Konfliktpaar.

Im Schaubild 1 werden Ebenen oder Dimensionen der Paarbeziehung festgehalten.

Schaubild 1: Ebenen der (ehelichen) Paarbeziehung

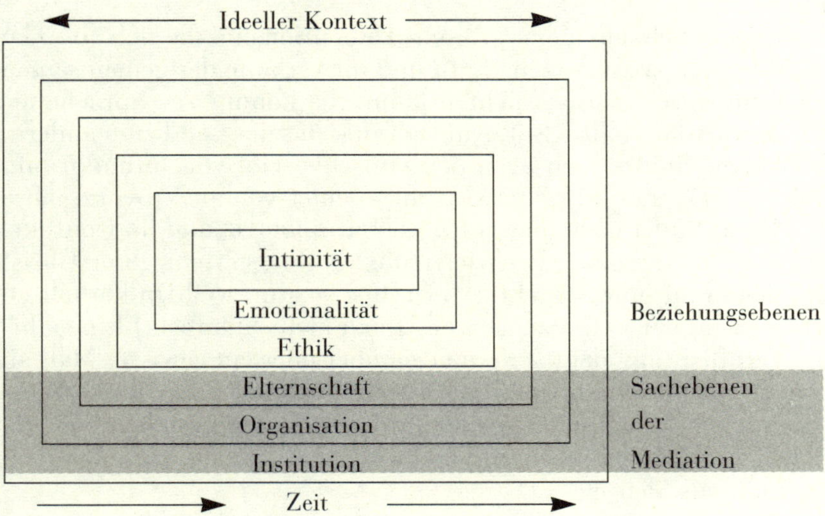

Eine Charakterisierung der einzelnen Dimensionen kann es nun erleichtern, den Ort von Mediation genauer zu ermitteln.

Intimität

Damit ist die persönlich verletzlichste Dimension gemeint, welche Dritte ausschließt (z. B. Sexualität, Geheimnisse, Vertrautheit zu zweit . . .). Sie ist verbal schwer kommunizierbar und wenn es Dritten gegenüber z. B. durch Bloßstellung geschieht, können tiefe Wunden entstehen, die kaum mehr vernarben. In einer Geschichte aus Lappland steht dazu: „Es gibt Geheimnisse, die man besser für sich behält, vor allem solche, die nur zwei Liebende angehen. Aber manchmal genügt ein einziges Glas zuviel, um einen Mund zu öffnen, der sonst verschlossen geblieben wäre." (Crottet 1993, S.64)

Emotionalität

Damit wird die gefühlsmäßige Befindlichkeit (das „Klima") eines Paares bezeichnet, die in Gesten, Blicken, allgemein in der Körpersprache, aber auch verbal zum Ausdruck kommt. Im Beziehungskonflikt ist sie in der Regel spannungsgeladen, widersprüchlich, chaotisch. Es gehört zur Konfliktstruktur der Gefühle, daß sie polarisieren, so daß z. B. Sehnsucht und Hass, Angezogensein und Ekel, Mitleid und Gleichgültigkeit, Ohnmacht und Rachegier gleichzeitig wie zwei Teile die Seele spalten (Duss-von Werdt, Fuchs 1980).

Ethik

Beziehungen schließen eine ethische Dimension ein, die sich aus dem sich Miteinander-Einlassen ergibt und im Verlaufe der gemeinsamen Beziehungsgeschichte verdichten kann. Sie kommt zur Sprache als „Verantwortung, Fairneß, Loyalität" zu sich selber und zum andern. Diese Ebene bildet sozusagen den ethischen Hof von Intimität und Emotionalität, hat ihre Wurzel nicht in einer von außen vorgegebenen Moral, findet darin aber oft ihre Terminologie und im Konfliktfall ihre „strategische" Rechtfertigung. („Das soll ein guter Christ sein, der so mit mir umgeht?!" „Du bist so stur, weil Du katholisch bist" – „Und Du so freizügig, weil Du an nichts glaubst") Eine ethische Verpflichtung dem andern gegenüber oder ein gewisses Maß an Respekt vor ihm kann trotz (verletzter) Intimität und (durcheinandergeratener) Emotionalität auch im Konfliktsfall bestehen bleiben. („Ich kann dich gefühlsmäßig nicht mehr ausstehen, verachte dich aber nicht als Mensch.")

Organisation

Ein Paar weist eine komplexe Organisation auf, die sich noch erhöht, wenn Kinder da sind. Stichworte müssen genügen, um zu verdeutlichen, was mit Organisation gemeint ist: Aufgabenteilung in der Kinderbetreuung, im Haushalt, Zeitpläne, Gewohnheiten, (geschlechtsabhängige und „hausgemachte") Rollen und Strukturen (Hierarchiegefälle z. B.), Anpassung an oder Widerstand gegen äußere Erwartungen und Normen, Entscheidungsfindung, Umgang mit Macht und Geld, formelle und informelle Außenkontakte usw.

Elternschaft

Ein Paar mit Kindern bildet ein Doppelpaar in Personalunion: *Eine (verheiratete) „Zweierbeziehung“ und ein Elternpaar*. Durch Trennung und Scheidung wird das erste Paar „annulliert“, während das zweite Paar „unauflöslich“ ist[1]. In der Familienmediation steht das Elternpaar im Zentrum der Aufmerksamkeit, allerdings ohne im „ganz normalen Chaos der Liebe“ (Beck, Beck-Gernsheim 1990) von der konflikthaft gewordenen Zweierbeziehung unberührt zu bleiben. Im Gegenteil: Es ist jetzt ganz normal, wenn die beiden Paare durcheinander geraten, zum Beispiel wenn sie ihn als Vater entwertet, aber den untauglich gewordenen Ehepartner meint. Gleichwohl oder eher gerade deshalb ist es jedoch entscheidend, sie in der Mediation voneinander zu (unter-)scheiden.

Institution

Heirat begründet einen rechtlichen Rahmen der Ehe als Bindung an gesellschaftliche Ordnung und gesellschaftliche Begrenzung des Privaten. Wie auch immer die Ehe subjektiv als Rechtsinstitut verstanden sein mag, sei es als von außen übernommene, vor der Gesellschaft und vor Gott bestehende Verpflichtung, oder als widerrufbarer Konsens, sie stellt ein Bindeglied zur Gesellschaft und ihrer Rechtsordnung dar, von dem in der Mediation nicht abgesehen werden kann. Wer meint, in der Mediation um das Recht herumzukommen, verwechselt sie wahrscheinlich mit Scheidungsberatung oder Therapie.

Der ideelle Kontext oder die „inneren Landkarten“

Er beschreibt die kulturgebundenen Vorstellungen von Mann und Frau, Ehe und Partnerschaft, Kind, Familie, Erziehung und die Art, wie beide Partner diese internalisieren. Zum Beispiel ist für ein katholisches Paar, welches die Ehe als unauflösliches Sakrament betrachtet, Scheidung als Verstoß gegen göttliches Gebot. Subjektiv wird es sich damit in der Mediation anders auseinandersetzen, als ein Paar, für das Ehe nichts als einen zivilen Vertrag bedeutet. An solchen „innern Landkarten“ orientiert man sich für sein Handeln.

Nicht jede dieser Ebenen spielt gleich stark in die Mediation hinein. Vor allem aber wird nicht jede als der Ort thematisiert, in dem zu mediieren ist. Von ihrer Definition her fokussiert die Mediation auf jene Bereiche, die im Schaubild 1 schraffiert gekennzeichnet sind: Organisation, Elternschaft und Institution. Sie bilden als Sachbereiche den eigentlichen Gegenstand der Mediation. Doch stellen die

Beziehungsdimensionen in ihrer Konfliktdynamik das emotionale und ethische Umfeld der Sachebenen dar.

Auch sei nochmals daran erinnert, daß A und B mehrere Rollen in die Mediation mitbringen, wobei diese Rollenhäufung in einem konflikt- und problembeladenen Kontext leicht zu Rollenverwirrung führt. Die Konfliktkonstellation der Rollen von Ehefrau/Ehemann, Mutter/Vater, Frau/ Mann, auch Sohn und Tochter, ist komplex und voll von widersprüchlichen Elementen wie Gefühlschaos, „Denkfehler" als Vermischung der logischen Ebenen, Fixierungen (Borniertheiten), verengten und verzerrten Wahrnehmungen und Rollenvermischung; Beziehungs- und Sachebene geraten ständig durcheinander.

Im Falle von Trennung und Scheidung sind es denn auch besonders zwei Bereiche, welche die Mediation bestimmen und die in verschiedenen Rollen zum Tragen kommen: *Die Beziehungs- und die Sachebene* (Schaubild 2). Zu Trennung und Scheidung kommt es nicht, weil die Ehe als Einrichtung des bürgerlichen Rechts untauglich geworden ist (Duss-von Werdt 1986), sondern aus Beziehungskonflikten heraus, die zu jenen Sachproblemen führen, welche in der Mediation bearbeitet werden.

Das Besondere an der Mediation ist es nun, daß sie einen wirren Rollenknäuel entflechten und ihrem Wesen und Ziel entsprechend strukturieren soll: Sie regelt in erster Linie „Sachen", nicht Beziehungen, wenn sie auch hier oft ein Stück Arbeit leisten muß, damit sachdienliches Verhandeln überhaupt möglich wird. Sie stellt dafür einen Bezugsrahmen (Kontext) zur Verfügung, welcher die Rollen der drei Personen bestimmt. Diese „Mediationsrollen" strukturiert sie dadurch, daß sie den Fokus auf die Regelungsinhalte und nicht, wie Therapie und Beratung, auf die Beziehungsregeln und -muster richtet.

Dasselbe andersherum: Geht man von der Unterscheidung aus, daß Konflikte die Beziehung betreffen und Probleme die Sachen, so beleuchtet die Mediation die Sachprobleme. Vermittelt werden die problematischen Gegenstände, nicht die Konflikte. Die Beziehungskonflikte sind zwar da, stehen aber nicht im Zentrum, sondern sind abgedunkelt vorhanden. Kommen sie im Prozeß der Mediation an die Oberfläche, was unvermeidlich ist, sind sie die periphere Umgebung der Gegenstände der Mediation, jedoch nicht deren Hauptthema und Mitte. Aber gerade als „Umgebung" geben sie den zu verhandelnden Gegenständen ihre subjektive Bedeutung für den Einzelnen und das Paar, weshalb sie nicht außer Acht bleiben können.

Interaktionstheoretisch betrachtet setzt das voraus, daß die Konfliktpartner in der Lage sind, „sachlich" zu sein und sachbezogen miteinander umzugehen, was wiederum einschließt, daß sie die Konflikte von den Problemen mindestens zu unterscheiden lernen, wenn auch nicht unbedingt immer trennen können. Um diesen hohen Anspruch zu erreichen – und das Gelingen der Mediation hängt davon ab – bedarf es eines Lern- oder Sozialisationsprozesses durch die Mediation, der zu einer Paarfigur führt, die von den Medianden bisher vielleicht noch nie verwirklicht wurde. Der „springende Punkt“ (shift) in der Mediation könnte als Einschwenken in die Mediationsrollen (der „Mediationspersonen“) beschrieben werden.

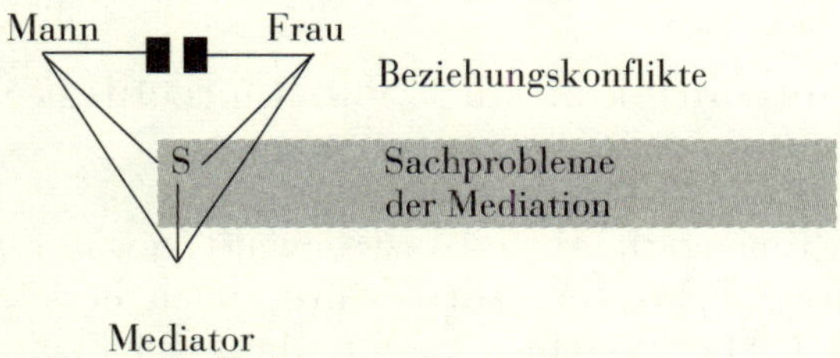

Das ethische Bild der Mediation

Hat aber Mediation nicht noch eine dritte Ebene, oder besser wohl eine die beiden genannten Horizontalen der Beziehung und die Sache vertikal durchdringende Tiefen-Dimension, um es geometrisch auszudrücken? Obwohl es um rechtsrelevante Inhalte geht, sie also mit Recht zu tun hat, ist ihr Bezugsrahmen nicht eigentlich ein rechtlicher und sachlicher, *sondern ein ethischer*. Ethik ist, wie schon einmal angedeutet wurde, nicht mit Moral gleichzusetzen, welche einen äußeren, von Gesellschaftnormen und davon abgeleitetem Recht oder von Institutionen, z. B. Kirchen, vorgegebenen Maßstab darstellt. Wer sich persönlich mit einem Menschen einläßt, übernimmt und erwartet Verantwortung, Loyalität, Anstand, Vertrauen usf., also verschiedene ethische Qualitäten. Sie bilden, sind sie vorhanden, so etwas wie die innere „Stimmigkeit“ einer Beziehung, die je nachdem für die einzelnen Menschen durchaus auch an äußeren Vorgaben einer Moral gemessen oder zur Anschauung gebracht werden kann. Der sachliche Umgang miteinander und das Verhandeln von Sachproblemen schließt ethische Qualitäten der Fairneß, der Offenheit, der Vertraulichkeit ein. Es geht nicht um Gesetzesgerechtigkeit, sondern um

Beziehungs- und Eigengerechtigkeit. Selbst-, Fremd- und Beziehungsbild erhalten dadurch ihre spezifische Färbung. Die der Mediation angemessenen Rollen ergeben sich aus einer entsprechenden *Haltung zu sich und zum andern.*

Jede und jeder hat das gute ethische Recht, daß ihr und ihm ethisch Gerechtigkeit widerfährt. Das hat von A und B aus gesehen je zwei Richtungen:
- zu sich selber als A oder B (Eigengerechtigkeit),
- zu A als B und zu B als A (Beziehungsgerechtigkeit).

Eigengerechtigkeit statt Selbstgerechtigkeit

Der Ausdruck „Eigengerichtigkeit" ist bewußt gewählt im Unterschied zur Selbstgerechtigkeit. Diese würde nach herkömmlichem Verständnis selbstisches Verschlossensein, Überheblichkeit, einseitige Schuldzuschreibungen und ähnliches beinhalten. Mediation versteht den Einzelnen als eigenverantwortlich. Er vertritt sich selber, statt sich vertreten zu lassen. Das tut er aus dem Anspruch auf jene Eigenberechtigung heraus, welche demokratische Rechtsstaatlichkeit als „Privatautonomie" versteht und die in der Verfassung verbrieft ist [2].

Eigenberechtigung unterscheidet sich auch von Gleichberechtigung, und zwar im Hinblick auf Gesetz und Recht: Sie vereinheitlicht nicht jede und jeden, *gleich* wie jeder und jede zu sein, sondern *anders*, Eigenes, also Anderes, zu wollen *und gerade darin das gleiche Recht zu haben, wie andere* auch. Das ist mit dem mißverständlichen Begriff der Autonomie gemeint, welcher wörtlich besagt, daß ich selbst (autos) mein eigenes Gesetz (nomos) im Sinne von Maßstab bin, eine innere Eigengesetzlichkeit habe, die auch von außen anzuerkennen und rechtlich zu schützen ist. Mißverständlich ist, daß Autonomie in der Regel bloß mit Unabhängigkeit gegenüber anderen gleichgesetzt wird. Die darin versteckte Illusion und Ideologie kann hier nicht diskutiert werden.

Mediation fördert als Prozeß die Eigenberechtigung und Eigenvertretung, oder die *Mündigkeit*, welche nicht einfach und immer vorauszusetzen, sondern eben zu fördern ist. Sie hat wenig zu tun mit der Fähigkeit, seinen Mund voll zu nehmen. Wenn es nur darum ginge, wären ja viele mündig. Das Wort entstammt dem althochdeutschen „mundt", und meint, Verantwortung auf sich zu nehmen, verantwortlich zu entscheiden, ein Vermächtnis zu verwalten. Die Sache selber in der Hand zu behalten, sich nicht entmündigen zu lassen, selbstbestimmend zu werden und nicht fremdbestimmt zu bleiben, das sind andere Umschreibungen desselben Verhalts. Wären sie nicht die Kennmarken des Erwachsenseins und der dadurch bedingten ethischen Einstellung zu sich selber – und zu andern?

Als Konfliktpartner für Beziehungsgerechtigkeit

Das Ende des vorherigen Satzes, „und zu andern", trennt die Eigengerechtigkeit scharf ab von der Selbstgerechtigkeit. Sie formuliert zwar ein Ziel für mich selbst: „Ich will mir gegenüber gerecht sein." Das kann heißen, meine Richtung finden, mich weder über- noch unterschätzen; das rechte Maß der Verantwortung auf mich nehmen, mir treu bleiben und meinen Weg gehen (Mähler, Mähler, Duss-von Werdt 1994, S.43).

Das geht aber nicht ohne den andern und nicht anders, als daß ich ihm das Gleiche zuerkenne, das ich von ihm erwarte, weil er seinerseits nicht ohne mich erreichen kann, was er für sich will.

Das ethische Interaktionsmodell der Mediation hat etwas mit jener anspruchsvollen Demokratie zu tun, welche die Eigenrechte des Andersseins respektiert und schützt. Die gemeinsame Ausgangssituation sind Sachprobleme in einer Konfliktstruktur der Beziehung. Die Probleme gehören beiden gleichermaßen, weshalb sie durchaus als *Partner* angesehen werden können. Das noch verbreitetere Modell der Auseinandersetzung in Streitsachen ist allerdings Gegnermodell „..." „Frau X gegen Herrn X", von Partei und Gegenpartei, Anwalt und Gegenanwalt. „Weil du, deshalb ich." „Du bist schuld, ich nicht." „Ich will nicht *mit* dir zusammen, sondern *gegen* dich etwas erreichen." Gegnerschaft hat die Tendenz, in subtiler oder grober Art destruktiv zu sein. Zerstörung, Erniedrigung, Bloß-Stellung, Demütigung des Gegners sind ihre bevorzugten Taktiken.

Das rechtliche Scheidungsverfahren, so wie wir es kennen, ist nach wie vor stark von diesem Gegnermodell geprägt, allein schon durch die Tatsache, daß es im Gericht Form annimmt und ihm von Gerichts wegen Restbestände eines Sanktions- beziehungsweise Strafverfahrens anhaften (Duss-von Werdt 1992). Das entspricht den Spielregeln jener Sündenbockspiele, die unsere wettbewerbsgetrimmte Gesellschaft in Wirtschaft, Politik und Rechtsprechung so gekonnt austrägt. Das beliebteste Konfliktlösungsmodell schreibt nach wie vor

Schuld zu. Einer muß der Dumme sein, und das kann jeden treffen, entsprechend einem (bürgerlichen) Menschenbild, dem gemäß jeder für sein Tun und Lassen die alleinige Verantwortung trägt, das Tun des einen also nicht auch das Tun des andern (Stierlin 1971) ist, wie es eine systemische Sicht sehen würde. Zudem mißrät jedes Fahnden nach Ursachen und Gründen im Zwischenmenschlichen leicht zur Zuschreibung von Schuld.

Mediation hingegen ist kein Gegnermodell, das auf Ausschluß des Gegners aus ist, sondern das den Gegensatz komplementär sieht und als die andere Seite des Ganzen einschließt[4]. Sie anerkennt die Prinzipien von „und“, „sowohl als auch“ oder „weder noch, sondern ... “. Beide sind *Partner* im Konflikt und haben ihren nicht genau abgrenzbaren und aufzurechnenden Anteil an dem, was zwischen ihnen ist. Deine und meine Verdienste sind zu würdigen, sowohl deine Ansprüche wie meine sind berechtigt. Weder dein Lösungsvorschlag noch der meine können ihnen gerecht werden, sondern wir müssen eine dritte Lösung suchen. Nicht noch mehr desselben, sondern eine Lösung zweiten Grades ist anzustreben. Geben *und* Nehmen, Loslassen *und* Behalten sind gefragt.

Ebensowenig wie Mündigkeit beim Einzelnen kann auch die Bereitschaft, mediativ aufeinander zuzugehen, einfach vorausgesetzt werden. Dies zu entwickeln und zu fördern ist oft genug eine notwendige Bedingung dafür, daß Mediation überhaupt an ihr Ziel kommen kann. Denn die Partner sind ja meist so ineinander verkeilt, daß sie weder rückwärts noch vorwärts können. Wenn Mediation nicht an den Wendepunkt gelangt, wo Bewegung in die starre Ausschließlichkeit kommt, wird sie scheitern. Solange einer oder beide am Feindbild festhalten, solange nicht ein Minimum an Achtung vor dem Andern Raum gewinnt, wird der Prozeß der Mediation gar nicht in Gang kommen oder steckenbleiben (vgl. dazu auch die kritischen Überlegungen von Cardia-Vonèche und Bastard, S. 212 f.). Anders gesagt wird sich das Mit-Menschenbild ändern müssen, zumindest dann, wenn beide völlig zerstritten sind, einander „nicht mehr riechen können“. Dann verändert sich auch das Selbstbild.

Ins Beziehungsethische gewendet, könnte der etwas verstaubte Ausdruck „Versöhnlichkeit“ dienlich sein. Unsere strukturell eher gewalttätige Kultur und ihr entsprechender Umgang mit Konflikten sehen darin allerdings etwas Faules (fauler Kompromiß). Demgegenüber vertritt Mediation die Haltung, daß es recht und billig ist, nicht selbstgerecht, sondern versöhnlich zu sein. Nimmt man nämlich das Wort beim Wort, hat es etwas mit „Sühne“ zu tun. Allerdings ist auch das ein verstaubtes Wort, mit dem Kasteiung, Buße, Selbstentwertung und -verleugnung verbunden werden. Ursprünglich meint es jedoch das Streben nach Gerechtigkeit, den Ausgleich von Konten, die Balance von Verdienst und Versagen, von Bejahen der eigenen Anteile und dem Verzicht auf Zuteilung aller Schuld auf andere. Versöhnlichkeit wäre dann jene Grundhaltung, welche Entzweiungen und Dualismus übersteigt, also nicht mehr nach dem Schema Opfer und Täter, Angeklagte und Kläger, Unschuldige und Schuldiger, vorgeht. Erst die Überwindung dieses Dualismus kann Beziehungsgerechtigkeit erreichen und läßt Eigengerechtigkeit nicht zu Selbstgerechtigkeit entarten.

Das sind für eine systemische Betrachtungsweise Binsenwahrheiten, allerdings unbequeme. Die meisten Einwände gegen Mediation kommen denn auch aus einem dualistischen Denken heraus und operieren logisch nach dem Gesetz des ausgeschlossenen Dritten. Leider hat dieses den großen Nachteil, daß es für zwischenmenschliche Belange unbrauchbar, hingegen für den Computer entscheidend im wörtlichen Sinne ist: Der Computer kann sich nur für ja *oder* nein entscheiden. Wenn es um komplexere Zusammenhänge wie Zwischenmenschliches geht, ist auch er an seiner Grenze.

Trialog

Nochmals: Die Grundfigur der Mediation ist das Dreieck, ihre Grundzahl die Drei. Das Dreieck umfaßt drei unterschiedliche Dyaden: A – B; A – M und B – M. Kommunizieren Dyaden innerhalb des Dreiecks, ist immer einer der Außenbeobachter oder im ungünstigen Fall der Außenseiter. M kommuniziert mit A und B anders als diese miteinander, weil M nicht direkt an ihrem Konflikt beteiligt ist. Mindestens sollte er es nicht sein, sonst verstrickt er sich leicht in die gleichen destruktiven Symmetrien und erhält so aufrecht, was er eigentlich verändern sollte.

Er nimmt auf beide Einfluß, indem er den Fokus ihrer Auseinandersetzung sachzentriert hält und ihre Kommunikation „sachdienlich" fördert. In diesem Sinn ist M neutral, als sie oder er weder die Sache von A und nicht von B noch die beider zur seinen macht.

Wie schon gesagt wurde, ist M hingegen *beziehungsmäßig* nicht neutral gegenüber A und B, sonst wäre er schlicht ohne Wirkung, was nur dann der Fall wäre, wenn es ihn nicht gäbe. Neutralität bezieht sich auf die Sachebene, nicht auf die Beziehungsebene.

Das mediative Dreieck bleibt „gleichschenklig und mit drei gleichgroßen Winkeln“, wenn M der *gemeinsame* Dritte für A und B ist und bleibt. Das wiederum kann er nur, wenn er von A und B angenommen wird, was nochmals in Rückkoppelung voraussetzt, daß sie sich von ihm angenommen und verstanden erleben. Als der gemeinsame Dritte regelt M Distanz und Nähe zwischen A und B. Das tut er, indem er den Kontext der Mediation aufrechthält und Sachbezogenheit gewährleistet.

Reden und reden lassen, zuhören und angehört werden sind Grundvorgänge zwischen Personen auf gleicher Ebene. Keiner ist dem anderen hierarchisch über- oder untergeordnet, auch der/die MediatorIn nicht, selbst wenn er/sie mediative Kompetenzen, einen „Vorsprung“ auf seine/ihre Gesprächspartner haben muß. Auch sie ist anders, und nach obigen Ausführungen gerade darin gleich. Deshalb ist es das angestrebte Ziel, in einem gewaltfreien Raum einen Mittelpunkt zu finden, auf den zu alle sich gemeinsam bewegen, wenn auch von entgegengesetzten Seiten her, was wiederum voraussetzt, daß Mediation freiwillig ist und niemand gezwungenermaßen in sie eintritt. Mediation ist auch in dieser Hinsicht eine gewaltfreie Konfliktlösung, daß sie nicht von rechtswegen mit „Staatsgewalt“ angeordnet werden kann (sollte). In angelsächsischen Ländern und in Frankreich wirft die gerichtseigene In-court-Mediation denn auch immer wieder ethische Fragen auf.

De Bono (1987) spricht sich für ein „Konzept des dreieckigen Denkens“ aus. Dreiecke sind auf Offenheit und Vertrauen angewiesen. Nicht zwei verbünden sich gegen den Dritten, wie im kontradiktorischen Verfahren, keiner „hält hinter dem Berg zurück“, um die andern über das Ohr zu hauen. Mediatoren achten sorgfältig darauf, daß keiner sie gegen den andern ausspielt, daß alle Karten aufgedeckt auf dem Tisch liegen und keine üblen Tricks angewendet werden. Für Fairneß zu sorgen ist ihr wichtigster Beitrag.

Dem Bild des Mediators würde es also entsprechen, *trialogisch* zu sein. Das hat mehrere Bedeutungen. Zwei davon sind hervorzuheben: Es geht um Logik, also um Klarheit im Verhandeln. Und M spricht in drei Richtungen: Zu jedem der Konfliktpartner *und* zu sich selber. Im Gespräch mit sich zu bleiben ist die Bedingung dafür, das Ziel im Auge zu behalten und sich selber immer wieder daraufhin zu polen. Das verlangt wache Selbstwahrnehmung und Kontrolle über sich, besonders an den heiklen Stellen, wo man aus dem Gleichgewicht der Allparteilichkeit zu kippen Gefahr läuft.

Obwohl vom Mediator Neutralität erwartet wird, er sich also von inhaltlichen Stellungnahmen und Parteiungen für den einen gegen den andern enthalten muß, bringt auch er sich als eigenberechtigt ein und anerkennt die Gesprächspartner in ihren Spannungen und Unterschieden als eigenberechtigt. Wenn zudem die Grundgestimmtheit der mediativen Situation bei allen Trübungen, die sie immer wieder erfahren wird, nicht allseitiges *Vertrauen* ist, wird sie schwerlich zu ihrem Ziel kommen. Von den sonst üblichen Konfliktlösungsverfahren unterscheidet sie sich gerade dadurch, eine vertrauensbildende Maßnahme zu sein und nicht auf allseitigem Mißtrauen aufzubauen.

Mediatoren sind „Friedfertiger", also mindestens darum bemüht, Frieden zu fertigen. Dadurch leisten sie einen Beitrag, über ihre Arbeit mit Paaren und Familien das Gewaltpotential in der Gesellschaft abzubauen. Bei dualistischen Auseinandersetzungen wird Gewaltbereitschaft nicht nur leicht abgerufen, sondern auch erhöht. Dreieckiges Denken und Handeln vermindert die Gefahr von symmetrischen Eskalationen der „Zweiecke". In Würde aus dem Konflikt heraus Sachprobleme anzugehen und zu lösen versuchen ohne die erniedrigende Schmach des Verlierers und den wackligen Triumph des Gewinners – das ist ein Qualitätszeichen gelungener Mediation. Aus entzweiten Parteien gehen dann eigenberechtigte Partner hervor, die sich gegenseitig nicht um der Selbstachtung willen verachten müssen.

Anmerkungen

1 Vgl. dazu S. 29.

2 Dazu Haffke, S. 65–71.

3 Nach der formalen Logik verläuft ein rein kontradiktorisches Verfahren nach dem Satz des ausgeschlossenen Dritten oder Mittleren: Zwischen gut und nichtgut gibt es kein Drittes, hingegen wohl zwischen gut und böse, die konträr entgegengesetzt sind. Schwarz- und Weißmalerei, wie sie im Scheidungsverfahren häufig ist, wird fälschlicherweise kontradiktorisch verstanden. Weil es sich um Abstufungen in der Farbenskala handelt, schließen Schwarz und Weiß sie nämlich nicht aus, sondern sind konträr. Ausgeschlossen ist es, daß schwarz gleichzeitig nichtschwarz sein kann.

Literatur

Die Literaturangaben sämtlicher Kapitel sind hier alphabetisch zusammengefaßt.

Abel, R. L. (Eds.) (1982). The politics of Informal Justice. New York: Academic Press.

Achenbach, T. M., Edelbrock, C. S. (1981): Behavioral problems and competencies reported by parents of normal and disturbed children aged 4 through 16. Monograph of the Society for Research in Child Development, 46, 1–83.

Ahrons, C. R. (1994). The good divorce. New York: Harper & Collins.

Altenhoff, R., Busch, H., Chemnitz, J. (1993[10]): Rechtsberatungsgesetz. Münster: Aschendorff.

Amato, P. R., Keith, B. (1991): Parental divorce and the well-being of children: A meta-analysis. *Psychological Bulletin*, 1, 26–46.

Amthor, H., Proksch R., Sievering, U. O. (1993): Kindschaftsrecht 2000 und Mediation. Frankfurt/M.: Haag + Herchen.

Amthor, H., Sievering, U. O. (Hrsg.) (1989): Interdisziplinäre Zusammenarbeit im Familienrecht. Arnoldshainer Protokolle 1/89. Schmitten: Akademie Arnoldshain.

Auerbach, J. S. (1983): Justice without Law? Resolving Disputes without Lawyers? New York: University Press.

Balloff, R. (1992): Grenzen des Beibehalts der gemeinsamen elterlichen Verantwortung nach Trennung und Scheidung. In: Faltermeyer, J., Fuchs, P. (Hrsg.), Trennungs- und Scheidungsberatung durch die Jugendhilfe: Klärung der Rolle und Aufgaben öffentlicher und freier Träger, S. 23–38. Frankfurt/M.: Deutscher Verein.

Balloff, R., Walter, E. (1993): Das Kinder- und Jugendhilfegesetz und beratende Interventionen nach §§ 17, 18 IV, 28 KJHG mit Trennungs- und/oder Scheidungsfamilien unter besonderer Berücksichtigung der Mediation in Beratungsstellen. In: Amthor, H., Proksch, R., Sievering, U. O.: Kindschaftsrecht 2000 und Mediation, S. 165 ff. Frankfurt/M.: Haag + Herchen.

Balscheit, P. (1994): Von der Streiterledigung zur Konfliktverarbeitung. *Aktuelle Juristische Praxis*, Sondernummer 7/94, S. 872 ff.
Bastard, B., Cardia-Vonèche, L. (1992): Die unaufhaltsame Verbreitung der Familien-Mediation. *Familiendynamik*, S. 319–346.
Bastard, B., Cardia-Vonèche, L., Deschamps, N., Guillot-Marchi, C., Sayn, I. (1994): Enfants, Parents, Séparation. Des lieux d'acceuils pour l'exercice du droit de visite et d'hébergement. Paris: Fondation de France.
Bastine, R. (1981): Adaptive Indikationen in der zielorientierten Psychotherapie. In: Baumann, U. (Hrsg.) Indikation zur Psychotherapie. Perspektiven für Praxis und Forschung. München: Urban & Schwarzenberg.
Bastine, R. (1990): Klinische Psychologie. Band 1 (2. Auflage). Stuttgart: Kohlhammer.
Bastine, R. (1995): Scheidungsmediation – ein Verfahren psychologischer Hilfe. In: Bundeskonferenz für Erziehungsberatung (Hrsg.). Scheidungs-Mediation: Möglichkeiten und Grenzen. Münster: Votum-Verlag, S. 14 – 37.
Bastine, R., Gabriel, P., Link, G. (1992): Zweijahresbericht der PFPB (Praxis- und Forschungsstelle für Psychotherapie und Beratung), Universität Heidelberg.
Bastine, R., Link, G., Lörch, B. (1992): Scheidungsmediation: Möglichkeiten und Grenzen. *Familiendynamik* 17 (4): 379 ff.
Bastine, R., vom Kolke, A., Link, G. (1994): Zweijahresbericht der PFPB (Praxis- und Forschungsstelle für Psychotherapie und Beratung), Universität Heidelberg.
Bateson, G. (1982): Geist und Natur. Eine notwendige Einheit. Frankfurt/M: Suhrkamp.
Bauriedl, Th. (1992): Wege aus der Gewalt – Analyse von Beziehungen. Freiburg: Herder.
Beck, U., Beck-Gernsheim, E. (1990): Das ganz normale Chaos der Liebe. Frankfurt: Suhrkamp.
Bernhardt, H. (1991): Eine Herausforderung für psychosoziale Helfer. In: Krabbe H. (Hrsg.) Scheidung ohne Richter, S. 192 ff. Reinbek: Rowohlt Taschenbuch.
Bernhardt, H., Diez, H. (1992): Was ist Trennungs- und Scheidungsberatung? *Familiendynamik* 17 (4): 377 f.
Bertram, H. (Hrsg.) (1991): Die Familie in Westdeutschland. Opladen: Leske + Budrich.
Bevollmächtigte der Hessischen Landesregierung für Frauenangelegenheiten im Hessischen Ministerium der Justiz (Hrsg.) (1989): Scheidung und Scheidungsfolgen aus der Sicht der Frau.

Bienenfeld, F. (1983): Child custody mediation: Techniques for counselors, attorneys and parents. Palo Alto: Science and Behavior Books.
Bierbrauer, G. (1982): Gerechtigkeit und Fairness im Verfahren – ein sozialpsychologischer Aufsatz zur Beilegung von Konflikten. In: Blankenburg, E., Gottwald, W., Strempel, D. (Hrsg.), Alternativen in der Ziviljustiz, S. 317 ff. Bonn: Bundesanzeiger.
Bierbrauer, G., Falke, J., Giese, B., Koch, K. F., Rodinger, H. (1978): Zugang zum Recht. Bielefeld: Gieseking.
Bierbrauer, G., Gottwald, W. (1983): Einwilligung und Anordnung. Zur Frage unterschiedlicher Befolgung bei konsensueller und autoritativer Regelung, S. 191 ff. In: Gottwald, W., Hutmacher, W., Röhl, K. F., Strempel, D.: Der Prozeßvergleich. Köln: Bundesanzeiger.
Blankenburg, E., Gottwald, W., Strempel, D. (Hrsg.) (1982): Alternativen in der Ziviljustiz. Berichte, Analysen, Perspektiven. Bonn: Bundesanzeiger Verlagsgesellschaft.
Blankenburg, E., Klausar, E., Rotleutthner, H. (Hrsg.) (1980): Alternative Rechtsformen und Alternativen zum Recht. Jahrbuch für Rechtssoziologie und Rechtstheorie. Band VI. Opladen: Westdeutscher Verlag.
Blankenburg, E., Simsa, Ch., Stock, J., Wolf, H. (1990): Mögliche Entwicklungen im Zusammenspiel von außer- und innergerichtlichen Konfliktregelungen, 2 Bände. Hrsg. v. Forschungsinstitut für Öffentliche Verwaltung, Speyer und Prognos AG., Basel.
Blasius, D. (1987): Ehescheidung in Deutschland 1794–1945. Göttingen: Vandenhoeck & Ruprecht.
Bloom, B. L., Asher, S. J., White, S. W. (1978): Marital disruption as a stressor: A review and analysis. Psychological Bulletin, 85, 867–894.
Böckenförde, E.-W. (1987): Demokratie als Verfassungsprinzip. In: Isensee, J., Kirchhoff, P. (Hrsg.), Handbuch des Staatsrechts, Bd. 1, Grundlagen von Staat und Verfassung. Heidelberg: C.F. Müller Wissenschaftlicher Verlag.
Bray, J. H., Hetherington, E. M. (Eds.) (1993): Families in transition. [Special section]. Journal of Family Psychology, 7, 3–103.
Bundeskonferenz für Erziehungsberatung (Hrsg.) (1995): Scheidungsmediation. Münster: Votum.
Burguière, A. (1989): La Famille et l'Etat. Paria: Seuil.
Burton, J., Dukes, F. (1990): Conflict: Practices in Management, Settlement and Resolution. New York: St. Martin's Press.
Busse, F. (1994): Anwalt 2000. Anwaltsblatt S. 482 ff.

Coester, M. (1992): Sorgerecht bei Elternscheidung und KJHG. FamRZ, S. 617 ff.

Cramer, P. (1991): § 356 StGB. In Schönke-Schröder (1991[24]), Strafgesetzbuch. Kommentar, bearbeitet von Lenckner, Th., Cramer, P., Eser, A., Stree, W. München: Beck.

Crottet, R. (1993): Verzauberte Wälder. Geschichten und Legenden aus Lappland. Frankfurt/Berlin: Ullstein.

Davenport, N., Koch, S. J. (1993): Conflict Resolution in the Heartland. The Iowa Experience. The Fourth R, Vol. 43, Feb./March.

De Bono, E. (1987): Konflikte. Neue Lösungsmodelle und Strategien. Düsseldorf: Econ.

Degenhart, Ch. (1976): Systemgerechtigkeit und Selbstbindung des Gesetzgebers als Verfassungspostulat. München: Beck.

Deutsch, M. (1976): Konfliktregelung. Konstruktive und destruktive Prozesse. München: Ernst Reinhardt.

Deutsche Arbeitsgemeinschaft für Jugend- und Eheberatung (DAJEB) (Hrsg.) (1991): Informationsschreiben 184/185, Eigendruck.

Deutscher Familiengerichtstag (Hrsg.) (1992): Neunter Deutscher Familiengerichtstag 1991. Bielefeld: Gieseking.

Deutsches Familienrechtsforum (Hrsg.) (1982): Modelle alternativer Konfliktregelungen in der Familienkrise. Stuttgart: SV Lernmittel.

Diez, H. (1989): Jahresbericht 1988. München: Familien-Notruf.

Diez, H. (1994): Die Einbeziehung von Kindern und Jugendlichen in Mediation. Familien-Notruf München, Jahresbericht 1993, S. 21 ff.

Diez, H., Krabbe, H. (1991a): Was ist Mediation? Praktische Gebrauchsanleitung für ein außerordentliches Vermittlungsverfahren. In: Krabbe, H. (Hrsg.), Scheidung ohne Richter, S. 109 ff. Reinbek: Rowohlt Taschenbuch.

Diez, H., Krabbe, H. (1991b): Ein Leitfaden für die Trennungs- und Scheidungsberatung. In: Krabbe, H. (Hrsg.), Scheidung ohne Richter, S. 201 ff. Reinbek: Rowohlt Taschenbuch.

Diez, H., Krabbe, H. (1995): Indikationen und Grenzfälle der Scheidungs-Mediation. In: Bundeskonferenz für Erziehungsberatung (Hrsg.), S. 118 ff. Münster: Votum-Verlag.

Donohue, W. A., Allen, M., Burrell, N. (1985): Communication strategies in mediation. *Mediation Quarterly*, 10, 75–89.

Duss-von Werdt, J., Fuchs, A. (1980): Scheidung in der Schweiz. Eine wissenschaftliche Dokumentation. Bern: Haupt.

Duss-von Werdt, J. (Hrsg.) (1985a): Kindeszuteilung. Zürich: Institut für Ehe und Familie.

Duss-von Werdt, J. (1985b): Die Scheidungsfamilie, in: Kindeszuteilung. Zürich: Institut für Ehe und Familie, S.113 ff.
Duss-von Werdt, J. (1986): Alleinschuld am Scheitern der Ehe – eine Fiktion der Juristen? in: Sechster Deutscher Familiengerichtstag 1985, Brühler Schriften zum Familienrecht, Band 4, S. 23–34. Bielefeld: Gieseking.
Duss-von Werdt, J. (1989): Familien- und Eheberatung in der Trennungs- und Scheidungsphase. In: Bevollmächtigte der Hessischen Landesregierung, S. 41 ff.
Duss-von Werdt, J. (1992): Für die standesamtliche Scheidung, *Aktuelle Juristische Praxis* AJP 1: 291–299.
Duss-von Werdt, J. (1994): Zum Menschenbild der Mediation – Philosophische Fragmente. In: Schweizerischer Beobachter (Hrsg.): Mediation in der Schweiz, S. 6–14.
Ellscheid, G. (1979): Recht und Moral. Neue Hefte für Philosophie 17, S. 37 ff.
Ellscheid, G. (1985): Verrechtlichung und Entsolidarisierung. In: Gessner, V., Hassemer, W.: Gegenkultur und Recht, Baden-Baden: Nomos-Verlagsgesellschaft, S. 51 ff.
Emery, R. E. (1994). Renegotiating family relationships. Divorce, child custody, and mediation. New York: Guilford.
Emery R. E., Wyer M. M. (1987a): Divorce mediation. *American Psychologist*, 42, 472–480.
Emery R. E., Wyer M. M. (1987b): Child custody mediation and litigation: An experimental evaluation of the experience of parents. *Journal of Consulting and Clinical Psychology*, 55, 179–186.
Emery R. E., Matthews S. G., Kitzmann K. M. (1994): Child Custody Mediation and Litigation: Parents' Satisfaction and Functioning One Year After Settlement. *Journal of Consulting and Clinical Psychology*, 62, 124–129.
Eschweiler, P. (1989): Zur familienrechtlichen Arbeit in der Trennungsphase einer Ehe. In: Bevollmächtigte der Hessischen Landesregierung, S. 55 ff.
Evangelische Akademie Bad Boll (Hrsg.) (1993): Tagungsbericht über eine in Zusammenarbeit mit dem Eidos Projekt Mediation organisierte interdisziplinäre Konsultation zum Thema: Mediation in Familiensachen. Protokolldienst 30/93.
Falke, J., Gessner, V. (1982): Konfliktnähe als Maßstab für gerichtliche und außergerichtliche Streitbehandlung. In: Blankenburg, E., Gottwald, W., Strempel, D. (Hrsg.), Alternativen in der Ziviljustiz, S. 289 ff. Bonn: Bundesanzeiger Verlagsgesellschaft.

Faltermeier, J., Fuchs, P. (Hrsg.) (1992): Trennungs- und Scheidungsberatung durch die Jugendhilfe. Klärung der Rolle und Aufgaben öffentlicher und freier Träger. Frankfurt: Eigenverlag des Deutschen Vereins für öffentliche und private Fürsorge.

Familiendynamik (Heft 4/1992) (hrsg. von Duss-von Werdt, J. und Stierlin, H.): Familien-Mediation. Stuttgart: Klett.

Fincham, F. D. (Ed.) (1994): Contexts of interparental conflict and child behavior. [Special section]. *Journal of Family Psychology*, 8, 123–186.

Fisher, R., Brown, S. (1989): Gute Beziehungen. Frankfurt: Campus.

Fisher, R., Ury, W. (1981): Getting to Yes. Negotiating Agreement Without Giving In. New York: Penguin Books.

Fisher, R., Ury, W. (1988[7]): Das Harvard-Konzept. Frankfurt: Campus.

Folberg, J., Milne, A. (Hrsg.) (1988): Divorce mediation. New York: Guilford.

Folberg, J. (1983): A mediation overview: History and dimensions of practice. *Mediation Quarterly*, 1, 3–15.

Friedman, G. (1993): A guide to divorce mediation. New York: Workman Publishing.

Fröhlich, S. F. (1993): Unheilvolle Konfliktförderer? Rechtsanwälte im Familienrecht. In: Menne, K., Schilling, H., Weber, M. (Hrsg.), Kinder im Scheidungskonflikt, S. 323 ff.

Fthenakis, W. E., Kunze, R. (1992): Trennung und Scheidung und ihre Bedeutung für das Familiensystem. In: Faltermeier J., Fuchs P. (Hrsg.), Trennungs- und Scheidungsberatung durch die Jugendhilfe, S. 39 ff. Frankfurt: Deutscher Verein für öffentliche und private Fürsorge.

Fthenakis, W. E., Niesel, R., Kunze, H.-R. (1982): Ehescheidung: Konsequenzen für Eltern und Kinder. München: Urban & Schwarzenberg.

Galli-Widmer, M. (1994): Vom Anwalt zum Mediator. Schweizerischer Beobachter (Hrsg.), S. 37 ff.

Garbe, R. (1993): Der Anwalt im Familienrecht. Mitteilungsblatt der ARGE Familienrecht des Deutschen Anwaltvereins, Heft 1, S. 4 ff.

Gelles, R. J., Cornell, C. P. (1985): Intimate Violence in Families. Beverly Hills: Sage Publications.

Gerwens-Henke, H. (1995): Die Rolle von Anwälten im Mediationsverfahren. In: Bundeskonferenz für Erziehungsberatung (Hrsg.), S. 91 ff.

Gessner, V., Hassemer, W. (1985): Gegenkultur und Recht. Baden-Baden: Nomos.

Girchner, L. L. (1988): How People Process Disputes. In: Folberg J., Milne A. (Hrsg.), Divorce Mediation, S. 45 ff. New York: Guilford.
Glasmachers, M. (1982): Alternative Konfliktlösungsversuche in den USA. In: Deutsches Familienrechtsforum (Hrsg.), Modelle alternativer Konfliktregelungen in der Familienkrise, S. 104 ff. Stuttgart: SV-Lernmittel.
Gloor, P. (1993). Mediation. Ein Vermittlungsverfahren für familiäre Konflikte. Zürich: Verlag Pro Juventute.
Gottwald, W. (1981): Streitbeilegung ohne Urteil. Tübingen: Mohr.
Gottwald, W. (1987): Stadien, Strategien und Maximen in Verhandlungen. In: Gottwald, W., Haft, F.: Verhandeln und Vergleichen als juristische Fertigkeiten, S. 65 ff. Tübingen: Attempto.
Gottwald, W., Haft, F. (Hrsg.) (1987): Verhandeln und Vergleichen als juristische Fertigkeiten. Tübingen: Attempto.
Gottwald, W., Hutmacher, W., Röhl, K. F., Strempel, D. (1983): Der Prozeßvergleich. Köln: Bundesanzeiger.
Gottwald, W., Strempel, D. (Hrsg.) (1995): Streitschlichtung. Rechtsvergleichende Beiträge zur außergerichtlichen Streitbeilegung. Köln: Bundesanzeiger.
Gottwald, W., Tröger, W.-D. (1991): Vergleichspraxis. Stuttgart: Richard Boorberg.
Griebel, W., Siefert, I., Herz, J. (1991): Phasenspezifische Unterstützungsangebote für Scheidungsfamilien, insbesondere für betroffene Kinder. Zeitschrift für Familienforschung, 3, 62–83.
Grillo, T. (1991): The Mediation Alternative: Process Danger for Women. *Yale Law Journal*, Nr. 100, S. 1545 ff.
Gussek, L. (1972): Die Zumutbarkeit – ein Beurteilungsmaßstab? Die Stellung der Zumutbarkeit im gütlichen, schlichtenden und gerichtlichen Verfahren. Berlin: Duncker & Humblot.
Haffke, B. (1991): Recht als Störung in der Beratung? Autonomie, Konflikt, Beratung und Recht, in DAJEB: Informationsschreiben Nr. 184/185, S. 8–25.
Hansen, J. C., Childs-Grebe, S. (Hrsg.) (1985): Divorce and Family Mediaton. Rockville: Aspen Systems Corp.
Haynes, J. M. (1981): Divorce mediation: A practical guide for therapists and counselors. New York: Springer.
Haynes, J. M. (1988): Power balancing. In: Folberg J., A. Milne (Eds.) Divorce Mediation: Theory and Practice, S. 277–296. New York London: Guilford.

Haynes, J. M., Bastine, R., Link, G., Mecke, A. (1993): Scheidung ohne Verlierer. München: Kösel.
Haynes, J. M., Haynes, G. L. (1989): Mediating divorce: Casebook of strategies for successful family negotiations. San Francisco: Jossey Bass.
Hering, R.-D., Rössner, D. (Hrsg.) (1993): Täter-Opfer-Ausgleich im allgemeinen Strafrecht. Schriftenreihe der Deutschen Bewährungshilfe e.V. Stuttgart: Forum.
Hesse, J. J. (1990): Verhandlungslösungen und kooperativer Staat. In: Hoffmann-Riem, W., Schmidt-Aßmann, E. (Hrsg.), 2 Bd., Konfliktbewältigung durch Verhandlungen, S. 97 ff.. Baden-Baden: Nomos Verlagsgesellschaft.
Hodges, W. F. (1991): Interventions for children of divorce. (2nd. ed.). New York: Guilford.
Höfling, W. (1991): Vertragsfreiheit. Heidelberg: Müller.
Hoefnagels, G.P. (1994): Zusammen heiraten, zusammen scheiden. Neuwied: Luchterhand.
Hoffmann-Riem, W., Schmidt-Aßmann, E. (Hrsg.) (1990): Konfliktbewältigung durch Verhandlungen. Baden-Baden: Nomos Verlagsgesellschaft.
Hoffmann-Nowotny, J. (1991): Lebensformen und Lebensstile unter den Bedingungen der (Post-)Moderne. *Familiendynamik* 299–321.
Hofmann-Hausner, N., Bastine, R. (1995): Psychische Scheidungsfolgen für Kinder. Die Einflüsse von elterlicher Scheidung, interparentalem Konflikt und Nach-Scheidungssituation. Zeitschrift für Klinische Psychologie. (*im Druck*).
Holzheuer, K., Lederle, O., Roßberger, H. (1990): Erfahrungen zur Trennungs- und Scheidungsberatung. In: Informationen für Erziehungsberatungsstellen, S. 10 ff.
Hübner, E. (1988): § 356 StGB, in: Strafgesetzbuch, Leipziger Kommentar Großkommentar, hrsg. von Jescheck, H.-H., Russ, W., Willms, G.. 7. Band. Berlin, New York: de Gruyter.
Isensee, J., Kirchhoff, P. (Hrsg.) (1987): Handbuch des Staatsrechts, Bd. 1, Grundlagen von Staat und Verfassung. Heidelberg: C.F. Müller Juristischer Verlag.
Jaede, W. (1995): Wie Kinder von Mediation profitieren. In: Bundeskonferenz für Erziehungsberatung (Hrsg.), S. 124 ff.
Jessnitzer, K., Blumberg, H. (1995[7]): Bundesrechtsanwaltsordnung. Köln, Berlin, München: Carl Heymanns.
Jhering, R. v. (1872, 1992): Der Kampf ums Recht. Berlin: Hanfe.

Johnson, D. W., Johnson, R. T. (1989): Cooperation and Competition,Theory and Research. Edina/Minn.: Interaction Book Co.
Kanzleiter, R. (1995): Der Blick in die Zukunft als Voraussetzung der Vertragsgestaltung. In: Neue Juristische Wochenzeitschrift (NJW), S. 905 ff.
Kast, V. (1984): Verluste schmerzen. In: Schulz, H.-J. (Hrsg.), Trennung, S. 140 ff. Stuttgart: Kreuz.
Kast, V. (1985[5]): Trauern – Phasen und Chancen des psychischen Prozesses. Stuttgart: Kreuz.
Kaufmann, F.-X. (1990): Zukunft der Familie. Stabilität und Stabilitätssrisiken und Wandel der familialen Lebensformen sowie ihre gesellschaftlichen und politischen Bedingungen. München: Beck.
Kelly, J. B. (1983): Mediation and Psychotherapy. *Mediation Quarterly*, 1, 33–44.
Kelly, J. B. (1989): Mediated and adversarial divorce: respondents' perceptions of their processes and outcomes. *Mediation Quarterly*, 24, 71–87.
Kelly, J.B., Gigy, L. (1989): Divorce mediation: Characteristics of clients and outcomes. In: Kressel, K., Pruitt, D. G. et al. (Eds.), Mediation Research. The process and effectiveness of third-party intervention (S. 263–284). San Francisco: Jossey-Bass.
Kelly, J. B., Gigy, L., Hausman, S. (1988). Mediated and adversarial divorce: Initial findings from a longitudinal study. In: Folberg, J., Milne, A. (Eds.) Divorce Mediation. Theory and Practice (S. 453–474). New York: Guilford.
Kitson G. C., Holmes W. M. (1992): Portrait of divorce. Adjustment to marital breakdown. (2nd ed.). New York: Guilford.
Kitzmann, K. M., Emery, R. E. (1994): Child and family coping one year after mediated and litigated child custody disputes. Journal of Family Psychology, 8, 150–159.
Kmitta, D. (1994): Conflict, Critics and Conflict Resolution. The Fourth R, Vol. 52, Aug./Sept.
Koch, K.-F. (1978): Konfliktmanagement und Rechtsanthropologie. Ein Modell und seine Anwendung in einer ethnologischen Vergleichsanalyse, In: Bierbrauer G., Falke, J., Giese, B., Koch, K. F., Rodinger, H. (1978). Zugang zum Recht. S. 85–115. Bielefeld: Gieseking.
Krabbe, H. (Hrsg.) (1991): Scheidung ohne Richter. Neue Lösungen für Trennungskonflikte. Reinbek: Rowohlt.
Kressel, K., Pruitt, D. G. (1989): Conclusion: A research perspective on the mediation of social conflict. In Kressel, K., Pruitt, D. G. et al.

(Eds.). Mediation Research. The process and effectiveness of third-party intervention (S. 394–437). San Francisco: Jossey-Bass.
Kruse, U., Mähler, G., Moeser-Jantke, F., Schall, T. U. (Hrsg.) (1988): Abschlußbericht des Modellprojekts im Münchner Familien-Notruf „Rückkehr zur Gemeinsamkeit" der Deutschen Arbeitsgemeinschaft für Jugend- und Eheberater. München (noch nicht veröffentlicht).
Lackner, K. (1995[21]): Strafgesetzbuch mit Erläuterungen. München: Beck.
Lamnek, S. (1994): Neue Theorien abweichenden Verhaltens. München: Fink.
Lange, D. G., Black, St. F. (1986): Der Zivilprozeß in den Vereinigten Staaten. Heidelberg: Verlag Recht und Wirtschaft GmbH.
Langenfeld, G. (1991): Vertragsgestaltung. München: Beck.
Larenz, K. (1991[6]): Methodenlehre der Rechtswissenschaft. Berlin, Heidelberg, New York: Springer.
Lehmkuhl, U. (1991): Erfahrungen von Kindern und Jugendlichen im Rahmen der Trennung – empirische Daten. *Zeitschrift für Familienforschung*, 3, 5–13.
Levy, E. (1925): Der Hergang der römischen Ehescheidung. Weimar: Hermann Böhlaus Nachfolger.
Lingenberg, J., Hummel, F., Zuck, R., Eich, A. (1988[2]): Kommentar zu den Grundsätzen des anwaltlichen Standesrechts. Köln: Schmidt KG.
Link, G., Bastine, R. (1991): Ergebnisse der Scheidungsmediation. *Zeitschrift für Familienforschung*, 2, 136–154.
Loccumer Protokolle 12/89: Um den Konsens streiten, hrsg. von Callies, J., Stiegnitz, M. Loccum: Evangelische Akademie. Loccum: Evangelische Akademie.
Loccumer Protokolle 7/93: Friedliche Streitbeilegung als Gesellschaftsaufgabe, hrsg. von Kallies, J., Merkel, Ch. M. Loccum: Evangelische Akademie.
Loccumer Protokolle 73/93: Mediation als politischer und sozialer Prozeß, hrsg. von Dally, A., Weidner, H., Fietkau H.-J. Loccum: Evangelische Akademie.
Ludewig, K. (1992): Systemische Therapie. Grundlagen klinischer Theorie und Praxis. Stuttgart: Klett-Cotta.
Lühring F. (1992): Die Berichtspflicht des Jugendgerichtshelfers und ihre Grenzen. Frankfurt/M, Berlin, Bern, New York, Paris, Wien: Peter Lang.
Lüscher, K., Schultheis, F., Wehrspann, M. (Hrsg.) (1990[2]): Die „postmoderne" Familie. Konstanz: Universitätsverlag.

Luhmann, N. (1978[3]): Legitimation durch Verfahren. Darmstadt, Neuwied: Luchterhand.
Luhmann, N. (1980): Kommunikation über Recht in Interaktionssystemen. In: Blankenburg, E., Klausar, E., Rotleutthner, H. (Hrsg.): Alternative Rechtsformen und Alternativen zum Recht. Jahrbuch für Rechtssoziologie und Rechtstheorie. Band VI, S. 99–112. Opladen: Westdeutscher Verlag.
Maccoby, E. E., Buchanan, C. M., Mnookin, R., Dornbusch, S. (1993). Post-divorce roles of mothers and fathers in the lives of their children. Journal of Family Psychology, 7, 24–38.
Mähler, H.-G. (1989a): Anwaltschaftliche Beratung und Vertretung im Scheidungsverfahren. In: Bevollmächtigte der Hessischen Landesregierung für Frauenangelegenheiten (Hrsg.), S. 65 ff.
Mähler, H.-G. (1989b): Mediations-Seminare in der Bundesrepublik. FamRZ, S. 935 ff.
Mähler, H.-G. (1993a): Mediation – eine Herausforderung bei der Umsetzung des neuen Kindschaftsrechtes aus der Sicht der Rechtsanwältinnen und Rechtsanwälte. In: Amthor, H., Proksch, R., Sievering, U.O., S. 201 ff. Frankfurt/M.: Haag + Herchen.
Mähler, H.-G. (1993b): Mediation bei Trennung und Scheidung – Ursprung und Ziele. In: Evangelische Akademie Bad Boll (Hrsg.), Protokolldienst 30/93, S. 4 ff.
Mähler, G., Mähler, H.-G. (1991): Das Verhältnis von Mediation und richterlicher Entscheidung. Eine rechtliche Standortbestimmung. In: Krabbe, H., Scheidung ohne Richter, S. 148 ff.
Mähler, G., Mähler, H.-G. (1992a): Mediation. In: *DAJEB Informationsschreiben* Nr. 184/185, S. 25 ff.
Mähler, G., Mähler, H.-G. (1992b): Trennungs- und Scheidungs-Mediation in der Praxis. *Familiendynamik* 17 (4): 347 ff.
Mähler, G., Mähler, H.-G. (1993): Thesen zur Institutionalisierung von Mediation und Kernelemente einer sinnvollen Zusammenarbeit. In: Evangelische Akademie Bad Boll (Hrsg.), Protokolldienst 30/93, S. 37 ff.
Mähler, G., Mähler, H.-G. (1994): Anwälte in der Trennungs- und Scheidungsmediation. In: Mitteilungsblatt 2/94 der ARGE Familienrecht des Deutschen Anwaltvereins, Bonn, S. 52 ff.
Mähler, G., Mähler, H.-G. (1995 a): Zur Professionalisierung der Familien-Mediation in der BRD. In: Bundeskonferenz für Erziehungsberatung (Hrsg.), S. 38 ff.
Mähler, G., Mähler H.-G. (1995 b): Was können wir institutionell für Scheidungskinder tun oder lassen? In: Zusammenwirken im Familienkonflikt e. V. 1955, S. 39 ff.

Mähler, H.-G., Mähler, G., Duss-von Werdt, J. (1994): Faire Scheidung durch Mediation. Ein neuer Weg bei Trennung und Scheidung. München: Gräfe und Unzer.

Märtin, D. (1995): Die sanfte Scheidung – Mediation. München: Heyne.

Martin, C. (1994): Les médiations familiales: structures, modèles d'interventions, publics et rapports au judiciaire. Justice pour tous ou justice communautariste? Rapport pour le service de la recherche du ministère de la Justice. Avril.

Menne, K., Schilling, H., Weber, M. (Hrsg.) (1993): Kinder im Scheidungskonflikt (Bundeskonferenz für Erziehungsberatung). Weinheim: Juventa.

Milne, A. I. (1985): Mediation or Therapy – which is it? In: Hansen, J. C., Childs-Grebe, S. (Hrsg.), Divorce and Family Mediation, S. 1.ff. Rockville: Aspen Systems Corp.

Milne, A., Folberg, J. (1988): The Theory and Practice of Divorce Mediation: An Overview. In: Folberg, J, Milne, A. (1988), Divorce Mediation, S. 3 ff. New York/London: Guilford Press.

Mnookin, R. H., Kornhauser, L. (1979): Bargaining in the Shadow of Law. *The Yale Law Journal*, Vol. 88,2, S. 950 ff.

Moore, Ch. W. (1987): The mediation process. San Francisco/London: Jossey Bass.

Mörsberger, T. (1991): Die Datenschutzbestimmungen des Kinder- und Jugendhilfegesetzes – Folgerungen für die Aufgabenstellung des Jugendamtes im familengerichtlichen Verfahren. In: Wiesner, R., Zardock, W., Das Neue Kinder und Jugendhilfegesetz (KJHG). Köln, Berlin, Bonn, München: Heymanns.

Napp-Peters, A. (1988): Scheidungsfamilien. Interaktionsmuster und kindliche Entwicklung. Aus Tagebüchern und Interviews mit Vätern und Müttern nach Scheidung. Arbeitshilfen. Deutscher Verein für öffentliche und private Fürsorge (Hrsg.). Frankfurt/M., Heft 37.

Napp-Peters, A. (1992): Familien in der Trennung und (Noch-) Scheidungssituation: Interpretation empirischer Befunde. In: Faltermeier, J., Fuchs, P. (Hrsg.), Trennungs- und Scheidungsberatung durch die Jugendhilfe, S. 13 ff. Frankfurt: Deutscher Verein für öffentliche und private Fürsorge.

National Association for Mediation in Education (o.J.): Initiating Conflict Resolution in Schools: Teaching Skills for effective, nonviolent problem solving: A Briefing Paper for Policymakers.

National Institute for Dispute Resolution (NIDR) (1994): Dispute Resolution, Youth and Violence. Forum, Nr. 25, Spring.

Nave-Herz, R., Markefka, M. (1989): Handbuch der Familien- und Jugendforschung, Bd. 1, Familienforschung. Neuwied: Luchterhand.

Nave-Herz, R., Daum-Jaballah, M., Hauser, S., Matthias, H., Scheller, G. (1990): Scheidungsursachen im Wandel. Bielefeld: Kleine-Verlag.

Nave-Herz, R. (1991): Verursachende Bedingungen für den zeitgeschichtlichen Anstieg der Ehescheidungen – ausgewählte Ergebnisse eines empirischen Forschungsprojekts. In: Familie und Recht, S. 318–324. Darmstadt: Luchterhand.

Niesel, R. (1991). Was kann Mediation für Scheidungsfamilien leisten? *Zeitschrift für Familienforschung*, 3, 84–102.

Nonet, P., Selznik, P. (1987): Law and Society in Transition. Toward Responsive Law. New York/London: Harper & Row.

Pastorino, R. (1991): The Mediation Process: Why It Works. A Model Developed by Students (Iowa Peace Institute).

Pearson J., Thoennes, N. (1984): Mediating and litigating custody disputes: A longitudinal evaluation. *Family Law Quarterly*, 17, 497–524.

Pearson J., Thoennes , N. (1985): Divorce mediation: An overview of research results. *Columbia Journal of Law and Social Problems*, 19, 451–484.

Pearson, J., Thoennes, N. (1988). Divorce mediation research results. In: Folberg, J., Milne, A. (Eds.). Divorce Mediation: Theory and Practice (S. 429–452). New York: Guilford.

Pearson, J., Thoennes, N. (1989): Divorce mediation: Reflections on a decade of research. In: Kressel, K., Pruitt, D. G. et al. (Eds.). Mediation Research. The process and effectiveness of third-party intervention (S. 9–30). San Francisco: Jossey-Bass.

Peine, F.-J. (1985): Systemgerechtigkeit. Die Selbstbindung des Gesetzgebers als Maßstab der Normenkontrolle. Baden-Baden: Nomos.

Posner, M. (1994): Research Raises Troubling Questions. About Violence Prevention Programs. The Fourth R, Vol. 52, Aug./Sept.

Proksch, R. (1989a): Divorce Mediation. Ergebnisse eines Forschungs- und Praxisaufenthaltes in den USA im Jahre 1988. In: Amthor, H., Sievering, U.O. (Hrsg.). Interdisziplinäre Zusammenarbeit im Familienrecht. Zur Praxis der Konfliktberatung, S. 60 ff. Arnoldshainer Protokolle 1/89, Frankfurt/M.

Proksch, R. (1989b): Scheidungsfolgenvermittlung (Divorce Mediation) – ein Instrument integrierter familiengerichtlicher Hilfe. Zeitschrift für das gesamte Familienrecht, 9, 916–924.

Proksch, R. (1989c): Alternative Streitentscheidung im Scheidungsfolgenrecht. In: Archiv für Wissenschaft und Praxis der sozialen Arbeit, S. 71 ff.
Proksch, R. (1990): Konfliktmanagement durch Vermittlungsverfahren (Mediation) – ein kooperatives Interventionsmodell in der sozialen Arbeit. In: Nachrichtendienst des deutschen Vereins für öffentliche und private Fürsorge – NDV, S. 22–25.
Proksch, R. (1991a): Geschichte der Mediation. In: Krabbe, H. (Hrsg.): Scheidung ohne Richter. Neue Lösungen für Trennungskonflikte, S. 170–189. Reinbek: Rowohlt.
Proksch, R. (1991b): Schlussbericht. Strukturanalyse der Rechtspflege. Untersuchung über mögliche Entwicklungen im Zusammenspiel von außer- und innergerichtlichen Konfliktregelungen. Weiterführung des Forschungsprojektes durch eine Pilotstudie zur Praxiserprobung von Vermittlung (Mediation) in strittigen Familiensachen. Nürnberg, o. Verlag.
Proksch, R. (1991c): Wohl des Kindes. Systemische Konfliktlösungen im Scheidungsverfahren. 2. Auflage. Nürnberg.
Proksch, R. (1992a): Divorce Mediation (Scheidungsfolgenvermittlung).In: Faltermeyer, J., Fuchs, P. (Hrsg.), Trennungs- und Scheidungsberatung durch die Jugendhilfe: Klärung der Rolle und Aufgaben öffentlicher und freier Träger, S. 109–125. Frankfurt/M.: Deutscher Verein.
Proksch, R. (1992b): Vermittlung (Mediation) in streitigen Sorge- und Umgangsrechtsverfahren. Familiendynamik, 4, 395–414.
Proksch, R. (1993): Vermittlung. Verwirklichung von Elternrecht und Kindeswohl durch Vermittlung (Mediation). In: Menne, K., Schilling, H., Weber, M. (Hrsg.), Kinder im Scheidungskonflikt, S. 193 ff. Weinheim: Juventa.
Proksch, R. (1995): Vermittlung (Mediation) als Angebot der Jugendhilfe im Jugendamt. In: Bundeskonferenz für Erziehungsberatung (Hrsg.): Scheidungsmediation. Möglichkeiten und Grenzen. Münster: Votum-Verlag, S. 75–90.
Prothrow-Stith, D. (1991): Deadly Consequences: Harper & Collins.
Prothrow-Stith, D. (1994): Assimilating Prevention Techniques into the Curriculum. The Fourth R, Vol. 52, Aug./Sept.
Radbruch, G. (1952): Einführung in die Rechtswissenschaft. Stuttgart: K. F. Koehler.
Raiser, T. (1987): Rechtssoziologie. Ein Lehrbuch. Frankfurt/M: Metzner.
Rehbinder, E. (1993): Vertragsgestaltung. 2. Aufl. Frankfurt: Metzner.

Rennen, G., Caliebe, G. (1992[2]): Rechtsberatungsgesetz. München: Beck.
Roberts, S. (1988): Three Models of Familiy Mediation. In: Dingwall, R., Eekelaar, J. (Eds.): Divorce Mediation and the legal Process. Oxford: Clarendon Press, S.144–149.
Röhl, K. F. (1977): Der konfliktsoziologische Ansatz in der Rechtssoziologie. In: Rechtstheorie 8, S. 93 ff.
Röhl, K. F. (1983): Der Vergleich in Aus- und Fortbildung. In: Gottwald, W., Hutmacher, W., Röhl, K. F., Strempel, D., Der Prozeßvergleich, S. 209 ff. Köln: Bundesanzeiger.
Röhl, K. F. (1987): Rechtssoziologie. Köln/Berlin/Bonn/München: Heymanns.
Rosellen, R. (1980): Mediation: Verfahren zwischen Gesprächstherapie und hard selling. In: Blankenburg, E., Klausar, E., Rottleuthner, H. (Hrsg.), Alternative Rechtsformen und Alternativen zum Recht. Jahrbuch für Rechtssoziologie und Rechtstheorie. Band VI. Opladen: Westdeutscher Verlag.
Rotter, F. (1976): Sozialer und personaler Wandel. Zur Theorie rechtlicher und therapeutischer Verfahren. Stuttgart: Enke.
Roush, G., Hall, E. (1993): Teaching Peaceful Conflict Resolution. Mediation Quarterly, Vol. 11, Nr. 2, Winter.
Rudolphi H. J. (1991); § 356 StGB. In: Systematischer Kommentar zum Strafgesetzbuch, hrsg. von Rudolphi, H. J., Horn, E., Samson, E., Günther, H. L. Neuwied, Kriftel, Bonn: Luchterhand.
Rutter, M. (1981): Epidemiological/longitudinal strategies and causal research in child psychiatry. American Journal of Child Psychiatry, 20, 513–544.
Schaffstein, F., Beulke, W. (1995[12]): Jugendstrafrecht. Stuttgart: Kohlhammer.
Scheuerer-Englisch, H. (1993): Beratung statt Begutachtung, ein Modell der Zusammenarbeit von Erziehungsberatung und Familiengericht. In: Menne, K., Schilling, H., Weber, M.: Kinder im Scheidungskonflikt. Weinheim und München: Juventa.
Schmidt, D. Ph. (1993): Mediation – eine bessere Chance für die Kinder. In: Amthor, H., Proksch, R., Sievering, U. (Hrsg.): Kindschaftsrecht 2000 und Mediation. Frankfurt/M.: Haag + Herchen, S. 109–139.
Schmidt-Aßmann, E. (1987): Der Rechtsstaat. In: Isensee, J., Kirchhoff, P. (Hrsg.), Handbuch des Staatsrechts, Bd. I, Grundlagen von Staat und Verfassung, S. 987 ff. Heidelberg: C. F. Müller.
Schmidt-Aßmann, E. (1990): Konfliktvermittlung in der Dogmatik des deutschen Verwaltungsrechts. In: Hoffmann-Riem, W.,

Schmidt-Aßmann, E. (Hrsg.), Handbuch des Staatsrechts, Bd.II.,S. 9 ff. Heidelberg: C. F. Müller.
Schmidt-Denter, U., Beelmann, W., Trappen, I. (1991): Empirische Forschungsergebnisse als Grundlage für die Bearbeitung von Scheidungsfamilien: Das Kölner Längsschnittprojekt. *Zeitschrift für Familienforschung*, 3, S. 40–51.
Schulte-Kellinghaus, T. (1994): Jugendämter und Rechtsberatung. In: *Zeitschrift für das gesamte Familienrecht* (FamRZ), S.1230 ff.
Schulz, H.-J. (Hrsg.) (1984): Trennung. Stuttgart: Kreuz.
Schulz, I. (1994): Der Anwalt als Mediator. In: *Anwaltsblatt*, S. 273 ff.
Schuppert, G. F. (1990): Konfliktmittlung bei Verhandlungen und Verwaltungsverfahren. In: Hoffmann-Riem, W., Schmidt-Aßmann, E. (Hrsg.), Konfliktbewältigung durch Verhandlungen, Bd. 2, S. 29 ff. Baden-Baden: Nomos Verlagsgesellschaft.
Schutter, H. D. (1982): Vorgerichtliche Konfliktlösung in Ehe- und Familienrecht? In: Blankenburg, E., Gottwald, W., Strempel, D. (Hrsg.), Alternativen in der Ziviljustiz, S. 199 ff. Bonn: Bundesanzeiger Verlagsgesellschaft.
Schweizerischer Beobachter (Hrsg.) (1994): Mediation in der Schweiz. Zürich: Eigenverlag.
Sherman, R. (1994). Dispute Resolution: Providing for Positive Youth Development and the Prevention of Violence. NIDR-Forum Nr. 25.
Slaikeu, K. A., Pearson, J., Thoennes, N. (1988): Divorce mediation behaviors: A descriptive system and analysis. In: Folberg, J., Milne, A. (Eds.) Divorce mediation. Theory and practice (pp. 475–495). New York: Guilford.
Statistisches Bundesamt, Pressemitteilung 263/94 vom 6.7.94. In FamRZ 1994, S. 1092.
Stierlin, H. (1971): Das Tun des einen ist das Tun des andern. Frankfurt: Suhrkamp (1981[3]).
Stock, J. Thünte, P.-J., Wolff, H. (1995): Schnittstellen von außer- und innergerichtlicher Konfliktbearbeitung im Zivilrecht. Bestandsaufnahme und Probleme in den neuen Bundesländern verglichen mit den Erfahrungen in den alten Bundesländern. Köln: Bundesanzeiger.
Strempel, D. (1991): Familiensachen – gerichtliche und außergerichtliche Konfliktlösungen. Ein Vergleich. In: Krabbe, H. (Hrsg.), Scheidung ohne Richter, S. 236 ff. Reinbek: Rowohlt.
Strempel, D., Rennig, Ch. (1994): Strukturanalyse der Rechtspflege, in ZRP, S.144 ff.

Suess, G. J. (1995): Mediation in der Trennungs- und Scheidungsberatung. In: Bundeskonferenz für Erziehungsberatung (Hrsg.): Scheidungsmediation. Münster: Votum, S. 58 ff.
Tetlock, P. E., McGuire, C. B., Mitchell, G. (1991): Psychological perspectives on nuclear deterrence. Annual Review of Psychology, 42, 239–276.
Teubner, G. (1989): Recht als autopoietisches System. Frankfurt: Suhrkamp.
Teubner, G., Willke, H. (1984): Kontext und Autonomie: Gesellschaftliche Selbststeuerung durch reflexives Recht. In: Zeitschrift für Rechtssoziologie 6, 4–35.
Textor, M. R. (1991): Scheidungszyklus und Scheidungsberatung. Göttingen: Vandenhoeck & Ruprecht.
Théry, I. (1993): Le démariage. Justice et vie privée. Paris: Editions Odile Jacob.
Tomm, K. (1994): Die Fragen des Beobachters. Heidelberg: Carl-Auer-Systeme.
Trenczek, T. (1994): Jugendhilfe trotz (?) Kooperation im Strafverfahren. In: Mitgliederrundbrief der Deutschen Vereinigung für Jugendgerichte und Jugendgerichtshilfe (DVJJ-Journal) 30–35
Ury, W. L. (1992): Schwierige Verhandlungen. Frankfurt: Campus.
Vester, H.-G. (1993): Soziologie der Postmoderne. Fachbuch Soziologie. Berlin: Quintessenz.
Viehweg, Th. (1974[5]): Topik und Jurisprudenz. München: C. H. Beck.
Wasilewski, R. (1990): Streitverhütung durch Rechtsanwälte. Köln: Bundesanzeiger Deutscher Anwaltsverlag.
Welsch, W. (1992): Topoi der Postmoderne. In: Fischer, H. R., Retzer, A. und Schweizer, J.: Das Ende der großen Entwürfe. Frankfurt/M: Suhrkamp.
Wendl-Kempmann, G., Wendl, Ph. (1986): Partnerkrisen und Scheidung. Ursachen, Auswirkungen und Verarbeitung aus psychoanalytischer und richterlicher Sicht. München: C.H. Beck.
Werner-Schneider, C. (1991): Wer zahlt den Preis für den Gang zum Mediator? In: *Streit*, Feministische Rechtszeitschrift, Heft 1.
Wiesner, R. (1991): Rechtliche Grundlagen. In: Wiesner, R., Zardock, W. H., Das neue Kinder- und Jugendhilfegesetz (KJHG). Köln/Berlin/Bonn/München: Heymanns.
Wiesner, R., Zardock, W. H. (1991): Das neue Kinder- und Jugendhilfegesetz (KJHG). Köln/Berlin/Bonn/München: Heymanns.
Willi, J. (1985): Koevolution. Reinbek: Rowohlt.
Witte, E. H., Sibbert J., Kesten, I. (1992): Trennungs- und Scheidungsberatung. Göttingen: Verlag für Angewandte Psychologie.

Wolff, K. (1950): The Sociology of Georg Simmel. New York: The Free Press.

Zettner, R. (1993): Der Umfang der Trennungs- und Scheidungsberatung nach dem neuen KJHG, In: FamRZ, S. 621–626.

Zielke, M. (1981): Stellenwert der Diagnostik bei Indikationsfragen. In: Baumann, U. (Hrsg.). Indikation zur Psychotherapie. Perspektiven für Praxis und Forschung. München: Urban & Schwarzenberg.

Zuck, R. (1988): Die Neuordnung des anwaltlichen Berufsrechts. In: Lingenberg, J., Hummel, F., Zuck, R., Eich, A. (1988[2]). Kommentar zu den Grundsätzen des anwaltlichen Standesrechts. Köln: Otto Schmitt KG.

Zusammenwirken im Familienkonflikt e. V. (Hrsg.) (1995): Kinder und Jugendliche im Scheidungsprozeß ihrer Eltern. Dokumentation eines internationalen Symposions. Berlin.

Dokumentation

Adressen von Verbänden, Institutionen und Ausbildungsinstituten in Deutschland, Österreich und der Schweiz

Deutschland

Bundes-Arbeitsgemeinschaft für Familien-Mediation e.V. (BAFM)
Sprecher: Eva-Luise Valentin, Päd.M.A., Familientherapeutin, RAuN Ingolf Schulz
Stellvertretende Sprecher: RA Joachim Hiersemann, Dipl.Psych., Dagmar Schramm-Grüber, Dipl.Soz.päd., Familientherapeutin
Derzeitige Adresse: RAuN Ingolf Schulz,
Rathausplatz 25, 22926 Ahrensburg

Arbeitskreise Mediation

Bergstraße

Arbeitskreis Mediation Bergstraße/Odenwald
Kontaktadresse:
Eva-Luise Valentin, Päd.M.A., Familientherapeutin
Ladenburger Straße 54, 69120 Heidelberg

Berlin

Zusammenwirken im Familienkonflikt e.V.
Wilhelmsaue 133, 10715 Berlin

Bielefeld

Arbeitskreis Ostwestfalen-Lippe
Kontaktadresse:
Ursula Mehlan und Prof. Dr. Jochen Hahn
Graf-von-Galen-Str. 40, 33619 Bielefeld

Bonn/Köln

Arbeitskreis Mediation Köln/Bonn
Kontaktadressen:
RAin Heidrun Gerwens-Henke, Schloßstraße 47, 53115 Bonn
und RAin Ulrike Fischer, Merlosstraße 5, 50668 Köln

Institut für Konfliktberatung und Mediation (IKOM)
Heidrun Gerwens-Henke, Schloßstraße 47, 53115 Bonn

Gießen

Regionalgruppe Mediation
Kontaktadresse:
Petra Hamann, Am alten Friedhof 4B, 35394 Gießen

Frankfurt

Institut für Konfliktberatung und Mediation (IKOM)
Dagmar Schramm-Grüber, Auf der Körnerwiese 8, 60322 Frankfurt/Main

Arbeitskreis Partnerschaftskrise Trennung und Scheidung e. V.
Eschersheimer Landstraße 531, 60431 Frankfurt/Main

Freiburg

Regionalgruppe Freiburg
Kontaktadresse:
RAin Barbara Motz, Baslerstrasse 54, 79227 Schallstadt

Hamburg/Ahrensburg

Arbeitskreis Mediation Nord
Kontaktadresse:
RAuN Ingolf Schulz, Rathausplatz 25, 22926 Ahrensburg

Interdisziplinäre Beratung bei Trennung und Scheidung in Hamburg e. V. (IBTUS),
Postfach 20 32 15, 20222 Hamburg

Hannover – Braunschweig – Hildesheim

Arbeitsgemeinschaft für Mediation
Kontaktadresse:
RA Friedrich Wilhelm Reuter, Kanzleistrasse 20, 38300 Wolfenbüttel

Heidelberg

Arbeitskreis Mediation Heidelberg
Kontaktadresse:
RAin Lis Ripke, Mönchhofstr. 11, 69120 Heidelberg

HIATUS e. V. Heidelberg
RAinnen Klein & Amelang
Schützenhausstraße 38, 69151 Neckargmünd bei Heidelberg

Praxis- und Forschungsstelle für Psychotherapie und Beratung (PFPB)
Prof. Dr. Reiner Bastine, Psychologisches Institut der Ruprecht-Karls-Universität
Hauptstraße 47 - 51, 69117 Heidelberg

Kassel

Arbeitskreis Mediation
Kontaktadresse:
Christiane Tolkmitt und Susanna Nolden
Friedrich-Ebert-Straße 14, 34117 Kassel

Köln

Interdisziplinäre Arbeitsgemeinschaft für Mediation Köln
Kontaktadresse:
Dr. Hartmut Thierse, Maarweg 18-22, 53933 Köln

Lüneburg

Arbeitskreis Mediation
Kontaktadresse: Medi-Carola Kroll, Dipl.Päd.
Confacts-Institut für systemische Beratung und Supervision
Altenbrucker Damm 10, 21337 Lüneburg

Marburg

Arbeitskreis Mediation
Kontaktadresse:
RAuN Claus R. Heße, Frankfurter Straße 13, 35037 Marburg

München

Münchner Arbeitsgemeinschaft Mediation
Kontaktadresse:
RA Dr. Hans-Georg Mähler
Südliche Auffahrtsallee 29, 80639 München

Teilnehmer der Arbeitsgemeinschaft München sind Mitglieder folgender Organisationen:

Eidos Projekt Mediation
c/o RAe Dr. Gisela und Dr. Hans-Georg Mähler
Südliche Auffahrtsallee 29, 80639 München

Evangelisches Beratungszentrum e.V.
Landwehrstraße 15, 80336 München

Familien-Notruf München
Pestalozzistraße 46, 80469 München

Institut für Mediation und Scheidungsberatung e. V. (IMS)
Schulstraße 30, 85586 Poing

Katholische Eheberatung
Rückertstraße 9, 80336 München

Intakte Elternschaft trotz Trennung/Ehescheidung (IETE)
Germersheimer Str. 26, 81541 München

Konflikt, Mediation und Scheidung (KMS)
Konradstraße 16, 80801 München

Kreidekreis, Deutsches Institut für Kindeswohl.
Familienbegutachtung, Familienberatung, Familienambulanz
Maximilianstraße 52, 80538 München

Münchener Team Mediation
c/o RA Joachim Kramp
Odeonsplatz 2, 80539 München

Akademie für Mediation
Am Wiesbach 6, 86944 Unterdießen

Allgemeiner Sozialdienst der Landeshauptstadt München (ASD)
Dipl.Soz.Päd. Ingrid Jann
Orleansplatz 11, 81667 München

Familiengerichte in München,
RiOLG Uwe Schönfeld

Katholische Stiftungsfachschule,
Prof. Dr. Michael Pieper

Münster

Trialog e.V., z.H. Heiner Krabbe, Dipl. Psych.
Von-Vincke-Straße 6, 48143 Münster

Nürnberg

Institut für Soziale und Kulturelle Arbeit (ISKA)
Prof.Dr.Roland Proksch
Untere Krämersgasse 3, 90403 Nürnberg

Rhein - Ruhr

Regionalgruppe Rhein-Ruhr
c/o RA Jörg Daube
Schönlandstraße 50, 45131 Essen 1

Stuttgart

Arbeitsgemeinschaft Mediation
Kontaktadresse:
RA Hans-Peter Milling
über Deutsches Familienrechtsforum
Villastraße 1, 70190 Stuttgart

Wuppertal-Düsseldorf-Köln

Regionale Arbeitsgemeinschaft
Kontaktadresse: Franz Eiberg, Brauweilerstraße 20,
50259 Pulheim-Sinthern

Ausbildungsinstitute

Eine anerkannte Zusatzausbildung nach den Richtlinien der BAFM
führen durch (Stand August 1995):

Eidos Projekt Mediation
(Dr. Gisela und Dr. Hans-Georg Mähler u. a.)
Südliche Auffahrtsallee 29
80639 München

Institut für Mediation und Scheidungsberatung (IMS)
(Hannelore Diez, Maria Marshall, Stefan Mayer, Joachim Neufeld u.a.)
Schulstraße 30
85586 Poing

Institut für Konfliktberatung und Mediation (IKOM)
(Heidrun Gerwens-Henke)
Schloßstraße 4
753115 Bonn
oder
(Dagmar Schramm-Grüber)
Kettenhofweg 77
60325 Frankfurt/Main

Mediationswerkstatt Münster
(Hannelore Diez, Heiner Krabbe)
Gertrudenstraße 9
48149 Münster

Zusammenwirken im Familienkonflikt e. V.
(Frauke Decker, Joachim Hiersemann, Jutta Lack-Strecker, Dr. Harro Naumann u. a.)
Wilhelmsaue 133
10715 Berlin

Weitere Aus- und Fortbildungsmöglichkeiten

Heidelberger Institut für Mediation.
Prof.Dr.phil. Reiner Bastine, Lis Ripke u.a.
Mönchhofstraße 11
69120 Heidelberg
in Zusammenarbeit mit Hiatus e.V. (s. Arbeitskreis Heidelberg)

Institut für soziale und kulturelle Arbeit (ISKA)
(Prof. Dr. Roland Proksch)
Untere Krämergasse 3
90403 Nürnberg

Akademie für Mediation
(Monika Groner, Hubertus Grandy u.a.)
Am Wiesbach 6
86944 Unterdießen

Gary Friedman, Jack Himmelstein
Kontaktadresse:
Bianca Winograd
Eduard-Schmidt-Str. 29
81541 München

John Haynes
Kontaktadresse:
Axel Mecke
Praxis- und Forschungsstelle für Psychotherapie und Beratung
des Psychologischen Instituts der Universität Heidelberg
Hauptstr. 47-51
69117 Heidelberg

ÖSTERREICH

Österreichische Gesellschaft für Mediation und Konfliktregelung
Kugelfanggasse 58, A-1210 Wien

Arbeitsgemeinschaft Mediation
Weiher-Wiesbach-Straße 8, A-5023 Salzburg
Info: RAin Dr. Elisabeth Mühlberger
Künstlerhausgasse 4, A-5020 Salzburg

Österreichischer Berufsverband der Mediatoren
Mag. Wolfgang Vovsik
Poschingerstr. 23, A-4060 Leonding

Ausbildung

Österreichische Gesellschaft für Mediation
(in Zusammenarbeit mit der Arbeitsgemeinschaft Sozialpädagogik/Psychoanalyse)
Kugelfanggasse 58
A-1210 Wien

Salzburger Institut für Mediation und Trennungs-/Scheidungsberatung
Gottfried Graf
Getreidegasse 16/IV
A-5020 Salzburg

SCHWEIZ

Schweizerischer Verein für Familienmediation
c/o CERFASY, Rue des Beaux Arts 19, CH-2000 Neuchâtel

Ausbildung

Zentrum für Agogik,
Gundeldingerstrasse 173
CH-4053 Basel
zusammen mit
Institut für Ehe und Familie
Wiesenstrasse 9
CH-8008 Zürich

EUROPA

Europäische Charta für die Ausbildung von Praktikern der Mediation bei Trennung und Scheidung
Charte Européenne de la formation des médiateurs exerçants dans les situations de divorce et de séparation
APMF, Espace XV, 14, rue des Frères Moranes
F-75015 Paris

Adressen der AutorInnen

Benoit Bastard, Soziologe,
Centre de Sociologie des organisations,
19 rue Amélie, F-75007 Paris

Reiner Bastine,Prof. Dr.phil.,
Psychologisches Institut, Klinische Psychologie
Hauptstraße 47-51, D-69117 Heidelberg

Roland Breinlinger, Diplom-Psychologe
Arbeitskreis Partnerschaftskrise, Trennung, Scheidung
Eschersheimer Landstraße 531, D-60431 Frankfurt 50

Laura Cardia-Vonèche, Soziologin,
Institut de médecine sociale et préventive
1, rue Michel Servet, CH-1211 Genève 4

Josef Duss-von Werdt, Prof. Dr.phil., Dr.theol.
Büttenenhalde 45, CH-6006 Luzern

Bernhard Haffke, Prof., Dr.iur.
Lehrstuhl für Strafrecht,Strafprozeßrecht, Rechtsphilosophie und Rechtssoziologie der Universität Passau
Dr. Hans Kapfingerstraße 22, D-94030 Passau

Gabriele Link, Dipl.-Psych.,
Psychologisches Institut, Klinische Psychologie
Hauptstraße 47-51, D-69117 Heidelberg

Bernhard Lörch, Dipl.-Psych.,
Psychologisches Institut, Klinische Psychologie
Hauptstraße 47-51, D-69117 Heidelberg

Gisela Mähler, Dr. iur., Rechtsanwältin,
Ehe- und Familienberaterin
Eidos Projekt Mediation
Südliche Auffahrtsallee 29, D-80639 München

Hans-Georg Mähler, Dr. iur., Rechtsanwalt,
Ehe- und Familienberater
Eidos Projekt Mediation
Südliche Auffahrtsallee 29, D-80639 München

Roland Proksch, Prof.,Dr. iur.
Labenwolfstr.15, D-80639 Nürnberg

Dagmar Schramm-Grüber, Soz.Päd.,
Soziodrama- und Familientherapeutin
Institut für Konfliktberatung und Mediation (IKOM)
Auf der Körnerwiese 8, D-60322 Frankfurt/M

Noa Zanolli Davenport, Dr.phil., Schulmediatorin
RR1 Box 3, Collins, Iowa 50055, USA

Abkürzungen

AnwBl	Anwaltsblatt
BAFM	Bundes-Arbeitsgemeinschaft für Familien-Mediation
BAföG	Bundesausbildungsförderungsgesetz
BfKE	Bundeskonferenz für Erziehungsberatung
BGB	Bürgerliches Gesetzbuch
BGH	Bundesgerichtshof (ohne weitere Kennzeichnungen: Entscheidungen in Zivilsachen)
BGHSt	Bundesgerichtshof, Entscheidungen in Strafsachen
BGHZ	Bundesgerichtshof, Entscheidungen in Zivilsachen
BRAO	Bundesrechtsanwaltsordnung
BVerGE	Bundesverfassungsgericht
FamRZ	Zeitschrift für das gesamte Familienrecht
FGG	Gesetz über die freiwillige Gerichtsbarkeit
Fn	Fußnote
GG	Grundgesetz
KJHG	Kinder- und Jugendhilfegesetz
LG	Landesgericht
NJW	Neue Juristische Wochenschrift
OLG	Oberlandesgericht
RA/RAin	Rechtsanwalt/Rechtsanwältin
RAuN	Rechtsanwalt und Notar
RBerG	Rechtsberatungsgesetz
RG	Reichsgericht. Amtliche Sammlung der RG-Rechtsprechung in Zivilsachen
SGB	Sozialgesetzbuch
StGB	Strafgesetzbuch
ÜdA	Übersetzung durch den Autor
ZPO	Zivilprozeßordnung
ZRP	Zeitschrift für Rechtspolitik

Sachregister

„Alternativen zum Recht“ 65, 108
Ambivalenzberatung 38
Anwaltschaftliche Begleitung, einseitige 57, 75 ff.
Anwaltschaftliche Beratung und Mediation 77 f., 123, 171 ff.
Anwaltsmediation, –mediatorIn 53 ff., 55 ff., 62 ff., 71, 79, 208 ff.
Arbeitskreise Mediation 17, 113, 270 ff.
Ausbildung in Mediation 18, 116 f., 163 f., 206 f., 209 f.
Außergerichtliche Verhandlungen 41 ff., 125
Autonomie der Parteien 24, 50, 66 ff., 129 ff.

Benachteiligung der Frau in der Mediation? 192 f.
Beratung, Therapie und Mediation 39, 43 f., 80 ff., 124
Beratungsanwalt 123 f.
Berufliche Qualifikation der MediatorInnen 125
Beufsbild des Anwalts und Mediation 95 f.
Beziehungsbilder 142, 237 ff.
Bundes-Arbeitsgemeinschaft für Familien-Mediation (BAFM) 18, 51, 113 ff., 118 ff. (Richtlinien)

Co-Mediation 58, 72, 76, 78, 175, 200

Datenschutz 102 ff.
Dauer der Mediation 141, 175, 184
Demokratie 15 f., 30
Deutscher Familiengerichtstag 17
Dreieck der Mediation 233 f., 249 ff.

Ehe als Institution 26
Ehe als Vertrag 26
Ehebild/Paarbild der Mediation 240 ff.
Eigenberechtigung 24
Einzelmediation 142
Elternverträge (-vereinbarungen) 38, 44, 181
Ergebnisse der Mediation in der Praxis 152ff., 181 ff., 186 ff., 189 ff.
Erziehung zur Mediation 215 ff.
Ethik der Mediation 245 ff.
Europäische Charta für Familienmediation 9, 116, 207, 214, 279

Fairneßkontrolle durch das Recht 54
Familienbegriff 18
Familiengericht, Familienrichter 30, 164, 170
Familiengerichtstag 17
Forschung in der Mediation 127 ff., 189 ff., 205 ff.

Gemeinsames Sorgerecht 19, 29 f.
Gerechtigkeit 246 ff.
Gerichtsverfahren 16, 40 f., 154 f.
Geschichte der Mediation 15, 24 ff., 189 f., 218 ff.
Gesellschaftliche Rahmenbedingungen der Mediation 210 ff.
Gesetzliche Rahmenbedingungen der Mediation 35 ff., 201 ff.
Grenzen der Mediation 131, 164 f., 205 ff.
Grundregeln der Mediation s. Prinzipien der Mediation

Indikation der Mediation 50, 129 ff., 197 ff.
Inhaltsebene der Mediation 45 ff.

Inhalte der Mediation 119, 177 ff., 220 ff. (Schulmediation)
Institutionalisierung der Mediation 33 ff., 202 f.
Interaktion in der Mediation 238 ff.
Interprofessionelle Zusammenarbeit 49 ff., 123 f., 170 ff., 203 f.

Jugendämter, Jugendhilfe s. Kinder- und Jugendhilfegesetz

Kinder und Mediation 122, 140 f., 150, 179 ff., 193 f.
Kinder- und Jugendhilfegesetz (KJHG) und Mediation 20, 35 ff., 72, 80 ff., 91 f., 102 f., 173 f.
Kosten der Mediation 47 ff., 113, 141, 175
Kritik der Mediation 205 ff., 226 f. (Schulmediation)

Legalität von Mediation 65 ff.
Legitimation von Mediation 69 ff.
Liebesheirat 27 f.

Mediation durch Nichtanwälte 59, 73 ff., 203
Mediationsprozeß 124 ff.
Mediationsvertrag 135
Mediative Elemente 44 ff.
MediatorInnen-Rolle 14, 121, 132 f., 195 ff.
Memorandum 139, 188
Menschenbild der Mediation 30, 233 ff.
Methoden der Mediation 44 f.
Modelle der Mediation 70 ff., 73 ff., 220 ff. (Schulmediation)
Motivation zur Mediation 129 f., 147, 176 f.

Neutralität der MediatorInnen 133, 250 f.

Öffentlichkeitsarbeit für Mediation 164, 169

Paradox der Mediation 212 f.
Parteiverrat 62, 71, 92–102
Phasenverlauf der Mediation 134 ff. (Scheidungsmediation), 222 (Schulmediation)
Praxis der Mediation 127 ff., 150 ff., 174 ff.
Praxisobjekte und ihre Ergebnisse: Erlangen 151 ff., Jena 158 ff., Frankfurt 166 ff.
Prinzipen der Mediation 119 f, 131 ff.
Privatautonomie s. Autonomie der Parteien
Privatisierung der Lebensformen 24, 25, 30
Professionalisierung der Mediation 113 ff.
Prozedurale Kompetenz von Mediation 38, 40 ff.
Prozeßebene der Mediation 45
Psychologie von Trennung und Scheidung 42 f., 144 ff., 186 ff.

Recht und Mediation 53 ff., 65 ff.
Recht im Mediationsprozeß 55 f., 133 f.
Rechtsberatung in der Mediation 57 f., 85 ff., 91
Rechtsberatung durch Nichtanwälte 47, 70, 83 ff.
Rechtsberatung beider Parteien durch einen Anwalt 94 f., 99 f.
Rechtsberatungsgesetz 60, 83 ff.
Rechtsschöpfung durch Mediation 44, 67 f.
Rechtstaatlichkeit 15, 16
Richtlinien für Mediation in Familienkonflikten 118 ff.

Schulmediation 215 ff.
Schutz des Schwächeren 16, 149
Schweigepflicht 102 ff.
Sorgerechtsmediation 60 f., 144 ff., 166 ff.
Sprache der Mediation 234 ff.

Therapie 38
Trennungsberatung 19

Umgangrecht und Mediation 60 f., 144 ff., 166 ff.
„Unauflösbarkeit“ der Familie 29, 149

Vereinbarung 143 (notarielle), Elternvereinbarungen 183 f., 190 f.
Vertragsgerechtigkeit 21
Vertragsgestaltung 53

Weitervertretung, – beratung durch AnwaltsmediatorIn 100 f.
Wesensmerkmale der Mediation 13
Zeugnispflicht, -verweigerungsrecht, -verweigerungspflicht 102, 105
Ziele der Mediation 188
Zufriedenheit mit Mediation 191 f.
Zwangsmediation 106 f.
Zwingende Beiziehung von Rechtsanwälten 92

Familientherapie bei Klett-Cotta

Eine Auswahl

Ivan Boszormenyi-Nagy / Geraldine M. Spark:
Unsichtbare Bindungen
4. Auflage 1993, 426 Seiten, Leinen, ISBN 3-608-91297-5

Stefano Cirillo / Paola di Blasio:
Familiengewalt
Ein systemischer Ansatz
Mit einem Vorwort von Mara Selvini Palazzoli

Aus dem Italienischen von Barbara Huter
1992. 184 Seiten, Leinen, ISBN 3-608-95751-0

Kurt Ludewig:
Systemische Therapie
Grundlagen klinischer Theorie und Praxis
Vorwort von Heinz von Foerster und Helm Stierlin

3. Auflage 1995. 228 Seiten, broschiert, ISBN 3-608-91648-2

Mara Selvini Palazzoli / Stefano Cirillo /
Matteo Selvini / Anna Maria Sorrentino:
Die psychotischen Spiele in der Familie
Aus dem Italienischen von Ruth Ensslin-Frey
1992. 402 Seiten, Leinen, ISBN 3-608-95677-8